作者简介

吕英亭 女，1976年生，山东莱芜人。1995年入山东大学历史文化学院学习，先后获历史学学士、硕士、博士学位。现任山东财经大学法学院副教授。主要研究方向为中外关系史、涉外法律史。

中国书籍·学术之星文库

唐宋涉外法律及其比较研究

以外国人来华为中心

吕英亭 ◎ 著

中国书籍出版社
China Book Press

图书在版编目（CIP）数据

唐宋涉外法律及其比较研究：以外国人来华为中心/
吕英亭著.—北京：中国书籍出版社，2016.7
ISBN 978-7-5068-5677-5

Ⅰ.①唐… Ⅱ.①吕… Ⅲ.①涉外事务—法律—对比
研究—中国—唐宋时期 Ⅳ.①D922.132

中国版本图书馆 CIP 数据核字（2016）第 168808 号

唐宋涉外法律及其比较研究：以外国人来华为中心

吕英亭 著

责任编辑	叶心忆
责任印制	孙马飞　马 芝
封面设计	中联华文
出版发行	中国书籍出版社
地　　址	北京市丰台区三路居路 97 号（邮编：100073）
电　　话	（010）52257143（总编室）　　（010）52257153（发行部）
电子邮箱	chinabp@ vip. sina. com
经　　销	全国新华书店
印　　刷	北京彩虹伟业印刷有限公司
开　　本	710 毫米×1000 毫米　1/16
字　　数	224 千字
印　　张	12.5
版　　次	2017 年 1 月第 1 版　2017 年 1 月第 1 次印刷
书　　号	ISBN 978-7-5068-5677-5
定　　价	68.00 元

版权所有　翻印必究

序 言

陈尚胜

　　自上个世纪初日本学者内藤湖南提出唐宋之际中国社会发生重大变化的观点后，学术界对于唐代社会和宋代社会的认识，虽然有着不小的分歧，但基本上都认同唐宋之际的中国社会确实发生了显著变化。人们所看到的主要变化在于：唐代门阀贵族政治至宋代完全没落，而通过科举制度所产生的官僚政治开始兴起；土地耕作形态也由部曲制演变为佃户制；货币经济在宋代开始勃兴，代替了唐代的实物经济。而在对外关系方面，日本学者西岛定生还提出，安史之乱以后唐朝与周邻国家间所维系的"册封体制"也开始出现危机，而唐朝的灭亡则使"册封体制"崩溃。从此，东亚世界的构成原理出现重大变化，开始由政治支配转变为贸易关系。

　　其实，清代乾隆时期官修《续通典》的作者们就已发现宋朝在处理涉外事务时行为模式的变化。该书卷十六中称，"宋、辽、金疆宇分错，敌国所产，各居其有，物滞而不流，人艰于所匮。于是特重互市之法，和则许之，战则绝之。既以通货，兼用善邻，所立榷场，皆设场官，严厉禁，广屋宇，以易二国之所无。而权其税入，亦有资于国用焉。"由此来看，他们认为宋代对外行为的一个突出模式在于"互市"贸易。质言之，由唐入宋，封建王朝的主要涉外行为也由封贡模式演变为互市模式。

　　"互市"在宋朝为何成为主要涉外行为模式？在清朝乾隆时期的官方学者看来，主要由于宋辽以及宋金的分立而客观上必须开展互市以促进物流，从而弥补因政治分裂所带来的物质匮乏局面。不过，战争纠葛不断的宋辽或宋金统治者都同意以两国之所有来"易二国之所无"，还在于当时经济的发展和市场交换的客观要求。因此，宋朝统治者才将"互市"贸易作为"华夷"关系的主要模式。而传统的"朝贡"贸易模式，在面对宋辽以及宋金间的"兄弟关系"而非"君臣关系"时也难以为继，甚至朝鲜半岛的高丽也放弃宋朝而朝贡辽朝及金朝，日本天皇和控制朝政的藤原氏也对宋朝皇帝的"回赐"以不合"名分"而断然拒绝。面对着"华夷"关系剧变与经济高度发展需要市场交换的新形势，宋朝统治者充分吸收吴越统治者的成功经验，将"互市"模式从边关地区扩大到海外世界，在沿海主要港口设立市舶司机构，用以管理中外商民的海外贸易。这样既可以使"华夷"经济互惠，又不涉及"华夷"之间政治尊严的敏感问题；既可以给政府带来税收利益，又便利于民生从而减少社会矛盾。

而随着互市贸易的兴起，海外商人也开始频繁来到市舶司港口甚至进入内地侨居，宋朝政府又是如何对他们进行管理的？这就需要我们研究宋朝的涉外法律。应该说，这个问题由于关涉法学，在历史学界还是比较疏忽的课题；而在法学领域，又因为它事涉中国与外国关系史，现实研究又是那么引人注目，竟然更是少人问津。英亭自2002年随我攻读中外关系史专业博士学位后，即愿进行跨学科的尝试，投身于宋朝涉外法律史研究领域。这部《唐宋涉外法律及其比较研究——以外国人来华为中心》，就是2006年她的博士学位论文修改本。我以为，这部著作不仅对于拓宽唐宋法律史研究领域有着积极意义，而且对于内藤湖南所提出的唐宋社会变化论问题也提出了重要补充证据。另外，海外汉学界一直关心和探讨的一个重要学术问题是，前近代时期中国与其邻邦交往及互动模式是什么？我以为也只有这样对中国历代封建王朝的涉外制度分别进行研究才能找出答案。故乐而为序。

2011-10-11 于山东大学

目 录
CONTENTS

绪　论 ·· 1

第一章　唐朝涉外法律 ·· 18
第一节　唐朝以前涉外法律之演变 / 18
第二节　唐朝对外政策、涉外制度与对外关系 / 24
第三节　唐朝涉外法律 / 31

第二章　宋朝对外政策与对外关系 ···································· 74
第一节　宋朝对外政策 / 74
第二节　宋朝对外关系 / 83

第三章　外国官方人士入宋法律 ·· 88
第一节　外国使节来华享有之权利 / 89
第二节　关于外国使节在宋朝境内行为的法律 / 93
第三节　关于外国使节入贡的特别法律规定 / 98

第四章　宋朝涉外民事法律 ·· 100
第一节　关于入宋居住及生活的法律 / 101
第二节　关于宗教信仰及就学的法律 / 107
第三节　涉外婚姻与继承法律 / 108

1

第五章　宋朝涉外经济法律 …… 116
  第一节　贸易与税收法律　/ 116
  第二节　禁止钱银出界法律　/ 133

第六章　宋朝涉外刑事与诉讼法律 …… 139

第七章　宋朝涉外法律渊源、特点及性质 …… 143
  第一节　宋朝涉外法律渊源　/ 143
  第二节　宋朝涉外法律的特点　/ 145
  第三节　宋朝涉外法律的性质　/ 149

第八章　唐宋涉外法律之比较 …… 151
  第一节　外国官方来华人士入境及在境内活动法律之比较　/ 151
  第二节　涉外民事法律之比较　/ 156
  第三节　涉外经济法律之比较　/ 160
  第四节　从唐宋涉外法律之比较看唐宋社会变化　/ 162

结　语 …… 169

附　录 …… 171

参考文献 …… 184

后　记 …… 192

绪 论

一直以来，学术界的研究自然地将法学与历史学分成了两个不同的领域。虽然两者之间也有交叉，如法学界有对法制史的研究，历史学界也有对政治法律制度的研究，但两个学科间的分工却较为明显。具体到涉外方面，则可知法制史的研究虽有中外之分，但其重点在于各国的国内法律，即其法律本身的形成与发展、内容与特点问题，对于涉外法律却极少专门研究。同样，历史学界的对外关系史研究，也往往侧重于中国历史上各朝代与海外及周边各国的政治文化交流和经济贸易往来，而涉外法律方面尚存在很大缺憾。因此，将法学与历史学两个学科加以整合，将涉外法律与对外关系进行综合研究，可使双方互为补益。一方面对外关系的研究将为涉外法律的形成与变化提供可靠的历史依据，另一方面，涉外法律的研究也会大大丰富对外关系史的内容。

一、唐宋时期涉外法律研究之意义

所谓"涉外"，就是含有涉及外国因素的意思。按照现代法律观念，任何一种法律都是调整某一特定的社会关系，当一种社会法律关系具有涉外因素，即其主体、客体或内容三要素中有一个或一个以上的因素具有涉外成分时，这种关系就是涉外法律关系。因此涉外法调整的是一个国家的国家机关、单位、社会团体以及公民同外国人、无国籍人和外国组织发生的社会关系，虽然它的渊源包括国际公约、国际条约和国际惯例等国际法规范，但国内法规范仍是调整涉外关系的主要依据。

唐宋时期的涉外法律当然不能完全等同于现代涉外法律，但是我们仍然可以借助涉外法律关系这个理论模型来探寻中国传统涉外法律的起源和发展，分析唐宋时期及其以前涉外法律的内容和演变。

中国传统涉外法律起源于何时，史籍记载少之又少，仅能从零星个案中推测出先秦统治者调整涉外法律关系的基本原则。汉代是古代中外关系的探索时期，形成了质子制度、和亲制度、经贸制度以及相关法律，均与处理涉外事务息息相关。经过魏晋南北朝的继承和演进，中国传统涉外法律在唐代正式形成并在宋代得到发展。

美国学者斯塔夫里阿诺斯在他的著作《全球通史》中曾这样评价，从6世纪到16世纪，"这1000年是中国的政治、社会和文化空前稳定的时期。……在这1000年中，中国社会比世界其他任何社会，向更多的人提供了更多的物质保障和心理上的安全感"。[①] 其中，唐、宋时期是中国历史上最开放、海外贸易最发达的时期，陆上和海上丝绸之路远播中华文化的同时吸收异国文化，其外在表现即为大批外国人被吸引来华。涉外法律的制定自然成为封建君主维持其统治所要直面的问题。事实上，唐、宋时期的法制建设非常发达，《唐律疏议》是中国封建法制文明成熟的标志，自唐律开始形成了举世公认的中华法系，而《宋刑统》则是继唐律之后最辉煌的法律成果。虽然《宋刑统》经常被认为是唐律的翻版，但其远绍唐律，近承周律，作为宋朝的基本法典，其作用不可低估。而这两部法律著作都记载了对化外人的管理规定，特别是其中对化外人相犯所秉持的属人主义和属地主义相结合的原则，更是开创国际私法之先河。这些都说明涉外法律问题在当时确实是非常重要的问题。尤其是，宋代对外关系因为北方少数民族政权的存在而在海外国家的朝贡、对外贸易等方面极具特色，研究其涉外法律则更显必要。

同时，中国封建统治者如何处理涉外事务，尤其是对外国来华人员制定了什么样的法律和规定，这都是处理涉外问题的标准，法律以其自身具有的严肃性和稳定性还可以使我们从一个比较客观的角度来研究唐宋时期的对外关系史问题，并深化对中国传统涉外制度的认识。

由此可见，开展对唐宋时期涉外制度与法律问题的研究，具有极其重要的学术意义。它不仅可以深化人们对于唐、宋涉外制度与法律的认识，把握唐宋政府处理涉外事务的基本规律，而且有助于我们深入探讨唐、宋涉外制度和法律与社会发展、对外政策之间的相互关系，从中探寻中华民族的民族性问题，而这也正是学科综合的意义所在。

同时，在今天全球一体化的形势格局下，我国国内对外开放程度不断深化，中外联系不断加强，同时还在加快法制建设、力求建立法治国家。在这样的国家与社会发展的实践中，提出对涉外法律的研究，从历史中寻找制定涉外法律的经验，也具有非常重要的现实意义。

---

① ［美］斯塔夫里阿诺斯：《全球通史》，上海社会科学院出版社，1999年，第429页。

二、学术界研究述评

诚如上述，涉外法律研究跨越历史学、法学两个学科。学科分类的细化使跨学科领域受到的关注较少，这也是唐宋涉外法律研究相对薄弱的原因之一。

令人欣慰的是，有很多学者曾对涉外法律问题有所涉及，对唐宋时期尤其是唐代外国人来华现象给予了大量关注，并对《唐律疏议》中"化外人"条进行了辨析和界定。

对于外国人来华问题，日本学者桑原骘藏有《隋唐时代来住中国之西域人》①，而冯承钧先生也曾作《唐代华化蕃胡考》② 对来华胡人和蕃胡的华化进行了精确考证。在此基础上，20世纪50年代，向达先生的《唐代长安与西域文明》③ 以详尽的史料，对唐代传入中国的西域文明与唐朝都城长安有关系者，分类整理，系统论述。它以流寓长安的西域人、西市胡店与胡姬、开元前后长安的胡化、西域传来的绘画和乐舞、长安的打毬活动、西亚新宗教的传入六个题目为线索，从钩稽进入长安的西域各国使者、商人、胡姬等各种人物开始，揭示开元前后长安所受西域文化的影响，再具体研究西域绘画、乐舞、娱乐、宗教等对长安的影响，至今仍是唐代中西文化交流史方面的力作。

20世纪70年代，台湾学者谢海平所撰《唐代留华外国人生活考述》④，同样以极其丰富的史料对蕃胡在唐的分布情况、生活情形、唐朝政府对蕃胡的管理及蕃胡引起的问题、蕃胡入唐对文化生活的影响四大问题进行了考述，不仅对分布在唐朝各地的各种外国人进行了说明考证，而且就唐政府对蕃胡的管理和法令问题稍有涉及。

此外，张广达先生、荣新江先生则对分布在丝绸之路上的粟特商胡建立的聚落及其生活状况、他们所起到的传播多元文化和多种宗教的作用多有阐述，这些都可看作是对涉外法律关系中法律主体的研究。

在唐朝涉外机构研究方面，黎虎先生的《汉唐外交制度史》⑤ 一书运用大

---

① 参见《内藤博士还历纪念支那学论丛》，何健民汉译《隋唐时代西域人华化考》，北京：中华书局，1939年。
② 参见《东方杂志》第27卷第17号，收入《西域南海史地考证论著汇辑》，北京：中华书局，1957年。
③ 向达：《唐代长安与西域文明》，石家庄：河北教育出版社，2001年。
④ 谢海平：《唐代留华外国人生活考述》，台北：台湾商务印书馆，1978年。
⑤ 黎虎：《汉唐外交制度史》，兰州：兰州大学出版社，1998年。

量的具体史料系统地论述了唐朝专职的涉外机构，以及唐朝后期外交管理体制的变化，可谓填补这一方面学术空白的巨著。程喜霖的《唐代过所研究》① 则完整地论述了过所制度，上溯过所制度之源，分析其演变与消逝，对唐代过所的申请、勘发程序、勘验原则与过程及其与交通贸易关系等做了详细论证。

在唐朝涉外法律制度方面，日本学者的研究起步较早。20 世纪上半叶，日本学者中田薰发表了《唐代法律中外国人的地位》② 一文，对来唐外国人的法律地位进行了探讨。此后，仁井田陞撰文《中华思想与属人法主义、属地法主义》③ 对"化外人相犯"条的性质进行了界定，将其定义为唐朝解决涉外法律冲突的准据法，对这一问题的深入研究起了巨大的推动作用。

中国学者在这一研究领域取得的成果也同样可圈可点。首先，在中国法制通史类著作中，如张晋藩《中国法制通史》④、曾宪义《中国法制史》⑤ 和叶孝信《中国法制史》⑥ 等，都对唐代的涉外法律问题或多或少有所介绍。其次，在研究唐朝律令体系的学术著作中，如戴炎辉的《唐律通论》⑦、杨廷福的《唐律初探》⑧ 和乔伟的《唐律研究》⑨ 都对唐律中的"化外人"条所体现的涉外原则加以了肯定。郑显文《唐代律令制研究》⑩ 一书，则将唐朝的涉外法律专列一章加以论述，从涉外民事法律与涉外经济法律的角度，分析了涉外法律在唐代律令体制下的特点。

专著之外，有关唐朝涉外法律制度的学术论文也陆续发表，尤其是对"化外人"条定义的辨析和内容的分析，取得了不少成果。其中，苏钦在《唐明律"化外人"条辨析》⑪ 一文中，对唐律中的"化外人"从渊源方面给予了明确定义，认为"化外人"一词反映了由于华夏族（汉族）的"礼教文化"与夷狄习俗文化的差异而形成的"内""外"观念，既承认这种区别的客

---

① 程喜霖：《唐代过所研究》，北京：中华书局，2000 年。
② ［日］中田薰：《唐代法律中外国人的地位》，收入《法制史论集》第 3 卷下，东京：岩波书店，1985 年。
③ ［日］仁井田陞：《中华思想与属人法主义、属地法主义》，《法制史研究》1952 年第 3 期。
④ 张晋藩：《中国法制通史》，北京：法律出版社，1999 年。
⑤ 曾宪义：《中国法制史》，北京：中国人民大学出版社，2000 年。
⑥ 叶孝信：《中国法制史》，上海：复旦大学出版社，2002 年。
⑦ 戴炎辉：《唐律通论》，台湾中正书局，1965 年。
⑧ 杨廷福：《唐律初探》，天津：天津人民出版社，1982 年。
⑨ 乔伟：《唐律研究》，济南：山东人民出版社，1985 年。
⑩ 郑显文：《唐代律令制研究》，北京：北京大学出版社，2004 年。
⑪ 苏钦：《唐明律"化外人"条辨析》，《法学研究》1996 年第 5 期。

观存在，又含有要采取教育感化的方式使其逐渐通晓礼义的意向。虽然唐代已有"外国人"这个概念，但两者绝不属于同一概念，"化外人"条主要不是规定国与国之间的法律效力范围，而是着眼于调整与"礼教"法律文化有差异和冲突的民族的法律适用问题。

杨勤峰《论化外人相犯》①则从概念外延方面分析了"化外人"是中国古代的一个法律术语，产生于中国古代特定的历史条件下，其外延在不同的朝代各不相同，因此对化外人相犯案件，历朝的处理也不尽相同。

沈寿文《〈唐律疏议〉"化外人"辨析》②另辟蹊径，从"疏义"中举例说明的高丽、百济入手进行分析，认为唐律制定本条的立法者尽管以"文化"的观念来界定"化外人"的内涵，但可能导致了具体案件法律操作的困难，因此不得不通过"疏议"进行解释，采用"国籍"的标准进一步廓清"化外人"的外延。以现代人的思维来看，《唐律疏议》所言的"化外人"实际上包括了"外国人"和"少数民族"。

姜歆《唐代"化外人"法律地位探析——兼论伊斯兰教在唐传布的法律因素》③，在前人对"化外人"分析、定义的基础上，具体讨论了唐代律、令、格、式各种法律形式中包含的对"化外人"的规定，这些法律条文不但确立了"化外人"在唐的法律地位，保障了"化外人"的各项权益，而且使伊斯兰教在唐时开始传布。

邹敏《关于唐律"化外人相犯"条的再思考》④也认为"化外人"包括外国人和部分少数民族，并且把唐律"化外人相犯"条放在大格局上与中华传统法律文化联系起来，从唐代的治边思想、治边政策、文化内涵、民族关系等方面进行相关探讨，指出"化外人相犯"条不仅适用于处理外国人在大唐境内的犯罪，是唐代处理涉外案件的原则，也适用于与唐朝关系比较疏远的少数民族，是当时少数民族适用法律的特别规定。

相对而言，"化外人相犯"条引起了学术界的广泛关注，并在这一专题研究上取得了不小的成果，但对唐代涉外法律制度整体仍缺乏系统全面的论述，在对涉外律令体系、涉外民事、经济法律制度的发展与影响方面的研究也不够深入，而法律条文在多大程度上得到具体实践，更是我们需要关注的重点。

同样，宋代涉外法律亦缺乏全面系统的研究。不过，在其相关领域，如宋

---

① 杨勤峰：《论化外人相犯》，《黑龙江省政法管理干部学院学报》2004 年第 4 期。
② 沈寿文：《〈唐律疏议〉"化外人"辨析》，《云南大学学报》2006 年第 3 期。
③ 姜歆：《唐代"化外人"法律地位探析》，《宁夏社会科学》2006 年第 3 期。
④ 邹敏：《关于唐律"化外人相犯"条的再思考》，《贵州民族研究》2006 年第 5 期。

代法制史和宋代对外关系史方面,学术界的研究成果却颇为丰硕。总体来看,在宋代法制史方面,学者大多专注于对法律本身的研究,如宋代法律的编纂、法律形式、性质、体系,宋刑统与其他法律形式的关系等等。对宋代对外关系的研究则大多集中于宋朝政府与海外国家的政治外交或文化交流以及经济来往,如宋朝与高丽、交趾等国的往来、宋朝与辽、夏、金政权的和战等等,探讨朝贡体制之外,研讨文化交流。其中,研究北宋政治的论著多于南宋,而研究南宋经济和艺术的论著超过北宋。总之,无论是从涉外角度探究宋代法律,还是从法律角度研究宋代对外关系,两者都还存在很大的缺憾。

(一)学术界对宋代法律的研究状况

和其他学科相比,由于宋代法律资料发掘整理较迟,常见的宋朝基本法典《宋刑统》又通常被认为只是唐律的翻版,影响了人们对宋代法律的深入探讨,因此对宋代法律的研究起步较晚,力度也不够。直到20世纪80年代中期,宋代法制史的研究才逐渐繁荣起来,在立法活动、刑事法律、民事法律、诉讼法律等各方面都取得了很多的成果。

20世纪80年代中期以后,有关宋代法律的综合性研究包括:郭东旭《宋代法制研究》[①],除涉及宋代法制的主要内容外,在一些学者较少或没有注意的方面也做了深入研究,并且善于把宋代的法制同当时的政治、经济背景联系起来加以考察,从法律史视角予以新的探讨,从而拓宽了宋代法制研究的领域。由张晋藩主编、多人合作完成的《中国法制通史》[②]第五卷是宋代法制分卷,分立法思想与立法活动、行政法律、民事法律、经济法律、刑事法律、司法制度、辽金法律制度七章,是迄今为止对宋代法制所作的最全面的论述。戴建国《宋代法制初探》[③],注重于实证研究,将作者多年来的研究成果共18篇文章收录其中,也是一部包括立法、法典法规、刑罚、法律制度、法律机构等方面的综合性著作。而何勤华的《中国法学史》[④]与通常法制史著作体例内容不同,重点放在对中国法学史框架体系、发展线索、基本内容和主要特征的阐发上,是从一种新的视角研究中国法律史的一次可贵尝试。其中第二卷第五章《中国古代法学的成熟——宋元时期》,是对宋代法学的评述。

此外,在立法、刑事、民事法律等具体领域,研究成果也颇丰。

其中,对宋代立法活动的研究集中在宋代的编敕、对《宋刑统》的评价

[①] 郭东旭:《宋代法制研究》,保定:河北大学出版社,1997年。
[②] 张晋藩主编:《中国法制通史》,北京:法律出版社,1999年。
[③] 戴建国:《宋代法制初探》,哈尔滨:黑龙江人民出版社,2000年。
[④] 何勤华:《中国法学史》,北京:法律出版社,2000年。

及律敕关系上。如郭成伟、沈国峰《神宗变法与北宋编敕的发展》① 即对宋代律敕关系进行了探讨，认为编敕的产生和发展，乃是封建皇权加强后在法制上的表现，不能一概否定神宗的"以敕代律"。戴建国《宋代编敕初探》② 也就宋代编敕的修纂、体例的变化、作用和特点、修纂的历史背景等问题作了系统深入研究，然后指出，宋代把相对稳定的作为基本法典的《宋刑统》与具有灵活变通特性的编敕有机地结合起来实施，从而既保持了律等常法的继承性和稳定性，又有效地解决了现实中不断出现的新问题。而对于律与敕的关系，是否宋神宗以敕代律之后《宋刑统》便名存实亡的问题，学术界争论较大。郭东旭《宋刑统的制定及其变化》③ 坚持传统的说法，认为宋神宗以敕代律后，《宋刑统》的实际法律地位已经是名存实亡，《宋刑统》并非终宋之常法。而郑秦《律文恒存，格敕损益——五代宋元的立法概况》④ 则认为神宗改律令格式为敕令格式，虽大大提高了敕的地位，但是律并没有被废止或取代，宋律刑统终宋之世都保持着最高的法律地位。江必新、莫家齐《"以敕代律"说质疑》⑤ 更从根本上对以敕代律说提出了质疑，认为从《宋史·刑法志》不能得出宋代以敕代律的结论，并具体论述了神宗以后敕律并用的史实，指出敕乃用来补律之未备，补律之未详，补律之偏颇。不过文章也承认在两宋司法实践中，敕的地位越来越高，律的地位越来越低，其后，敕的效力逐渐优于律条，到宁宗时，随着例的适用，律的效力甚至还不如例。戴建国《宋刑统制定后的变化——兼论北宋中期以后〈宋刑统〉的法律地位》⑥ 同样认为虽然宋刑统的许多内容和规定有些废而不用，有些被订正修改，但终宋之世，宋刑统依旧是宋代通行的法典，从未被敕所取代，宋代律敕并行不悖，只是在法律效力上敕优先于律首先适用而已。薛梅卿所著《宋刑统研究》⑦ 更进一步认为宋刑统在因袭旧制的基础上还有应时的新造一面，刑统长期适用于司法实践，终宋之世未尝废止。

在刑事法律方面，主要是针对宋初制定的折杖法和"贼盗"重法的研究。

---

① 郭成伟、沈国峰：《神宗变法与北宋编敕的发展》，《法律史论丛》第3辑，北京：法律出版社，1983年。
② 戴建国：《宋代编敕初探》，《文史》第42辑，1997年。
③ 郭东旭：《宋刑统的制定及其变化》，《河北学刊》1991年第4期。
④ 郑秦：《律文恒存，格敕损益——五代宋元的立法概况》，《法学杂志》1984年第5期。
⑤ 江必新、莫家齐：《"以敕代律"说质疑》，《法学研究》1985年第3期。
⑥ 戴建国：《宋刑统制定后的变化——兼论北宋中期以后〈宋刑统〉的法律地位》，《上海师范大学学报》1992年第4期。
⑦ 薛梅卿：《宋刑统研究》，北京：法律出版社，1997年。

首先是关于折杖法的性质是附加刑还是代用刑的问题，历来看法不同，薛梅卿《北宋建隆"折杖法"辨析》①、安国楼《宋代笞杖刑罚制度论略》②、戴建国《宋代刑罚体系研究》、《宋代从刑考》和《宋折杖法的再探讨》③ 都作了具体研究。郭成伟、郭东旭等学者也对宋代的重典治"贼盗"的问题进行了考述。

宋代是一个商品经济高度发展的社会，与之相适应，宋朝政府制定了比以往朝代更为周密的民事法律制度，不仅大大丰富了宋代法律内容，也对后世产生了重要影响。在民事法律研究方面，赵晓耕尝试较早。其《试论宋代的有关民事法律规范》对宋代民事法律规范作了初步探讨，提出了一些独到的看法。其后出版《宋代法制研究》，收录了《两宋的民事立法》、《宋代的民事法律述略》、《宋计法述》等关于宋代民事法律的文章。此外，赵晓耕的《两宋商事立法》还论述了两宋的市场与市场管理法规、禁榷律法、对外贸易律法和商税制度。④

宋代的继承制度在中国史上颇具特色。莫家齐《从〈名公书判清明集〉看宋朝的继承制度》⑤ 对《名公书判清明集》所反映的继承制度、土地交易法作了探讨。王善军《从〈名公书判清明集〉看宋代的宗祧继承及其与财产继承的关系》⑥ 也以此书为基础论述了宋代宗祧继承的条件和权利主体、宗祧继承人的确立、宗祧继承与财产继承的关系。而袁例《宋代女性财产权述论》⑦ 则以详尽的史实论述了宋代女子于父家财产的继承、女子随嫁资财、寡妇财产权益的得失等问题，提出了颇有新意的见解，是宋代女性财产权研究的一篇有影响的文章。

中国古代法制"诸法合体，民刑不分"，乃是学术界的传统看法，叶孝信

---

① 薛梅卿：《北宋建隆"折杖法"辨析》，《中国政法大学学报》1983 年第 1 期。
② 安国楼：《宋代笞杖刑罚制度论略》，《河南大学学报》1991 年第 1 期。
③ 戴建国：《宋代刑罚体系研究》，收于漆侠等主编《宋史研究论文集》，银川：宁夏人民出版社，1999 年；《宋代从刑考》，《中华文史论丛》第 64 辑，2000 年；《宋折杖法的再探讨》，《上海师范大学学报》2000 年第 6 期。
④ 赵晓耕：《试论宋代的有关民事法律规范》，《法学研究》1986 年第 3 期；《宋代法制研究》，北京：中国政法大学出版社，1994 年；《两宋商事立法》，《法学家》1997 年第 4 期。
⑤ 莫家齐：《从〈名公书判清明集〉看宋朝的继承制度》，《法学杂志》1984 年第 6 期。
⑥ 王善军：《从〈名公书判清明集〉看宋代的宗祧继承及其与财产继承的关系》，《中国社会经济史研究》1998 年第 2 期。
⑦ 袁例：《宋代女性财产权述论》，收于杭州大学历史系宋史研究室编《宋史研究集刊》二，1988 年。

主编的《中国民法史》① 对这个问题做了有益的探讨,认为中国古代是存在民事法律制度的。此书第五章《两宋民法》系统而又详细地对宋代的所有权、债、婚姻,尤其是继承、民事诉讼法作了细致而精到的论述,是宋代民法史研究的填补空白之作。此后孔庆明等著《中国民法史》②,第六章《宋朝民事法律制度》对债的关系论述较为详尽。但宋代是否存在作为独立法律部门的民法,在学术界还有一定的争论。

除了对具体法律制度的研究,学者们对包括宋朝法律在内的中华法系的特征、性质等问题也作了大量的探讨。如张晋藩认为中华法系的基本特点是法自君出,受儒家伦理道德观念的强烈影响,家族法在整个法律体系中占有重要地位,民刑不分、诸法合体、律外有"法"等。③ 林剑鸣认为中华法系的基本特点是君主为法权渊源,礼法合一、对于个人的地位和权力一直没有予以应有的规定,刑法的残酷性异常突出等。④ 这些观点都从儒家学说与中国古代法制的比较考察中确认了儒家伦理是中国古代法文化的基本精神,而郝铁川则独出心裁地认为中华法系的价值观念由三部分组成,即:法典的法家化、法官的儒家化、大众法律意识的鬼神化。⑤ 另有学者从总体精神和宏观样式的视角来阐释中国传统法律文化,认为中国传统法律文化的基本精神是与"个人本位"相对应的"集体本位",即法律规范的社会功能在于通过对个人行为的制约来维护某种社会团体的利益与秩序,或者说,是从维护社会整体安宁的角度出发,来设计个人的权利;中国法律文化的宏观样式是"成文法"与"判例法"相结合的"混合法",等等。⑥ 而夏锦文则主张从形式意义和实体价值两方面来把握中国传统法律文化的整体面貌。就形式意义而言,中国传统法律文化在法律的外部特征和社会地位上缺乏独立性和自治性;在法律的内在结构形式上表现为公法与私法不分、诉讼法与实体法合一的诸法合体的法律结构体系;在司法过程的运行机制上表现为司法与行政合一,行政长官兼理司法。而在内在精神和实体价值取向上,中国传统法律文化的最大特色就是法律的道德化或伦理化,以宗法伦理理性为核心的传统中国法律制度,充分反映了儒家伦理精神对

---

① 叶孝信主编:《中国民法史》,上海:上海人民出版社,1983年。
② 孔庆明等:《中国民法史》,长春:吉林人民出版社,1996年。
③ 张晋藩:《中华法系特点探源》,《法学研究》1980年第4期。
④ 林剑鸣:《法与中国社会》,长春:吉林文史出版社,1988年。
⑤ 郝铁川:《中华法系研究》,上海:复旦大学出版社,1997年。
⑥ 武树臣等:《中国传统法律文化》,北京:北京大学出版社,1994年。

法律生活的深刻影响。① 这些观点都从特定的角度总结并表述了中国古代法律文化传统的主要精神风貌和形式特质，反映了中国古代法律文化和法律生活的基本事实。

同时，西方对中国法律的评价也各有特色。战后初期，韦伯在他极有影响的著作《儒教与道教》②中，指出了传统中国宗教和政治文化所特有的某些特征，是将植根于家庭和地方习俗并享有独尊地位的儒家意识形态与中国世袭国家的专横特征联系在一起。在他看来，中国的统治精英不是通过正式的法律或普遍的道德准则将其权威合法化，而是完全以家长的方式处理事务。而费正清在《东亚：伟大的传统》中也同样用韦伯式词语对中国与西方法律作了比较，把中国法描述为刑事的而不是民事的，是世俗的而不是以宗教原则为基础的，是支持国家权力而不是限制专制的。③ 另一位研究中国法的西方先驱布迪认为，中国官方的法律完全脱离了普遍的道德关心，而几乎专门地关注对反抗国家的犯罪定罪量刑的程序。仅有的使中国法获得活力的道德关心来自儒家的理想。这种理想就是，在确定刑罚时考虑更多的应是家族和身份，而不是犯罪本身的性质。④ 法国著名的比较法学家勒内·达维德在其《当代主要法律体系》中将中国传统法的特征总结为天理与人际和谐、法的次要作用、礼高于一切、非讼等。⑤ 但是，西方学者并没有把儒家的道德说教因素看作是对公正法律的一个贡献，而是看作强化中国法律制度中不尽如人意的特殊的和习惯性因素的手段。李约瑟在其著名的《中国科学技术史》的关于中国古典法律理论章节中，还从科技发展层面指责中国未能明确提出一个作为检验和评断官方法律基础的自然法概念，从而延缓了近代法律的发展和科学的进步。⑥ 不过，西方学者对中国法律的新近再评价，已经在试图纠正这种根深蒂固的关于中国法律特征的成见。⑦

可见，无论中国还是西方学者，在研究宋代法律方面一般都专注于法律本身，如法律的编纂、形式、性质、体系等等，而在涉外法律方面却鲜有专门研究，只有少数学者曾对这个问题有所涉及。高树异先生早在1978年就对宋代

---

① 夏锦文：《社会变迁与法律发展》，南京：南京师范大学出版社，1997年。
② [德] 马克斯·韦伯：《儒教与道教》，北京：商务印书馆，1995年。
③ John King Fairbank, East Asia: the Great Tradition, (Boston: Houghton Mifflin, 1960)
④ [美] D. 布迪、C. 莫里斯：《中华帝国的法律》，南京：江苏人民出版社，2003年。
⑤ [法] 勒内·达维德：《当代主要法律体系》，上海：上海译文出版社，1984年。
⑥ 李约瑟：《中国科学技术史》，北京：科学出版社，1975年。
⑦ 高道蕴、高鸿钧、贺卫方主编：《美国学者论中国法律传统》，北京：清华大学出版社，2004年。

外国人在中国的法律地位作了论述并就"冲突规范"及"治外法权"问题做了探讨。① 胡天明也从财产继承、居住、婚姻、教育四个方面论述了外国人在宋代享有的许多权利以及所具有的法律地位。② 而张中秋、陈景良还首次对宋代吸引外商的法律措施作了探讨。③ 郭东旭也在《宋朝招商政策探析》中认为宋朝积极推行"招徕远人，阜通货贿"、严格维护蕃商在华权益等政策是宋呈现繁荣景象的基础。④

此外，与宋朝涉外法律相关、且相对集中的研究即近20年来学术界对唐宋"蕃坊"的研究，蕃坊制度中包含了外国人来华的居住权、涉外诉讼等问题。"蕃坊"是古人对外国侨民在华聚集区和居留地的称呼，主要分布在沿海重要外贸口岸，其发展始于唐代，盛于宋元。由于居住在蕃坊内的商人、僧侣等多属民间性质，正史对此无专门记载，所以为后世所忽略，学者们对此问题的研究也不是特别多。就现有研究成果来看，其焦点主要集中在"蕃坊"出现的背景、蕃坊的结构、蕃坊的性质等问题上。⑤ 尤其是关于蕃坊的性质，即蕃坊是否享有治外法权，是每位研究蕃坊的学者都会涉及的问题。绝大多数学者都认为唐宋政府对蕃坊拥有完整的主权，侨民在蕃坊内享有一定自治权，但蕃坊没有治外法权，使这个问题基本得到了解决。另外，还有一些学者从不同角度对蕃坊问题进行了研究或在研究其他问题时涉及了蕃坊。如从民族学角度

---

① 高树异：《唐宋时期外国人在中国的法律地位》，《吉林大学学报》1978年第5～6期。
② 胡天明：《宋代外国人来华及其在中国的法律地位》，《中州学刊》1994年第5期。
③ 张中秋、陈景良：《宋代吸引外商的法律措施叙论》，《法学研究》1993年第4期。
④ 郭东旭：《宋朝招商政策探析》，《河北大学学报》2001年第3期。
⑤ 参见陈尚胜：《唐代的新罗侨民社区》，《历史研究》1996年第1期；陈达生：《论蕃坊》，《海交史研究》1988年第2期；廖大珂：《蕃坊与蕃长制度初探》，《南洋问题研究》1991年第4期；邓端本：《广州蕃坊考》，《海交史研究》1984年第6期；范邦瑾：《唐代蕃坊考略》，《历史研究》1990年第4期；邱树森：《唐宋"蕃坊"与"治外法权"》，《宁夏社会科学》2001年第5期；刘莉：《试论唐宋时期的蕃坊》，《中央民族大学学报》（社会科学版）1999年第6期；毛起雄：《唐代海外贸易与法律调整》，《海交史研究》1988年第2期；胡天明：《宋代外国人来华及其在中国的法律地位》，《中州学刊》1994年第5期；赖存理：《唐代"住唐"阿拉伯、波斯商人的待遇和生活》，《史学月刊》1988年第2期；汤开建：《明代管理澳门仿唐宋"蕃坊"制度辩》，《西北民族学院学报》（哲学社会科学版）2001年第2期；马娟：《唐宋时期穆斯林蕃坊考》，《回族研究》1998年第3期；卜奇文：《"蕃坊"社区模式与澳门模式》，《萍乡高等专科学校学报》2000年第3期；朴文一：《试谈在唐新罗坊的特点及其性质》，《延边大学学报》（社会科学版）2000年8月；王东平：《唐宋穆斯林史实杂考》，《回族研究》2004年第1期；刘莉：《古代回坊的形成与发展》，《青海民族研究》2004年第3期；姜清波：《试论唐代的押新罗渤海两蕃使》，《暨南学报（人文科学与社会科学版）》2005年第1期。

将蕃坊与羁縻府州进行的横向比较、或者纵向地将唐宋蕃坊制度与明王朝对澳门的管理模式进行的比较等等。蕃坊问题的研究虽然取得了一些成果，但是仅从侨民聚居地这一方面还是不能够反映宋代社会处理外国人来华问题的涉外法律的全部。

从上述对宋朝法制史研究情况的回顾可以看出，人们对于宋朝涉外法律的研究，还是一个比较薄弱的环节。而这种情况的产生，在相当程度上是由于法学与历史学研究的分野造成的，同时也缘于对涉外法律的研究必须依赖中外关系史研究的基础。

（二）学术界对宋代对外关系的研究状况

受整个宋史研究起步较晚的影响，对宋朝对外关系的研究（尤其是大陆学者的研究）也是在20世纪80年代才开始得到蓬勃发展。不过迄今为止已经取得了很多成果，主要集中于宋朝与海外国家的政治外交或文化交流以及经济来往方面。

首先，对于宋朝与海外国家的政治交往，学界比较重视探讨宋朝的朝贡体制，而这一点又多集中于宋朝与几个对自身政治、军事战略意义比较大的国家如高丽、交趾等国的往来。对于宋朝与其他东南亚和更加遥远的国家的交往，则往往将其友好关系与海外贸易联系在一起探讨。

由于高丽与宋朝友好关系的渊源及其在宋、辽与宋、金关系中的重要地位，宋朝与高丽的政治关系尤其受到学者们的关注。祁庆富教授曾就宋代奉使高丽问题做了细致考察，并认为：虽然宋丽双方始终没有形成共同抗辽的军事同盟，但中原文化的吸引力是高丽亲宋政策的根本所在，所以官方奉使往来在宋与高丽的双边关系中始终占主导地位。宋朝派往高丽的使节几乎没有一次能够达到自己的军事或政治联合目的，但在遣使过程中却进行了广泛的文化交流。[1]

与祁先生注重官方外交不同，孙建民、顾宏义二人认为"东联高丽"的真正实施只是在王安石变法时期，是当时对外政策的一个核心内容。[2] 经济贸易在宋丽关系中才具有举足轻重的地位，尤其是朝贡贸易，它是双方海外贸易的主线和主要组成部分。因为宋丽双方从各自政治、军事目的出发，均假借贸易手段来配合官方外交的建立和发展。[3]

---

[1] 祁庆富：《宋代奉使高丽考》，《中国史研究》1995年第2期。
[2] 孙建民、顾宏义：《熙丰时期"东联高丽"战略研究》，《齐鲁学刊》1996年第6期。
[3] 孙建民、顾宏义：《宋朝与高丽"朝贡贸易"考论》，《河南大学学报》（社会科学版）1997年3月。

关于高丽向宋朝的朝贡贸易，中国学者一般都认为对高丽有利。上述孙、顾二人即认为朝贡贸易对宋廷而言只是手段，政治、军事目的是第一位的，而对高丽而言，追求经济利益才是其主要目的。杨渭生教授也认为双方这种官方贸易虽然在总体上讲对双方各有好处，但它是不等价的，宋方特予优惠，丽方可以获利，所以颇有积极性。① 但是，韩国学者全海宗教授在对高丽献给宋朝的朝贡品仔细考察后，认为其中金的重量和人参、布匹等的价值非常之高，因而朝贡国即高丽很难从经济上获取利益。当然，他同时认为中国方面除去对外使行的诸班经费和供给外国使行的费用以及海上的消费和损失，最终也很难获利。②

可见，围绕宋丽交聘问题，学者们争论的焦点在于宋丽交往究竟是出于政治、军事目的，还是经济、文化目的。韩国学者朴龙云教授逐段对宋丽双方分别进行分析，认为在整个过程中，宋朝的目的始终是为了获得高丽军事上、政治上的支援以牵制辽、金，高丽在受到辽朝威胁的962～994年间把焦点也放在了得到宋朝的军政支援，而在与辽、金缔结了和平条约的1071～1126年和1127～1173年这两个阶段中，则把对宋交涉的重点放在了引进先进的文物方面。③ 这种具体阶段、具体对象、具体分析的方法非常值得我们借鉴。

之后，吴玉亚、包伟民也分时段具体分析了宋朝对高丽使臣接待制度的变化：宋初以东夷之国视之，进而不断提升，至仿西夏例，进而易为仿辽例，至南宋又有回落，最后失去直接的遣使往来。这一变化过程正是宋朝国力日衰及其在整个东亚世界中地位下降的折射。④ 而吕英亭则通过对高丽王朝与辽、宋政治关系进行比较研究而指出，高丽对中国奉行着"以小事大"的外交原则，在辽朝武力征服和威胁下不得不向其称臣；同时高丽对中原文明怀有深刻的文化认同感，但这种文化认同感又必须服从于实力对比。⑤

由这种文化认同感产生的宋丽之间的文化交流同样是学者们研究的重点，如杨渭生叙述了宋与高丽的典籍交流情况，⑥ 顾宏义专就宋朝与高丽的佛教文

---

① 杨渭生：《宋丽关系史研究》，杭州：杭州大学出版社，1997年。
② [韩]全海宗：《中韩关系史论集》，北京：中国社会科学出版社，1997年。
③ [韩]朴龙云：《高丽与宋朝交聘问题探讨》，《韩国学论文集》第四辑，北京：社会科学文献出版社，1995年。
④ 吴玉亚、包伟民：《变动社会中的外交模式——从宋廷对高丽使臣接待制度看宋丽关系之流变》，《山东师范大学学报》2004年第1期。
⑤ 吕英亭：《高丽王朝与辽、宋政治关系之比较》，《东岳论丛》2004年第6期。
⑥ 杨渭生：《宋与高丽的典籍交流》，《中国典籍与文化》1994年第2期。

化交流进行了讨论,① 可知韩国文化上至典章制度下至日常物品都深深地打上了中国的烙印,而同时韩国文化也反馈于中国,刘强因此就高丽文化对宋朝的影响进行了研究。②

宋朝与其他东南亚国家的交往也是学者们的研究兴趣所在。林家劲先生在20世纪60年代就较早地探讨了两宋与三佛齐的友好关系及宋朝与东南亚的贸易问题,③ 指出三佛齐在南海航道中的重要作用以及宋朝与三佛齐的密切往来,还就三佛齐出资在广州重修天庆观问题进行了考证,认为那是三佛齐为了尽可能给其商人提供便利居住的行为。而另一篇文章则就宋代贸易港口的开放、管理机构的完善、贸易的形式、商品、地区范围及贸易发展的原因、意义和影响做了详细考述。之后,张硕又专门探讨了宋朝对东南亚国家的和平友好政策及由此而引起的宋朝与各国贸易的发展。④ 卢苇也撰文考述了以市舶贸易为主的宋代海外贸易状况、东南亚地区在宋代海外贸易中的重要地位及宋代与东南亚国家的和平友好关系。⑤ 也有学者针对具体的国家如越南、日本、蒲甘探讨宋代的对外关系。⑥

其次,宋朝海外贸易研究成果卓著。首屈一指的是日本学者在20世纪初即开始关注宋代海外贸易的研究。桑原骘藏先生从1915年开始陆续发表《蒲寿庚考》⑦,经陈裕菁先生翻译成书,其中不仅考述了蒲寿庚的身世经历,而且论述了唐宋海外贸易的发展状况,包括贸易港、贸易制度、进出口商品、外商在华的活动等方面。另外一篇关于海外贸易管理问题的重要论著即藤田丰八先生所著《宋代市舶司及市舶条例》⑧,不仅对市舶源流、宋代市舶司的废置、市舶官制等方面的资料进行了梳理,还对宋代市舶条例进行了条析,是对宋代市舶条例研究的经典之作。我国学者在这一方面的研究成果主要有林天蔚著《宋代香药贸易史》、关履权著《宋代广州的海外贸易》等,而陈高华、吴泰

---

① 顾宏义:《宋朝与高丽佛教文化交流述略》,《西藏民族学报》1996年第3期。
② 刘强:《宋时高丽物品输入中国杂考》,《东南大学学报》2000年第3期;《宋时高丽扇、纸、墨输入中国考》,《中国典籍与文化》2000年第2期。
③ 林家劲:《两宋与三佛齐友好关系略述》,《中山大学学报》1962年第4期;《两宋时期中国与东南亚的贸易》,《中山大学学报》1964年第4期。
④ 张硕:《我国宋朝对东南亚国家的政策和影响》,《东南亚研究资料》1980年第4期。
⑤ 卢苇:《宋代海外贸易和东南亚各国关系》,《海交史研究》1885年第1期。
⑥ 戴可来:《宋代越南对中国的朝贡》,《世界史研究动态》1980年第11期;李培浩、夏应元:《宋代中日经济文化交流》,《北京大学学报》1983年第5期;陈炎:《蒲甘来使入宋考》,《东南亚》1987年第1期。
⑦ [日] 桑原骘藏:《蒲寿庚考》,北京:中华书局,2009年。
⑧ [日] 藤田丰八:《宋代市舶司及市舶条例》,北京:商务印书馆,1936年。

先生的《宋元时期的海外贸易》①对宋朝与海外国家的往来、各贸易港口的兴衰以及管理海外贸易的机构和法令进行了全面的整理和介绍，迄今为止仍是对宋朝海外贸易进行专题研究的最系统的著作。

之后，宋代海外贸易的研究在很多具体问题上又取得了很多成果。其中章深就元丰市舶条法、宋代海外贸易的收入、贡赐贸易等问题提出了新的看法，指出元丰市舶条的重点是实行贸易垄断，广州市舶司成为加强外贸控制和中央集权的重要工具，因不适应贸易的发展不久废弃。同时他还指出商品经济对政权的依附性很强，使得其自身缺乏效率和竞争力。② 对于贡赐贸易，章深认为宋代贡赐贸易有两大变化。一是利用贡赐贸易的外交功能解决国内政治问题与边防危机，一是将朝贡与非朝贡贸易分开，对后者采用市舶贸易征税制度。③ 而根据宋代海外贸易的收入变化，他还指出陈傅良认为的宋初朝廷设置市舶司不是为了增加收入，在开征进口税的初期政府外贸收入还很少的观点并不符合实际情况。④

廖大珂的贡献则在于对私人航海贸易的重视和对海商进行的分类研究，如他的《论宋元时期的纲首》、《宋代牙人牙行与海外贸易》对纲首、牙人的关注和《试论宋代的私人航海贸易》中对宋代私人航海贸易的发展情况、贸易活动类型、海商构成所作的探索。⑤ 此外，廖大珂在贸易制度方面也做了很多研究，如他认为宋政府通过抽解、禁榷、和买等手段将对海外贸易的控制加以正规化、制度化，体现了政权的经济掠夺性。之后又撰文论述市舶司执掌的演变经历了地方官兼领、漕臣兼领、中央直接派官提举三个阶段。⑥

也有学者对地区经济尤其是福建地方的海外贸易发展进行了考察。胡沧泽经研究指出泉州港的日趋繁荣，使其地位日益重要，宋廷因而于元祐二年设泉州市舶司以确保对外贸易的顺利发展。福建海外贸易的兴盛不仅是由于有一整

---

① 陈高华、吴泰：《宋元时期的海外贸易》，天津：天津人民出版社，1981年。
② 章深：《北宋"元丰市舶条"试析——兼论中国古代的商品经济》，《广东社会科学》1995年第5期。
③ 章深：《宋朝与海外国家的贡赐贸易》，《学术研究》1998年第6期。
④ 章深：《宋初市舶司"不以为利"辨——兼论宋朝海外贸易收入的变化趋势》，《河北大学学报》2002年第4期。
⑤ 廖大珂：《论宋元时期的纲首》，《海交史研究》1990年第2期；《宋代牙人牙行与海外贸易》，《海交史研究》1993年第2期；《试论宋代的私人航海贸易》，《南洋问题研究》1996年第1期。
⑥ 廖大珂：《宋代市舶的抽解、禁榷、和买制度》，《南洋问题研究》1997年第1期；《试论宋代市舶司》，《历史研究》1998年第3期。

套鼓励海外贸易的措施,还在于有一批严于执法的官吏。胡沧泽还指出宋代福建海外贸易不仅促进了当地的经济发展,而且也改善了居民的物质生活,并引起人们思想意识上的变化。① 同样郑学檬也对福建沿海对外贸易所产生的影响进行了考察。② 李玉昆考察了宋元时期泉州的香料贸易,③ 倪尔爽则就南宋温州海外贸易发达的原因进行了探讨。④ 黄纯艳还对宋代贸易港的布局和管理加以研究,认为宋代贸易港呈现出广南、福建、两浙三个自成体系的区域,宋政府根据形势需要建立了较为完备的管理制度。⑤

通过以上的学术回顾可以看出,由于法学与历史学科的分野,研究唐宋对外关系史的学者往往只注重"关系"而很少探讨中外关系中的法律问题;同样,研究唐宋法律的学者则一般专注于"法律"本身,而不注重法律关系中体现出的涉外问题。因此,在唐宋时期涉外法律这一领域,学界的研究还有待加强。将法律与对外关系史的研究结合起来,从法律的角度探讨中外关系的发展或通过对外关系史的研究拓宽涉外法律的研究视阈,将是非常必要的。而且,目前国内对外开放深化和全球一体化格局的形成都需要我们加强对涉外法律的研究。无论从学术角度还是从现实层面来看,涉外法律研究的必要性都是显而易见的。

三、研究方法与思路

本书拟在参考已有研究成果的基础上,以外国人来华为中心,对唐宋时期涉外法律做一全面的系统考察和深入的比较研究。

如前文所述,涉外法律主要指的是具有涉外因素的国内法律,与国际法是不同的两个概念。本着这样的原则,本书将研究目标集中于唐宋王朝如何处理涉及外国因素的事务,其中心是针对外国来华人员,而对出境的中国人事务不予探讨。而所谓的"外国人",只是我们当下习惯的泛称。具体到唐宋时期,因为封建王朝习惯将周边及海外国家通称为"蕃",而将北方少数民族政权称

---

① 胡沧泽:《宋代福建海外贸易的管理》,《福建师大学报》1995年第1期;《宋代福建海外贸易的兴起及其对社会生活的影响》,《中国社会经济史研究》1995年第1期。
② 郑学檬:《宋代福建沿海对外贸易的发展对社会经济结构变化的影响》,《中国社会经济史研究》1996年第2期。
③ 李玉昆:《宋元时期泉州的香料贸易》,《海交史研究》1998年第1期。
④ 倪尔爽:《南宋温州海外贸易发达的原因》,《海交史研究》1998年第2期。
⑤ 黄纯艳:《论宋代贸易港的布局与管理》,《中州学刊》2000年第6期。其成果大部分收入专著《宋代海外贸易》,北京:社会科学文献出版社,2003年。

为"胡",虽然从现代观念看来,北方少数民族也是中华民族的一部分,但在当时,他们仍属于"外"的范畴。正如西方史家布罗代尔所言:"如果不谈奴隶,不谈附庸性经济,欧洲是不可理解的。同样,如果不谈国内的未开化民族和国外的藩属,中国也是不可理解的。"① 所以,本书所述及的来华外国人,不仅包括当今所谓的外国人,还包括上述少数民族政权所辖之人。

由于中华法系的特点之一即皇帝是立法和司法的枢纽,由行政机关兼理司法,所以律(基本上是刑事法律)、令(国家组织制度与行政管理活动的法规)、格(皇帝临时颁发的各种单行敕令)、式(国家机关的公文程式和活动细则)及敕等都是唐宋时期的主要法律形式。而且,《唐律疏议》和《宋刑统》只是基本法,其他的法律形式有时则更有权威性和实施性。所以,本书所涉及的制度与法律内容,不仅包括唐宋律中的基本条文,更包括皇帝及其他行政机关下发的各种敕令和规定。

在界定了这些基本概念的基础之上,为了考述唐宋时期涉外法律形成和执行的渊源,了解唐宋政府政治行为的大背景,本书将先论述唐宋王朝的对外政策与中外关系的发展,在此基础上,采用系统考察法和比较研究法论述唐宋时期的涉外法律。

系统考察法将用于对唐宋涉外法律的整体性考察。本书将对散落在各处的史料钩稽爬梳,将不同类型的外国来华人员(官方来华人员、民间来华外国人)的不同活动(如朝贡、经商、入仕、求学、通婚等)的相应法律内容进行分门别类的系统考察。其中,对于通过官方途径来华的外国人员,将参考现代《国际法》的分类标准,具体探讨其种类、等级、享受到的待遇等法律内容;对于民间外国来华人员,则参考国际私法中涉外民事权利的法律适用原则,探讨唐宋朝政府制定的关于外国人来华后的居住、婚姻、遗产继承以及涉外诉讼等问题的法律规定。

同时,我们应当打破法律制度研究单纯以朝代为界限的做法,注重法律制度发展的历史阶段性,把一个历史阶段的法律制度作为一个整体来研究。因此,本文要在系统研究的基础上将宋代涉外法律与唐代涉外法律进行比较研究,从而从更广阔的视角认识中国传统社会法律形式的沿革变化及其规律,揭示中国封建社会处理涉外问题的特点及由此体现的中华民族的华夷观念和民族性格,并以此为视阈,呼应今人提出的唐宋社会变革问题。

---

① [法]布罗代尔:《15至18世纪的物质文明、经济和资本主义》,北京:三联书店,1992年。

第一章

唐朝涉外法律

第一节 唐朝以前涉外法律之演变

典章古籍虽然浩繁，有关涉外法律起源的记载却少之又少，后人仅能从零星记录和个案中推测出立法者调整涉外法律关系的基本原则。《礼记·曲礼上》中曾记载，"入竟（境）而问禁，入国而问俗，入家而问讳"。①《淮南子·齐俗训》也记载："岂必邹、鲁之礼之谓礼乎！是故入其国者从其俗，入其家者避其讳，不犯禁而入，不忤逆而进，虽之夷狄徒裸之国，结轨乎远方之外，而无所困矣。"② 可见，先秦时期的统治者处理涉外事务时都要先了解、遵从异国的禁令和习俗，奉行属地主义原则。

汉代是古代中外关系的探索时期，而汉朝与中原以外周边民族的关系中最密切、最重要的首推匈奴。汉朝与匈奴之间200余年的战争构成了当时国家对外关系的主要方面，决定了汉朝处理对外关系的基本原则和外交政策的核心内容。正如彼得·查拉尼斯所言：这些民族"生息在欧亚大草原上，在历史上是一股巨大的力量。他们的历史重要性不是在于他们所建立的帝国，草原上大量的事例已经证明这些帝国都是昙花一现。他们的历史重要性在于他们向东、向西运动时，对中国、波斯、印度和欧洲所产生的压力，这种压力不断地影响着这些地区历史的发展"③。其中，这种压力就深刻影响了汉朝涉外法律制度的制定，汉代的质子制度、和亲制度以及相关法律无不主要与匈奴相关。

---

① 《礼记·曲礼上》。
② 《淮南子》卷十一《齐俗训》。
③ ［法］勒内·格鲁塞：《草原帝国》前言，北京：商务印书馆，1998年。

>>> 第一章 唐朝涉外法律

虽然，以现今标准来看，无论质子抑或和亲，都更大程度上是汉朝处理民族关系的产物。但是，站在历史的角度，我们也可以认为汉朝处理民族问题与涉外问题的原则是一致的。因此，有关质子、和亲的法律和其他涉外经济法律一道，构成了汉代涉外法律的主要内容。而这些法律与制度也影响了唐宋时期涉外法律的制定，成为后来涉外法律制度的雏形。

所谓"质"，先秦时期既已存在，如秦始皇之父庄襄王即曾为秦国质子而质于赵。"质"可分为三种情况："国强欲待弱之来相事，故遣子及贵臣为质，……国弱惧其侵伐，令子及贵臣往为质，……又二国敌亦为交质，……左传云周郑交质，王子狐为质于郑，郑公子忽为质于周是也。"[①]

汉代以降，"纳质为臣"现象已十分普遍，成为边疆民族与汉王朝建立关系的一种模式。对汉朝而言，他要向与之建立藩属关系的少数民族索要人质以保障其统治；而对少数民族而言，为了自身的政治和经济利益，就须"纳质"与汉王朝建立藩属关系。"质子"成为朝贡品的一部分，作为代表履行藩属国的义务。

汉朝针对质子设有一系列法规。首先，在汉的质子必须服从汉朝的法律，如果违反，也要受到刑罚。史载："征和元年，楼兰王死，国人来请质子在汉者，欲立之。质子常坐汉法，下蚕室宫刑，故不遣。报曰：'侍子，天子爱之，不能遣。其更立其次当立者。'楼兰更立王。汉复责其质子。"[②] 由此可见，其一，楼兰质子违反了汉朝法律，并不能因其楼兰王子身份而被特殊对待，而是要依汉律处以刑罚，并因此事而不能回国即位称王；其二，藩属国扶立新王必须得到汉朝授权才可以进行，他们不能自行推选新王，新王即位后必须再向汉朝派遣质子；其三，在汉朝的质子一般都由汉朝任命或扶持为新王，如上述楼兰王在向汉朝派遣质子的同时"亦遣一子质匈奴"，而在其死后"匈奴先闻之，遣质子归得立为王"。[③] 而此王背叛汉朝，被汉使刺杀，汉朝遂扶立尉屠耆为王，更名其国为鄯善。鄯善王向汉天子请求："身在汉久，今归，单弱，而前王有子在，恐为所杀。国中有伊循城，其地肥美，愿汉遣一将屯田积穀，令臣得依其威重。"[④] 于是汉朝便遣司马一人、吏士四十人，在伊循屯田以镇抚之。可见，对于自身扶立的藩属国王，汉王朝也要以军威保障其在本国的统治及对汉朝的忠诚。这种政治外交关系实为双方共赢的一种方式。所谓

---

① 《史记》卷六《秦始皇本纪第六》，"正义"，北京：中华书局，1982年，第223页。
② 《汉书》卷九十六上《西域传第六十六上》，北京：中华书局，1962年，第3877页。
③ 《汉书》卷九十六上《西域传第六十六上》，第3877页。
④ 《汉书》卷九十六上《西域传第六十六上》，第3878页。

质子，也不过是双方建立外交关系的一种媒介或工具。而对藩属国的内部事务，汉王朝仅实行有限的统治，允许其继续保持本民族原有的社会经济制度、宗教信仰及风俗习惯、文化传统等，采取以间接统治为主的羁縻政策。

其次，质子一般都居住在馆待四夷蕃客独立的、专门的机构——蛮夷邸之中，受到专职人员的接待与管理。据记载，蛮夷邸应在长安城内的藁街，"四夷慕化朝献者居焉"①。蛮夷邸不仅是供入京四夷首领、质子、朝贡使节、蕃商居住的场馆，而且是汉朝向蕃客弘扬国威、警示四夷的地方。如果有藩国首领谋叛，不仅要将其诛杀，而且常常要将其头颅悬挂于蛮夷邸，以起到警戒作用。汉宣帝时匈奴五单于争立，汉拥立呼韩邪单于，遭郅支单于怨恨而杀汉使者，西阻康居。汉元帝建昭三年（公元前36年），西域都护甘延寿、副校尉陈汤发西域诸国兵至康居，诛灭郅支单于，甘延寿、陈汤便上疏要求"宜县（悬）头藁街蛮夷邸间"，目的就是为了"以示万里，明犯强汉者，虽远必诛"②。东汉永元六年（公元94年）西域都护班超"发诸国兵讨焉耆、危须、尉黎、山国，斩焉耆、尉黎二王首，传送京师，县（悬）蛮夷邸"③。可见，至东汉一朝，悬首蛮夷邸还在发挥着警示和约束、规范作用。

如果说汉朝国势强盛时四夷藩属须"纳质为臣"，那么，在汉初国弱势衰时，为了挡住匈奴的铁骑，则不得不采取"和亲"政策。"和亲"这种特殊的婚姻形式涉及最多的便是涉外婚姻法律适用问题，其中最典型的当属刘细君和亲案与王昭君和亲案。

汉武帝元封年间，乌孙请求和亲。汉武帝考虑到结亲可以联合乌孙，牵制匈奴，便"遣江都王建女细君为公主，以妻焉"④，且赠送甚盛，乌孙昆莫以其为右夫人。等到昆莫年老，欲使其孙岑陬娶公主为妻，按照乌孙国的风俗，刘细君应续充岑陬之室。但是孙妻奶，汉律规定为乱伦，其罪当诛。在这起转继婚关系中，汉律与乌孙国习惯法即相互抵触。若适用汉律，禁止乱伦婚姻；若适用乌孙国的习惯法，则刘细君应续充岑陬之室。面对这样的法律选择与观念转变，刘细君不肯依乌孙国风俗，上书言状，而汉天子报曰："从其国俗，欲与乌孙共灭胡。"⑤ 昆莫死，岑陬代立，遂妻公主，生一女名少夫。汉武帝的诏令虽然显示了其目的主要是为了抵御匈奴，但"从其国俗"四字却为我

---

① 王应麟：《玉海》卷一六五《宫室·唐鸿胪客馆》，扬州：广陵书社，2003年。
② 《汉书》卷七十《傅常郑甘陈段传第四十》，第3015页。
③ 《后汉书》卷八十八《西域传第七十八》，北京：中华书局，1965年，第2928页。
④ 《汉书》卷九十六下《西域传第六十六下》，第3903页。
⑤ 《汉书》卷九十六下《西域传第六十六下》，第3904页。

们提供了汉代涉外婚姻法律适用的规范，即依照属地主义原则，适用婚姻缔结地法律。据此则承认乌孙国法律的属地效力，而限制汉律的属人效力。

"从其国俗"在汉武帝执政期间一直具有法律效力，同样约束了其后的解忧公主。江都公主刘细君死后，为巩固与乌孙国的联盟，"汉复以楚王戊之孙解忧为公主，妻岑陬。岑陬胡妇子泥靡尚小，岑陬且死，以国与季父大禄子翁归靡，曰：'泥靡大，以国归之。'翁归靡既立，号肥王，复尚楚主解忧，生三男两女。"①"翁归靡死，乌孙贵人共从本约，立岑陬子泥靡代为昆弥，号狂王。……狂王复尚楚主解忧，生一男鸱靡"。② 可知，解忧公主先是在细君死后续弦乌孙国王岑陬；之后兄终弟及，嫁于岑陬的弟弟翁归靡；而在岑陬儿子泥靡长大继位后，又嫁于非嫡亲的儿子泥靡。解忧公主"从其国俗"，知道被新国王收继是乌孙国习俗并为汉朝所认可，所以三嫁乌孙国王。

为大众熟知的昭君王嫱，于汉元帝时出塞和亲，嫁于匈奴呼韩邪单于，生二子。"及呼韩邪死，其前阏氏子代立，欲妻之，昭君上书求归，成帝敕令从胡俗，遂复为后单于阏氏焉。"③ 此时的武帝诏令虽然似乎已经无法约束元帝时代"和亲"关系的法律适用，且此处处理的是汉律与匈奴习惯法之间的选择问题，但汉成帝仍然敕令要求昭君"从胡俗"，承袭了涉外婚姻适用婚姻缔结地法律的原则。王昭君虽然认为子妻母有违汉律和人伦，但还是嫁与了继任的匈奴单于，自己的非嫡亲儿子。

"和亲"这种特殊的涉外婚姻形式，在汉代比较多见，之后的封建王朝也时有发生，这些婚姻绝大多数依"从其国俗"的规范确定法律适用。除了这种带有官方性质的涉外婚姻，民间的涉外婚姻在边境地区也较为普遍，由此产生的法律冲突大都适用婚姻缔结地法律解决。这种涉外婚姻的法律选择与法律适用问题对后世也产生了很大的影响。

除了纳质与和亲，汉朝与周边民族之间也有很多经济贸易往来，交换双方特产。但出于边防安全考虑，汉朝对双边贸易尤其是汉匈贸易设立了一些限制性规定。

元狩二年（公元前121年），匈奴浑邪王率众来降，及至，"贾人与市者，坐当死五百余人。（汲）黯入，请间，见高门，曰：'……浑邪帅数万之众来，虚府库赏赐，发良民侍养，若奉骄子。愚民安知市买长安中而文吏绳以为阑出

---

① 《汉书》卷九十六下《西域传第六十六下》，第3904页。
② 《汉书》卷九十六下《西域传第六十六下》，第3906页。
③ 《后汉书》卷八十九《南匈奴列传第七十九》，第2941页。

财物如边关乎？'……"① 对此，《汉书集解》中，应劭注曰："阑，妄也。律，胡市，吏民不得持兵器及铁出关。虽于京师市买，其法一也。臣瓒曰：无符传出入为阑也。"②

可见，其一，为了防范和打击走私，汉朝设立关津，出入需要稽查"传"。所谓"传"，"两行书缯帛，分持其一，出入关合之乃得过，谓之传"，即符验文引之类，类似后世的过所。汉文帝十二年曾除关，不用传，而景帝四年复置关，用传出入。③ 后王莽改币制，百姓不从，"盗铸钱者不可禁，乃重其法，……吏民出入，持布钱以副符传，不持者，厨传勿舍，关津苛留"，颜师古注曰："旧法，行者持符传，即不稽留。今更令持布钱，与符相副，乃得过也"，④ 甚至连行道饮食处、置驿之舍都要稽留查问了。

其二，汉朝规定了一系列禁止对外贸易的物品，如兵器、铁器、黄金等战略物资及雌性马、牛、羊等。

其三，未经官方准许，任何人不得擅自与周边民族及外国客商进行交易。前述五百贾人被处死刑，原因即在于擅自与来降匈奴人贸易且超出贸易物品许可范围，因此即使在长安城中，所获之罪如同在边关阑出财物。另据载，汉景帝中元二年，元封宋子侯许九"坐寄使匈奴买塞外禁物"⑤，虽经赦免，但也表明汉朝已经对禁物的买卖设置了严厉的制裁措施。

除了与周边的贸易，随着丝绸之路的开通，国际贸易也已兴起，大量的中国丝织品被输往西方。这种对外贸易，一是通过官方使节，汉朝政府向西方民族或国家进行赠赐，另外则是通过奔走在丝绸之路上的商人的活动。这种民间的私营，必须经政府许可。⑥ 关于外民族、外国的商人所应遵守的法律的具体规定，惜史书没有详细记载。

但是，从汉代司法实践的个案中，我们可以找到一些线索。《后汉书》记载，梁冀"起菟苑于河南城西，经亘数十里，发属县卒徒，缮修楼观，数年乃成。移檄所在，调发生菟，刻其毛以为识，人有犯者，罪至刑死。尝有西域贾胡，不知禁忌，误杀一菟，转相告言，坐死者十余人。"⑦ 此处西域贾胡触

---

① 《汉书》卷五十《张冯汲郑传第二十》，第2320页。
② 《汉书》卷五十《张冯汲郑传第二十》，第2321页。
③ 丘濬：《大学衍义补》卷九十九《治国平天下之要·备规制·邮传之置》，四库全书本。
④ 《汉书》卷九十九中《王莽传第六十九中》，第4122页。
⑤ 王钦若等：《册府元龟》卷九百四十二《总录部·黩货》，北京：中华书局，1960年。
⑥ 张中秋：《法律与经济——传统中国经济的法律分析》，南京：南京大学出版社，1995年，第192页。
⑦ 《后汉书》卷三十四《梁统列传第二十四》，第1182页。

犯的当系"取禁地物条罪",① 虽然案件的发生源于梁冀的骄奢,而西域贾胡并不知禁忌,但仍适用汉律而受到了处罚。由此可见,对待外来商胡,汉朝采用的是属地主义原则,即外民族、外国商人在汉朝境内与汉臣民贸易时必须遵循、适用中国法律。

汉代虽然没有形成系统规模的涉外法律,但是上述这些涉及外民族、外国的制度、规定及其体现的处理涉外事务的原则却对后世产生了深刻的影响。其中,影响最大的当属蛮夷邸的设置,它开创了后世客馆的设置和管理模式。

北魏时洛阳即模仿汉代蛮夷邸的形式,建有四夷馆馆待四方来客。魏晋南北朝时期,由于南北政权的对立和周边民族的内迁,南北双方都非常注重吸引政治上的降附者及归化侨民的管理。其中北魏对于降附者和侨民的管理最为成功,史载当时的洛阳"自葱岭已西,至于大秦,百国千城,莫不款附。商胡贩客,日奔塞下。所谓尽天地之区已。乐中国土风因而宅者,不可胜数。是以附化之民,万有余家。"② 可见侨民规模之大。为了让这些来自四面八方的侨民各安其所,北魏在城南"永桥以南,圜丘以北,伊洛之间,夹御道,东有四夷馆,一曰金陵,二曰燕然,三曰扶桑,四曰崦嵫。道西有四夷里,一曰归正,二曰归德,三曰慕化,四曰慕义。"③ 四夷馆为宾馆,四夷里则为侨民居住区。

北魏政府不仅按照传统的四夷观念分别安置四方来人,且制定了具体的管理办法,即:"吴人投国者,处金陵馆。三年已后,赐宅归正里。北夷来附者处燕然馆,三年已后,赐宅归德里。东夷来附者,处扶桑馆,赐宅慕化里。西夷来附者,处崦嵫馆,赐宅慕义里。"④ 可见,这些投附者先按照各自方位被安置于四馆中,三年之后则可居住于四里中,娶妻生子,安家立业,成为北魏的正式居民。四夷里不仅环境优美,"门巷修整,阊阖填列。青槐荫陌,绿柳垂庭",而且为方便居民生活,还"别立市于洛水南,号曰四通市。民间谓为永桥市"。当时"天下难得之货,咸悉在焉"。⑤ 北魏政府针对四夷来华的特点,分别设立了馆、里、市,配合使用,制度完备,依法而行,从而使外国人

---

① 吴文翰、王江川:《试探中国古代处理涉外案件的基本原则》,《兰州大学学报》1990年第3期。
② 杨衒之:《洛阳伽蓝记》卷三《城南·龙华寺》,上海:上海书店出版社,2000年,第132页。
③ 《洛阳伽蓝记》卷三《城南·龙华寺》,第129页。
④ 《洛阳伽蓝记》卷三《城南·龙华寺》,第130页。
⑤ 《洛阳伽蓝记》卷三《城南·龙华寺》,第132页。

来华从馆待到定居都有了章法。

经过魏晋南北朝的继承和演进，中国传统涉外法律在唐代正式形成。

第二节 唐朝对外政策、涉外制度与对外关系

唐朝自公元618年建立至公元907年衰亡，历经290年，是中国历史上著名的强盛朝代。其上汲汉魏余绪，下开两宋先河，文治武功，均臻极盛。从古代对外关系史上看，唐代也是一个重要发展阶段，曾与70多个国家和地区有着交往。这种"百蛮奉遐赆，万国朝未央"① 的外交繁荣局面，与唐朝的对外政策、外交制度和涉外法律是分不开的。唐朝政府的对外政策与外交制度是其制定涉外法律的前提与基础，同时，涉外法律又为其对外政策和制度的贯彻实施提供了支持与保障。

一、唐朝对外政策

唐朝建立以后，以强盛的国力和繁荣的经济为基础，从立国之初就确立了比较开明的对外开放政策。对于周边和海外国家，武德五年，唐高祖明确提出了"绥柔万国"的睦邻友好方针。他在给高句丽王建武的国书中这样表述："普天之下，情均抚字；日月所照，咸使乂安。……今六合宁晏，四海清平，玉帛既通，道路无壅，方申辑睦，永敦聘好，各保疆场，岂非盛美。"② 这种和睦相处的涉外方针被之后的几代统治者因袭继承。如唐太宗李世民即反对对外穷兵黩武，他听从大臣建议"兵者，凶器，不获已而用之"③，而要绥远必先安近，"中国百姓，天下本根，四裔之人，犹如枝叶"，只要国家繁荣，"君临区宇，深根固本，人逸兵强，九州殷盛"，自会有"四裔宾服"。④ 所以，太宗并没有震耀威武，征讨四夷，而是一直坚持"修文德，安中夏；中夏安，

---

① 李昉等：《文苑英华》卷一九零《唐太宗·正日临朝》，北京：中华书局，1966年。
② 刘昫等：《旧唐书》卷一百九十九上《高丽传》，北京：中华书局，1975年，第5321页。
③ 《旧唐书》卷一百三《郭虔瓘传》，第3188页。
④ 《旧唐书》卷六十二《李大亮传》，第2388页。

远人伏矣"的政策,从而使得"天下大安,四夷君长皆来献"。①

对于各少数民族政权,唐太宗则表示"自古皆贵中华,贱夷狄,朕独爱之如一,故其种落皆依朕如父母"②。唐高宗也继承了这种积极的精神,对国内各少数民族力主实行"抚育"和"柔服"。而开元盛世时期的唐玄宗更以宏大的气势"开怀纳戎,张袖延狄",命令督将"保宁疆场"、"脂膏不润,豪发无欺",要"变无知之俗长为不叛之臣",让其心悦诚服,"爱官吏犹父母,安国家如天地"。③

正是这种"偃武修文,中国既安,四夷自服"④的对外政策导向和自信观念使唐朝政府积极地吸引周边国家和少数民族政权前来唐朝进行政治往来和贸易交流,即所谓"开";同时也派遣使节等前往诸国进行册封等活动,即所谓"放"。

唐朝政府的这种"开"与"放",并不是通过武力征伐强制各国执行的,而是吸收了古代先贤树立的天下观,主张以德服人,并确立了"厚往薄来"的"怀柔远人"的方式。因此,一方面,唐朝君主宽容对待来华使节,注意尊重外国的宗教习俗,表现出一种大国的文明风范,甚至对其失礼之处也不予计较。如贞观四年(公元630年),林邑遣使来朝贡,有司上言其"表疏不顺,请发兵讨击之",而太宗却认为武力是不得已时才采用的手段,为此事"辄即发兵,且经历山险,土多瘴疠,若我兵士疾疫,虽克剪此蛮,亦何所补?言语之间,何足介意,竟不讨之"。⑤可贵的是,这种宽容风范一直延续下来,玄宗开元初期,大食国遣使贡献方物,"谒见不拜,有司将劾之,中书令张说谓殊俗慕义,不可寘于罪,玄宗赦之。"⑥可见唐朝统治者对外国的宽厚度量,并没有将本国的规则和意图强加于人。另一方面,唐朝对来朝贡的国家往往予以热情招待,不仅在物质上给予厚赐,而且常常对其君主或使节授予官职。这种处理涉外事务的原则更增加了唐朝对诸国的吸引力,使得外国民众

---

① 欧阳修、宋祁:《新唐书》卷二百二十一上《西域上·罽宾》,北京:中华书局,1975年,第6241页。
② 司马光:《资治通鉴》卷一百九十八《唐纪十·太宗文武大圣大广孝皇帝下之上》,北京:中华书局,1956年。
③ 王钦若等:《册府元龟》卷一百五十七《帝王部·诫励第二》,北京:中华书局,1960年。
④ 《资治通鉴》卷一百九十三《唐纪九·太宗文武大圣大广孝皇帝上之中》。
⑤ 吴兢:《贞观政要》卷九《征伐第三十五》,上海:上海古籍出版社,1978年,第263页。
⑥ 《新唐书》卷二百二十一下《西域传下》,第6262页。

纷至沓来。

二、唐朝涉外制度

有了对外开放的政策作为导向,唐朝政府又采取了什么样的涉外制度来具体落实这一政策呢?三省六部制的形成与成熟以及与九寺二十四司的分工协作正适应了这种处理涉外事务政策的需要。三省六部中的有关部门和官员对涉外工作的决策和指导以及外事专职机构鸿胪寺的设立保证了唐朝对外国人来华的全方位管理,而地方行政机构的涉外职能又同时保证了唐朝对涉外事务的从下到上的多层次管理。①

可以说,各方蕃客从一进入唐朝国境,就已经进入了唐朝各级机构的视野,在到达中央政府以前,他们必须先经过边境州县,并通过重重关卡才能到达京师。

"关"有如国家的门户,用来限中外,隔华夷。刑部中的司门郎中,主要在关门掌蕃客的出入,检查其符节或过所。一般情况下,入关以后,如果是一个县接到来使,要尽快上报并转送他们到上级的道、州政府,由道、州政府负责接待。

唐朝前期实行州、县二级地方行政体制,后期"道"演变为州之上的地方最高一级行政机构,其长官为节度使、观察使。当时道与化外诸国的交往已作了明确的分工,其中关内道掌管北蕃、突厥的朝贡;河南道控制海东新罗、日本的朝贡;河北道掌契丹、奚、靺鞨、室韦之贡献;陇右道控西域胡、戎;江南道则掌五溪之蛮;剑南道控西洱河群蛮;岭南道则控百越及林邑、扶南之贡献。② 据此,唐代形成了七条"入四夷之路与关戍":

> 一曰营州入安东道,二曰登州海行入高丽渤海道,三曰夏州塞外通大同云中道,四曰中受降城入回鹘道,五曰安西入西域道,六曰安南通天竺道,七曰广州通海夷道。③

这七条交通干线所涉及的边州和关戍在涉外事务的管理中尤其重要。因为

---

① 参见黎虎:《汉唐外交制度史》,兰州:兰州大学出版社,1999年。
② 李林甫等:《唐六典》卷三《尚书户部》,北京:中华书局,1992年,第64~72页。
③ 《新唐书》卷四十三下《地理七下》,第1146页。

这些地方政府不仅要接待来使，还要上报朝廷以确定来使是否可以入京及进京员额。能进京朝见的特殊人员，有时地方政府要负责护送，外使入京途中所经各地，唐朝政府均有馆驿之设，外使的食宿交通即由馆驿解决。

外国使节到达京师以后，在四方馆或礼宾院住宿，其入朝过程中的接待、管理、返还等工作均由礼部在政策上加以指导，尤其是隶属于礼部的主客司是掌管"诸蕃朝见之事"①的主要部门，具体事务则由专职机构鸿胪寺处理。鸿胪寺是九寺之一，其鸿胪卿专"掌宾客及凶仪之事"②，宾客即涉外接待事务，凶仪亦含有外事丧葬之事。具体而言，蕃客的"朝贡之仪、享宴之数、高下之等、往来之命"，即蕃客从入境至出境的所有事务均与鸿胪寺有关。

首先，鸿胪寺要"以蕃望高下为簿，朝见辨其等位，……二王后、夷狄君长袭官爵者，辨嫡庶"③，即根据蕃国的大小、势力及对唐朝的利害关系等，将外国君长分为不同的等级，对要继承爵位的君长之子，则要分清嫡庶，以此确定唐朝政府设宴招待、廪食供应及册封规格的高低。

随后，唐朝政府根据这些等级对外国使节及都督、刺史等予以热情招待，并由中书侍郎按照严格的程序接收蕃客的贡献，接受并呈递蕃客的文书。之后，各国使节即可参加朝会、宴享、祭祀等各种纷繁的礼仪活动。

如果外交使节在唐期间患病，鸿胪寺典客署会请医生诊治并给汤药。如果不幸身亡，典客署也要负责丧事所需并根据情况护送灵柩回国。辞别之日，唐政府除要设宴会送行以外，还要供应他们的返国程粮。而他们从何处离境由朝廷指定，并由当地政府礼送返国。

所有这些礼遇也离不开其他下属部门的后勤服务和配合，如九寺、五监和三省（秘书、殿中、内侍省）的工作即非常重要。其中太常寺负责礼乐；光禄寺负责蕃客食料、宴饮；太府寺则收藏四方之贡献。五监中的国子监接收外国留学生；少府监下设的中尚署负责制作赐蕃客所需之物；互市监掌蕃国交易之事。而内侍省的内府局则是在蕃酋辞还时在殿庭对蕃客进行赏赐等等。

除了对使节来华朝贡的管理制度，唐朝涉外制度还包括边防情报、外来宗教文化和对外贸易管理等方面的内容。

对于蕃客的上奏和重要的资料情报搜集工作，唐朝有严格的制度规定。如蕃客所奏之事，鸿胪寺要具明他们到京日期及所奏之宜，按东西南北四个方向

---

① 《新唐书》卷四十六《百官志一》，第1195页。
② 《唐六典》卷十八《鸿胪寺》，第504页。
③ 《新唐书》卷四十八《百官志三》，第1257页。

分别整理成奏状，每月一奏，装订为簿，正本上报，副本则收藏于鸿胪寺。而且，凡有蕃客来到唐朝，鸿胪寺要询问其国山川、风土，并画为图上奏，图的副本要上交给职方郎中；同时，还要将衣服贡献、道里远近，并其国主名字等信息并报送史馆。而蕃夷入寇及来降的内容则由中书抄录表状、由兵部抄录露布上报。[①] 其他如请求来唐朝宿卫的蕃国人员的年龄、相貌等情况，主客司也要上报，并据此授予官职和确定其应享受的待遇。

对外来文化尤其是外来宗教事务的管理，由礼部中的祠部司来完成。祠部司是掌管祭祀、天文、庙讳、医药、僧尼等事务的部门。唐朝宗教事业发达，除了本土的道教、早已传入并盛行的佛教、祆教、景教、摩尼教等也在唐代传入。祠部司即"掌两京及碛西诸州火祆"。[②] 实际上，不只火祆教，对其他域外宗教、外国僧侣和信奉民众的管理，也由祠部郎中负责。佛教在唐初由鸿胪寺管理，武后之后，随整个宗教管理体制的变化而逐步走上了规范化道路，鸿胪寺管理佛教的传统为祠部司所取代。《唐会要》记载："延载元年（公元694 年）五月十一日敕，天下僧尼隶祠部，不须属司宾。"[③] 玄宗时期曾一度有所变化，但由祠部司管理佛教的制度被确定下来，并为以后各朝所继承。

吸引外国商人来华贸易也是唐朝对外政策之一，因此唐代陆海两路的对外贸易都比较发达。其中陆路贸易通过边境的互市完成，由边境政府和边镇严格管理。唐中期以后，海上贸易空前发展，东南沿海的广州、交州、泉州、扬州等地成为海外贸易的重要港口，特别是广州最为繁荣，因此对海外贸易的管理也变得尤为重要。唐开元之前，来唐蕃舶由岭南节度使或广州刺史管理，随着来唐蕃舶的不断增多，市舶使便成为管理海外贸易的专职官员。一般认为，市舶使之职最迟在开元二年（公元714 年）已经设立，此时的市舶使并非常设之官，而是有事则置，无事则废，直到德宗朝（公元780～805 年）市舶使方有使院机构。市舶使最初由朝官担任，开元十年（公元722 年）开始则有宦官任其职，但此时的宦官只是临时被差遣前来采购舶来物品。至文宗开成（公元836～840 年）年间，市舶使便演变为由相对常驻岭南的监军兼任，因此又把市舶使称为"监舶使"。

市舶使对蕃舶的管理主要是对其进行检阅和征榷，舶脚、收市、进奉是市舶使管理蕃舶的核心内容。纳舶脚，即征收吨位税，又称下碇税。收市，即蕃

---

① 王溥：《唐会要》卷六十三《史馆上》，北京：中华书局，1955 年，第 1089 页。
② 《新唐书》卷四十六《百官志一》，第 1195 页。
③ 《唐会要》卷四十九《僧尼所隶》，第 859 页。

舶到达十日内政府优先垄断珍贵商品的交易，待官方收市完毕之后，"除供进备物之外，并任蕃商列肆而市"。① 征收关税和进行收市之后，市舶使要将所得商品向朝廷进奉。

市舶使除有时被称作"监舶使"外，又称"押蕃舶使"或"结好使"。从"结好使"之称可以看出，唐朝政府要安存蕃舶，不只是把海外贸易视作经济行为，更是一种政治外交行为。

可以说，唐朝政府从中央到地方各级机构对外国人来华以后的各项活动、对包括政治、经济、文化等各方面的外来事务都确立了周密的管理制度，从而有效保证了唐朝对外开放政策的实施。

三、唐朝对外关系

正因为唐朝对周边及海外国家实行了开放政策，采取了周密的涉外管理制度，加之国内政治稳定，经济发达，所以唐初就出现了外交繁荣局面。王维曾用"九天阊阖开宫殿，万国衣冠拜冕旒"②的诗句来形容唐朝对外关系的繁盛。而《新唐书·北狄传》亦"赞曰：唐之大德矣！际天所覆，悉臣而属之，薄海内外，无不州县，遂尊天子曰'天可汗'。三王以来，未有以过之。"③可以说，万国来朝的局面和"天可汗"的尊称正反映了唐朝在推动传统中外关系发展方面的巨大成就。

首先，唐朝天子"天可汗"称号的得来，得力于唐初对西北大陆即西域地区国家的经略，特别是突厥。东突厥在隋末已非常强盛，严重阻碍了唐朝的统一事业。直到贞观四年（公元630年），唐朝击灭东突厥。同年，伊吾城主，粟特人石万年率七城内附，唐"列其地为西伊州。"④ 伊吾城扼东西商路，商胡杂居。唐朝既控制了伊吾，也就进入了西域，统一西突厥及高昌以西诸国便成为当务之急。高昌"与西突厥通，凡西域朝贡道其国，咸见壅掠"。⑤ 因此，贞观十四年（公元640年），唐朝征服高昌，并于公元657年将西突厥灭亡，解除了突厥威胁，保证了唐朝在西域的统治和丝路的安全。控制西域之

---

① 《全唐文》卷五百十五，王虔休《进岭南王馆市舶使院图表》，北京：中华书局，1983年，第5235页。
② 《王右丞集笺注》卷十《和贾舍人早朝大明宫之作》，四库全书本。
③ 《新唐书》卷二百十九《北狄传》，第6183页。
④ 《新唐书》卷二百二十一下《西域传下》，第6257页。
⑤ 《新唐书》卷二百二十一上《西域传上》，第6221页。

后，唐朝将大部分降附民众入籍为民，在其地建立羁縻府州，并对州民多加优待，即《新唐书·地理志》所言："自太宗平突厥，西北诸蕃及蛮夷稍稍内属，即其部落列置州县。其大者为都督府，以其首领为都督、刺史，皆得世袭。虽贡赋版籍，多不上户部，然声教所暨，皆边州都督、都护所领，著于令式。"① 唐朝西北边境安全的有效保障，对唐朝与西北诸国外交往来的畅通具有非常重要的意义。

其次，统一大业的完成促进了唐朝与海外诸国的往来。唐朝的对外开放和睦邻友好政策为周边国家吸收中国文化提供了条件，尤其是唐朝与新罗、日本的交流深入发展，形成了以唐朝为中心的东亚汉文化圈。公元660年和668年，唐朝与新罗先后灭掉百济与高句丽，新罗国统一朝鲜半岛，从而结束了半岛上的"三国"时期，并与唐朝建立了十分密切的关系。她不断派遣进奉使节入唐朝贡，并派贵族子弟入唐宿卫，唐朝也不断派遣宣慰使、册命使前往新罗。而处于奴隶制社会末期的日本，为寻求国家出路也不断派遣遣唐使访华，吸收中华文明的先进成果，密切两国的关系。东南亚各国也经常遣使修好，使中外交流空前发达。《通典》记载："大唐贞观以后，声教远被，自古未通者，重译而至，又多于梁隋焉。"②《萍州可谈》亦记载唐朝对东南沿海国家的影响曰："汉威令行于西北，故西北呼中国为汉；唐威令行于东南，故蛮夷呼中国为唐。"③ 有唐一代，来华朝贡的海外国家比前代大大增加，仅《新唐书》"北狄"、"东夷"、"西域"、"南蛮"诸传中记载的国家就有契丹、渤海、高丽、百济、新罗、日本、流鬼、泥婆罗、党项、东女、龟兹、疏勒、于阗、天竺、罽宾、康、吐火罗、师子、波斯、拂菻、大食、南诏、盘盘、扶南、真腊、诃陵、室利佛逝、单单、骠等50多个。实际上，与唐朝有着政治和经贸往来的国家和地区超过了70个。

再次，唐朝进一步发展了中国传统的处理涉外事务的朝贡制度。与汉朝相比，这种发展首先表现在唐朝政府对各国的册封上。唐朝不仅要册封诸国国王，还要对国王的母、妻、子进行册封，之后他们的王妃、王子地位才得以承认；诸王的官位、王号、谥号也要由唐朝赐予；此外，这种册封还包括对往来的使者授予官爵。另一方面，周边与海外诸国对唐朝的朝贡内容也大大增加，除了朝（朝见）贡（献方物）、还要入朝贺正、进奉、谢恩，遇到皇帝、皇后

---

① 《新唐书》卷四十三下《地理七下》，第1119页。
② 杜佑：《通典》卷一百八十八《边防四·南蛮下》，海南序略条，北京：中华书局，1984年，第1007页。
③ 朱彧：《萍州可谈》卷二，北京：中华书局，1985年，第25页。

生日、册封太子、甚至平定叛乱等特殊事件要进贺,双方国主逝世也要告哀、吊祭。而且,诸国还要奉正朔,即遵行中国所推行的年历和纪年,并不断输送质子宿卫。因此,唐代的中外关系是典型的朝贡体制下的宗藩关系。

最后,外交往来的目的之一是为了双方互通有无。交往是双向的,因此在吸引外国使节来华、发扬光大中国文化的同时,唐朝对外来文明也表现出了兼收并蓄的风度,不仅吸收外国的制糖等技术,对各种外来宗教,除武宗在位时的短暂时间外,大多数君主也不仅不排斥还予以扶持。而且,唐朝对外来文化并不只是消极吸收,而是消化、发展,如唐太宗时朝廷确定的十部音乐,其中西凉乐、天竺乐、高丽乐、龟兹乐、安国乐、疏勒乐、康国乐、高昌乐八部皆外来音乐,这是汉乐和胡乐融合发展的结晶。可以说,吸收外来文明发展本国文化,更是唐代中外关系发展的成果之一。

第三节　唐朝涉外法律

强大的唐朝加上其采取的开放政策,吸引了大批外国人来华。他们梯山航海,辐辏并至,在首都长安,"宽阔的大道纵横交错,大道上时常挤满了波斯人、印度人、犹太人、亚美尼亚人和各种中亚人",[①] 是为唐代第一国际都市。而东都洛阳,其繁盛亦不减长安,外国来华人员数目也非常庞大。其他如广州、扬州诸港,外国来华商人动以千计。可以说,唐代全国三分之一的州郡,无不有外国来华人员的踪迹。

唐人将化外民族通称为"蕃"。《周礼·秋官·大行人》云:"九州之外,谓之蕃国。"所以唐人称外使为"蕃客",外商为"蕃商",外国船舶为"蕃舶",外国神祇为"蕃神"。对于北方塞外民族,唐人则通称为"胡",有时"胡"又兼指西方诸族,所以包括范围比较笼统。从现今角度来看,外国来华人应指中国疆域以外的国家公民。但从历史角度看,在唐外国人,"当总括唐人意识中之所有蕃胡:东自日本、新罗、高丽、百济;南至占城、真腊、室利佛逝;西至拂菻、大食、波斯、吐火罗、昭武九姓诸国、天竺;北至结骨、薛延陀、铁勒;而今日视为边疆民族,当日实同敌国之突厥、回纥、吐蕃、奚、契丹、室韦、靺鞨、渤海、吐谷浑、南诏、骠国人民,凡流寓于唐者,莫不

[①] 《全球通史》第十六章《传统的儒家文明》,第434页。

包焉。"①

另据史籍记载唐代"伊吾之右，波斯以东，职贡不绝，商旅相继"，② 可知，入唐外国人大致包括进行"职贡"等外交活动的官方人员和进行商贸活动的民间来华人员。那么，他们怎样才能进入唐朝国境？唐朝政府对他们的入出境问题制定了怎样的法律？他们在唐享受什么样的权利同时履行什么样的义务呢？

在唐代，法律的主要表现形式为律、令、格、式。《新唐书·刑法志》解释为：

> 令者，尊卑贵贱之等数，国家之制度也；格者，百官有司之所常行之事也；式者，其所常守之法也。凡邦国之政必从事于此三者。其有所违及人之为恶而入于罪戾者，一断以律。③

《唐六典》也解释为：

> 凡律以正刑定罪，令以设范立制，格以禁违止邪，式以轨物程事。④

可见，"律"基本上是刑事法律，其中也含有个别的纯粹意义上的民事法律和诉讼法律条款。"令"是国家组织制度与行政管理活动的法规。"格"是皇帝针对"百官有司之所常行之事"临时颁发的各种单行敕令，经过汇集编录之后上升为法律。由于格以皇帝对特殊事务或案狱进行权断的制、敕为基础，所以效力最高，当格与律发生冲突时，以格为准。"式"是国家机关的公文程式和活动细则。中唐以后，唐朝的主要立法活动是编"格后敕"。由于敕是最具有权威性的，某些敕的法律效力和适用范围都超过了律令格式，甚至可以改变律令格式，所以我们不能只看到唐朝基本法的具文，有时可能编敕更能反映真正的史实。

根据以上特点，本书将从官方和民间外国人来华两个方面分别叙述唐代的涉外法律，而法律内容则体现在律、令、格、式、敕、诏令等各种形式之中。

---

① 谢海平：《唐代留华外国人生活考述》，台北：台湾商务印书馆，1978年，第7页。
② 《唐大诏令集》卷一百三十《蕃夷·讨伐》，"讨高昌王麴文泰诏"，上海：学林出版社，1992年，第643页。
③ 《新唐书》卷五十六《刑法志》，第1407页。
④ 《唐六典》卷六《尚书刑部》，第185页。

一、外国官方来华人员在唐活动之法律

唐代通过官方途径来华的外国人不仅人数众多而且种类复杂，不仅有官方派遣的朝贡使节、质子、留学生等，而且有归附或被俘虏的蕃族首领、流寓唐朝境内的蕃胡将领等。

（一）外国官方来华人员出入境管理法律

唐朝关于外国官方来华人员入境和出境的管理法律主要是针对外交使节制定的。

入唐的外交使节可以分为两类，一是带有明确的出使任务，或者为礼节性的朝贡、庆贺，或者为政治性的谈判交涉等狭义的外交使节；另一类则是质子、宿卫、留学生等，他们往往跟随外交使节而来，是体现唐朝与周边和海外国家宗藩关系的重要组成部分，因此本书将他们归入外交使节的行列。外交使节住唐时间长短不一，他们有的出使任务结束旋即归国，有的则久居唐朝一二十年，甚至终老于此。

外国使节到达唐朝边境后，必须持有鱼符才能进入唐朝境内。据记载，从唐初始，"西蕃诸国通唐使处，悉置铜鱼，雄雌相合，各十二只，皆铭其国名，第一至十二，雄者留在内，雌者付本国。如国使正月来者，赍第一鱼，余月准此，闰月赍本月而已。校其雌雄合，乃依常礼待之，差谬，则推按闻奏。"① 可见，鱼符是外国使节进入唐朝国境的凭证，而且只有携带真实正确的鱼符，蕃客才能受到礼遇。

但是，并非所有的使者都能入京，鸿胪寺要核准进京人数，一般"海外诸蕃朝贺进贡使有下从，留其半于境；繇海路朝者，广州择首领一人、左右二人入朝。"② 因为外国来朝使节团，多数非常庞大，小者数十人，大者数百人，所以先天二年（公元713年）十月玄宗降敕："诸蕃使都府管辖縻州，其数极广。每州遣使朝集，颇成劳扰。应须朝贺，委当蕃都督与上佐，及管内刺史，自相通融，明为次第。每年一蕃令一人入朝，给左右不得过二人"③，对各国使节入唐的顺序、规模进行了限制。虽有如此法令，但来唐外使仍然络绎不绝，如奚"其每岁朝贺，常各遣数百人，至幽州，则选其酋长三五十人赴阙，

---

① 《唐会要》卷一百《杂录》，第1795页。
② 《新唐书》卷四十八《百官志三》，第1257页。
③ 《唐会要》卷二十四《诸侯入朝》，第459页。

引见于麟德殿，赐以金帛遣还，余皆驻而馆之，率以为常。"① 永泰以后，蕃戎将吏、四夷使者居住于客省常连岁不遣，达数十百人。唐政府经常需要接待此类使节，财政支出极大。德宗即位之初曾"悉命疏理，拘者出之，事竟者遣之，当叙者任之，岁省谷万九千二百斛"。② 鉴于此，到文宗时期，唐政府对留学生入唐读书也有了限制。开成二年（公元837年）三月，渤海国遣学生十六人随贺正使入朝，文宗即降敕："渤海所请生徒习学，宜令青州观察使放六人到上都，余十人勒回。"③

蕃使在进京路上并不能与国内百姓或其他无关官员交流，"准主客式：'蕃客入朝，于在路不得与客交杂，亦不得令客与人言语。州、县官人若无事，亦不得与客相见。'即是国内官人、百姓，不得与客交关"。④《唐律》在"卫禁"条中对国内百姓和官员作此规定，足见唐政府是从国防安全需要出发，禁止蕃使与百姓交流或与无关官员见面。

（二）外国官方来华人员在唐境内享有之权利

因为唐朝始终是以一种大国的文明风度，本着厚往薄来的原则对待各种外国官方来华人员，所以他们在唐朝都可以享受到丰厚的待遇。为了表示对蕃客的怀柔之意，唐朝不仅每年专门拨出"一万三千斛"作为"客省之廪"，⑤ 并有"报赠、册吊、程粮、传驿之费"。⑥ 那么，不同的官方来华人员享受的权利有没有不同？唐朝对不同类型的外国人具体制定了怎样的法律？

1. 外交使节享有之权利

外交使节在到达唐朝后需先接受鸿胪寺的"辨等位"。所谓辨等位，即辨其国在国际上的地位，及其人在本国的地位。鸿胪寺以蕃望高下为原则，一是看蕃国受唐册封之先后，先受册者为大，后受册者为小；再视蕃国势力及与唐的利害关系，国力强盛或有功于唐者为大，反之为小。唐朝定蕃国大小，尤其重视后者，所以使节的排次先后受到外在客观因素的左右，并非一成不变，而是随时会有所变更。唐朝政府以此将蕃国分为不同的等级，这些等级决定了外国使节朝见唐朝君主或享受赐宴时的座次班位及其廪食供应。

在此基础上，外交使节还可以享受到其他各项权利，如参加唐朝君主举办

---

① 《唐会要》卷九十六《奚》，第1720页。
② 《资治通鉴》卷二百二十五《唐纪四十一·代宗睿文孝武皇帝中之下》。
③ 《唐会要》卷三十六《附学读书》，第668页。
④ 长孙无忌等：《唐律疏议》卷八《卫禁》，北京：法律出版社，1999年，第194页。
⑤ 《唐会要》卷六十六《鸿胪寺》，第1151页。
⑥ 《新唐书》卷二百二十一下《西域下》，第6264页。

的各种活动、生老病死由唐朝照顾、得到唐朝的赏赐甚至官职,等等。本书将对包括质子宿卫、留学生等在内的外交使节所享受的待遇分别加以概述。

(1) 狭义外交使节享有之权利

首先,外国使节觐见唐朝君主时,会享受赐宴、赐物,甚至被授予官爵,这是历朝旧例,已成定式。贞观二十年,太宗破薛延陀,幸灵州,铁勒、回鹘、契丹、奚等十一姓,各遣使朝贡,太宗即于异日"召铁勒等并入行宫,张乐以宴之,拜为郎将及昭武校尉等官,乃降玺书劳其酋长,及赍绫锦等,以将厚意"。① 中宗时,日本使节真人莫问等来唐朝贡,中宗下"宴集日本国使臣敕"曰:"日本国远在海外,遣使来朝,既涉沧波,兼献方物。其使真人莫问等,宜以今月十六日于中书宴集。"② 宴会之际,常设有音乐歌舞表演。开元年间,谓之盛世,玄宗尤喜乐舞,史载"玄宗宴蕃客,唐崇勾当音声,先述国家盛德,次序朝廷欢娱,又赞扬四方慕义,言甚明辨。上极欢"。③《文献通考》也记载了唐玄宗宴请蕃客的盛况:"每赐宴设酺会,御勤政楼,昧爽陈仗盛列旗帜,或被金甲或衣短后绣袍,太常陈乐,卫尉张幕,后诸蕃酋长就食。"④ 因为音乐本身具有一种凝聚心智的作用,所以唐朝皇帝在设宴过程中大陈乐舞,不仅可以示唐繁盛以蕃国使节,也不失为一种感化蕃客的方式。除了乐舞,在某些有特殊意义的宴享中,唐朝君主有时也会安排其他娱乐形式,如宣宗大中七年(公元853年)四月,"日本国遣王子来朝,献宝器音乐。帝谓宰执曰:'近者黄河清,今又日本国来朝,朕愧德薄,何以堪之。'因赐百僚宴,陈百戏以礼之"。⑤ 可见在宴请过程中唐君主会特意铺陈各种形式礼遇蕃客。

宴请之外,唐君主还经常赐物于外国使节,尤其是遇到即位、改元、封禅、大赦、藉田、南郊等重要国事时,外使不仅可以参与其中,而且唐主无一例外地要赐予蕃客衣物、袍带等。从《唐大诏令集》中清晰可见,顺宗即位时"蕃客等共赐物三千八百四十五匹"、广德二年南郊时"鸿胪蕃客共赐钱一千贯文"、开元二十三年藉田"诸蕃入庙及贺正蕃客应陪位者,共赐物五十

---

① 《唐会要》卷九十六《铁勒》,第1725页。
② 董诰:《全唐文》卷十七《中宗皇帝·宴集日本国使臣敕》,北京:中华书局,1983年,第202页。
③ 王谠:《唐语林》卷一《政事上》,北京:中华书局,1958年,第20页。
④ 马端临:《文献通考》卷一百四十七《乐考二十》,北京:中华书局,1986年。
⑤ 《册府元龟》卷九百七十二《外臣部·朝贡第五》。

匹，节级分付"。① 在历朝赦书中均见这样的条文，足可见"内裨覃赉之恩，外广怀柔之义"是唐朝的根本宗旨。

授官亦是唐政府给予入唐外国使节的优厚待遇之一，被唐朝授予官爵的蕃客特别多。高宗龙朔初曾拜波斯卑路斯为都督，波斯被大食所灭后，"虽不能国，咸亨中犹入朝，授右武卫将军"②。德宗贞元十年（公元794年）正月，契丹遣使朝贡，二月敕："幽州道入朝契丹大首领悔落拽何等五人，并可果毅都尉。"③ 贞元十四年（公元798年），黑衣大食遣使含嵯、乌鸡、沙北三人来朝，"皆拜中郎将，赍遣之"。④ 穆宗亦授予渤海国慎能至王之侄大公则等为金吾将军。⑤ 凡此种种，可见唐朝对蕃客授官之普遍。同时，蕃王子孙可以继承唐朝授予其之官爵，对此，鸿胪寺要先"辨嫡庶"，如果是为蕃王兄弟之子，则需降一品，如果兄弟之子摄政，待蕃王子年满十五以后必须将官职返还。

其次，外国使节在唐期间，遇到唐帝举办活动，可以参观或参与。景云年间，"吐蕃遣使迎金城公主，中宗于梨园亭子赐观打毬。吐蕃赞咄奏言：'臣部曲有善毬者，请与汉敌。'上令仗内试之，决数都，吐蕃皆胜。"⑥ 而玄宗数次设拔河游戏，"挽者至千余人，喧呼动地。蕃客、士庶观者，莫不震骇。"⑦ 开元十三年（公元725年）玄宗至嘉会顿校猎，亦"引诸蕃酋长入仗，并与之弓箭，供奉左右。"⑧ 唐历朝君主无不重视封禅、祭祀等活动，遇有此类大典，蕃使也可以率其属扈从参与其中。而且"诸蕃侯王酋长来会礼者，各赐加一官，至都节级"。⑨ 有重大节日时，唐君主也会对蕃客进行赏赐，如"长庆二年九月敕，蕃客等使，皆远申朝聘，节遇重阳，宜共赐钱二百贯文，以充宴赏，仍给太常音乐"。⑩ 由此可见，外国使节在唐朝国内受到充分的礼遇，而且诸蕃酋长可以带弓箭在唐朝皇帝旁边打猎，足见唐朝君主对蕃客的信任。

唐国主对蕃客的这种信任源于对本国文化的自信。所以，蕃客入唐后，亦

---

① 《唐大诏令集》卷二《帝王·顺宗即位赦》、卷六十九《典礼·广德二年南郊赦》、卷七十四《典礼·开元二十三年籍田赦书》，第9、352、377页。
② 《新唐书》卷二百二十一《西域列传下》，第6259页。
③ 《唐会要》卷九十六《契丹》，第1718页。
④ 《新唐书》卷二百二十一《西域列传下》，第6263页。
⑤ 《全唐文》卷六百四十七《元稹·青州道渤海慎能至王侄大公则等授金吾将军放还蕃制》，第6551页。
⑥ 封演：《封氏闻见记》卷六《打毬》，北京：中华书局，1985年，第74页。
⑦ 《封氏闻见记》卷六《拔河》，第77页。
⑧ 《唐会要》卷二十七《行幸》，第521页。
⑨ 《唐大诏令集》卷六十六《典礼·开元十三年东封赦书》，第339页。
⑩ 《唐会要》卷二十九《节日》，第546页。

有要求蕃客往国子监学习礼教之法令，以达威慑、感化蕃使之目标。开元三年（公元715年）十二月玄宗即有如此之敕令："夫国学者，立教之本，故观天文可以知道，人文可以成化。庠序爰作，皆分泽于神灵；车书是同，乃范国于天下。今远方纳款，相率归朝，慕我华风，孰先儒礼。由是执于干羽，常不讨而来宾；事于俎豆，庶几知而往学。彼蓬麻之自直，在桑椹之怀音，则仁岂远哉，性相近也。自今已后，蕃客入朝，并引向国子监，令观礼教。"① 而某些深受中华文化影响的外国使节也有这样的请求，如新罗使者金春秋及其子文王朝贡唐朝时，"春秋请诣国学，观释奠及讲论，太宗许之，仍赐御制温汤及晋祠碑并新撰晋书"。② 开元五年（公元717年）日本国遣使朝贡，"鸿胪寺奏日本国使请谒孔子庙堂，礼拜寺观，从之"。③ 而日本使节晁衡亦曾游历太学。

再次，蕃使如在唐期间患病，鸿胪寺负责为其求医问药，如不幸身亡，唐亦按等级将其入葬。唐初规定，使节、副使及第三等已上官，鸿胪寺上报有关部门并供给丧事所需物品，想回国者则派辇递护送至边境。第四等已下蕃客则"不奏闻，但差车牛，送至墓所"。④ 天宝以后，唐朝对死亡蕃客不再分级提供丧葬物品及护送亡灵回国，而是统一支付银钱并在唐国内埋葬，"天宝八载三月二十七日敕，九姓坚昆诸蕃客等，因使入朝身死者，自今后，使给一百贯充葬，副使及妻，数内减三十贯，其墓地，州县与买，官给价直，其坟墓所由营造。"⑤

最后，外国使节完成出使任务回国时，唐政府也照例赐宴送行并供应回国程粮。如"景云二年三月十七日敕，……蕃官辞见，并令光禄准旧例，于朝堂廊下赐食"。⑥ 而且唐有规定，"西南蕃使还者，给入海程粮；西北诸蕃，则给度碛程粮"。实际上，凡由海路来的外国使节，都给予入海程粮，而且路由大海者，还要"给祈羊豕皆一"，以供使节在路遇风涛时进行祈祷活动之用。回国程粮的供应则是按照距离的远近分等供应，证圣元年（公元695年）九月五日敕："蕃国使入朝，其粮料各分等第给，南天竺、北天竺、波斯、大食等国使，宜给六个月粮，尸利佛誓、真腊、诃陵等国使，给五个月粮，林邑国

---

① 《唐大诏令集》卷一百二十八《蕃夷·令蕃客国子监观礼教敕》，第632页。
② ［韩］金富轼：《三国史记》卷五《新罗本纪第五》，首尔：乙酉文化社，1994年，第105页。
③ 《册府元龟》卷九百七十四《外臣部·褒异》。
④ 《唐六典》卷十八《典客署》，第506页。
⑤ 《唐会要》卷六十六《鸿胪寺》，第1151页。
⑥ 《唐会要》卷六十五《光禄寺》，第1138页。

使,给三个月粮。"而到圣历三年（公元700年）三月六日则又降敕："东至高丽国、南至真腊国、西至波斯、吐蕃及坚昆都督府、北至突厥、契丹、靺鞨,并为八蕃,以外为绝域,其使应给料,各依式。"即规定上述八国统一标准,其他更远的国家则按另外的标准。开元四年（公元716年）正月九日更加详细规定："靺鞨、新罗、吐蕃,先无里数,每遣使给赐,宜准七千里以上给付也。"① 而他们从何处离境由朝廷指定,并由当地政府礼送返国。

（2）质子和留宿卫者享有之权利

李唐王朝既以"际天所覆,悉臣而属之,薄海内外,无不州县"而以"天可汗"号令天下,所以四夷蕃胡畏威,为表忠诚,多派遣宗室或官员子弟甚至亲自入朝,充当质子或宿卫丹墀。唐政府对质子和留宿卫者也大多授予官职。

于阗尉迟氏从隋唐之际即开始有因充质子而入居长安者,其中尉迟跋质那、尉迟乙僧父子最著名。据向达先生考证,尉迟父子同封郡公,并且乙僧被授宿卫官,非质子不能至此。而释智严本名尉迟乐,是于阗国质子,与尉迟乙僧父子同为宿卫,且前后同居一宅（长安奉恩寺）,疑为一家。即由跋质那至于乐,三世入居中国,先后以质子留宿卫京师。② 而尉迟乐"隶鸿胪寺,授左领军卫大将军上柱国,封金满郡公"。③ 另如宪宗元和十五年,授新罗质子金士信试太子中允,赐紫金鱼袋；文宗开成二年授新罗国质子金允夫试光禄卿,赐紫金鱼袋。④ 对留宿卫者,如新罗王从弟金忠信"开元中留宿卫,授左领军卫员外将军"。⑤ 中宗神龙元年入朝留宿卫的吐火罗国叶护之弟仆罗则被授予左领军卫翊府中郎将。⑥ 从上举各例可以看出,质子可以留宿卫,但质子与宿卫仍稍有不同,质子所授之官多为文官,而留宿卫者既然"带刀宿卫",所授则多为武职。

唐朝对质子大体开始只授试官,入质时间长久以后才正式授予,或别授正官。上述金士信所授即为"试太子中允",金允夫为"试光禄卿",而金允夫确曾上书请求授予正官。据《册府元龟》记载：文宗开成二年（公元837年）

---

① 《唐会要》卷一百《杂录》,第1798页。
② 向达：《唐代长安与西域文明》,石家庄：河北教育出版社,2001年,第12页。
③ 赞宁：《宋高僧传》卷三《唐京师奉恩寺智严传二》,北京：中华书局,1987年,第41页。
④ 《册府元龟》卷九百九十六《外臣部·纳质》。
⑤ 《全唐文》卷一千《金忠信·请充宁海军副使从讨靺鞨表》,第10357页。
⑥ 《全唐文》卷九百九十九《仆罗·诉授官不当上书》,第10355页。

十二月,"新罗国质子试光禄卿紫金鱼袋金允夫进状称:'本国王命臣入朝充质二十六年矣,三蒙改授试官,再当本国宣慰及册立等副使,准往例皆蒙特授正官。'遂授武成王庙令。"① 可见质子改授升迁的机会还是比较多的。

唐朝对留宿卫者授予官爵的大小由鸿胪寺根据蕃望等位草拟,再上奏皇帝批准。唐朝置正三品的怀化大将军和从三品的归德将军专授蕃官,所谓"皇朝所置,以授蕃官"。"凡怀化、归德将军量配于诸卫上下"。② 根据上述仆罗《诉授官不当上书》所言:

> 仆罗至此,为不解汉法,鸿胪寺不委蕃望大小,有不比类流例,高下相悬,即奏拟授官。窃见石国、龟兹并余小国王子首领等,入朝元无功效,并缘蕃望授三品将军,况仆罗身忝勒本蕃,位望与亲王一种,比类大小,与诸国王子悬殊,却授仆罗四品中郎。但在蕃王子弟婆罗门瞿昙金刚、龟兹王子白孝顺等,皆数改转,位至诸卫将军,唯仆罗最是大蕃,去神龙元年蒙恩敕授左领军卫翊府中郎将,至今经一十四年,久被沦屈,不蒙准例授职,不胜苦屈之甚。③

从其上书可以看出,唐政府对宿卫者授官,大多是三品怀化或归德将军,经改转升迁至诸卫将军。除怀化、归德将军外,正四品下之左右领军卫翊府中郎将、正五品上之定远将军、正五品下之宁远将军也多授予蕃官,仆罗即被授予左领军卫翊府中郎将,专司宿卫之职。

除授官以外,质子宿卫可往国子监学习,由鸿胪寺提供资粮。新罗王金彦昇曾上奏:"先在太学生崔利贞金叔贞朴季业四人,请放还蕃。其新赴朝贡金允夫金立之朴亮之等一十二人,请留在宿卫,仍请配国子监习业,鸿胪寺给资粮。"④ 可见质子宿卫可以享受到类似留学生的待遇,而且,他们在唐时间久暂不一,唐政府会酌情将其放还回国。开元十年(公元722年)玄宗曾降敕放诸蕃充质子弟回国:"今外蕃侍子,久在京师,虽威惠之及,自远毕归,而羁旅之意,重迁斯在。宜命所司勘会诸蕃充质宿卫子弟等,量放还国。契丹及奚延通质子,并即停追。"⑤

---

① 《册府元龟》卷九百九十六《外臣部·纳质》。
② 《唐六典》卷五《兵部尚书》,第153页。
③ 《全唐文》卷九百九十九《仆罗·诉授官不当上书》,第10355页。
④ 《全唐文》卷一千《金彦昇·分别还蕃及应留宿卫奏》,第10357页。
⑤ 《唐大诏令集》卷一百二十八《蕃夷·放诸蕃质子各还本国敕》,第632页。

(3) 外国留学生享有之权利

唐朝除了国势的强大，文化的魅力也吸引了周边国家纷纷派遣子弟到唐朝求学，这些留学生或称"学生"，或称"还学生"，还有的称为"请益生"。而唐朝统治者也非常重视外国留学生来华习业，对他们实行了特殊的照顾政策。

从唐初开始，太宗即筑学舍、增生员，吸引了大批留学生来唐。史称："贞观五年以后，太宗数幸国学太学，遂增筑学舍一千二百间，国学太学四门，亦增生员，其书算等各置博士，凡三千二百六十员，其屯营飞骑，亦给博士，授以经业，已而高丽、百济、新罗、高昌、吐蕃诸国酋长，亦遣子弟请入国学，于是国学之内，八千余人，国学之盛，近古未有。"①《唐语林》亦称："学旧六馆：有国子馆、太学馆、四门馆、书馆、律馆、算馆，国子监都领之。每馆各有博士、助教，谓之学官。国子监有祭酒、司业、丞簿，谓之监官。太学诸生三千员；新罗、日本诸国，皆遣子入朝受业。"② 不仅新罗、日本这样的大蕃派遣留学生，南诏也曾派子弟入唐学习："诏王之祖，六诏最小夷也。天子录其勤，合六诏为一，俾附庸成都，名之以国，许子弟入太学，使习华风。"③ 可见来唐留学生范围之广，而太学诸生本三千余员，吸收屯营飞骑、诸国子弟之后竟达八千余人，亦可见来唐留学生数量之大。

其中，新罗在唐留学生数量最多，"新罗自事唐以后，常遣王子宿卫。又遣学生入太学习业，十年限满还国，又遣他学生入学者，多至百余人。"④ 而且，唐朝并没有一批学生学成回国另一批方来接替的敕令，所以唐朝诗人张乔曾在一首《送人及第归海东》的诗中描写新罗留学生频繁往来于唐朝的情况："东风日边起，草木一时春。自笑中华路，年年送远人。""海东"即唐人对新罗的称呼，张乔能够年年送别在唐朝及第并回国的新罗人，说明新罗年年都有留学生入唐学习。⑤ 据记载，开成二年（公元837年）"新罗差入朝宿卫王子，并准旧例，割留习业学生，并及先住学生等，共二百十六人，请时服粮料。"⑥ 可见仅837年一年之内在唐新罗留学生就有216人。

---

① 《唐会要》卷三十五《学校》，第633页。
② 《唐语林》卷五《补遗》，第167页。
③ 《全唐文》卷八百二十七《牛业·责南诏蛮书》，第8714页。
④ 《东史纲目》卷五上，参考陈尚胜《中韩关系史论》，济南：齐鲁书社，1997年，第35页。
⑤ 陈尚胜：《中韩交流三千年》第一章，北京：中华书局，1997年，第18页。
⑥ 《唐会要》卷三十六《附学读书》，第668页。

因为来华留学生的数量过于庞大，唐朝曾对留学生入境有过限制，但不至于将所有人都驳回。凡诸国来唐留学生，"均可进入国子监所属各学馆，及由太医署直辖而隶属中书省之医学就读。唐并无局限留学生于某一官学或学科之规定"。[1]

留学生入学之后，须备束脩以进业师，"其生初入，置束帛一筐，酒一壶，脩一案，号为束脩之礼。"[2] 这虽是对本国学生的要求，但从《新唐书》记载看，"长安元年，……（日本）遣朝臣真人粟田贡方物。……开元初，粟田复朝，请从诸儒受经，诏四门助教赵玄默即鸿胪寺为师，献大幅布为贽，悉赏物贸书以归"，[3] 粟田只是在鸿胪寺拜师也献布为贽，可见，留学生虽化外之民，既负笈国学，也要进献束脩之礼。

国子监统领六学，其中国子学、太学、四门学、书学、算学"其学九年，律生则六年"。[4] 在此期间，唐朝政府承担留学生在唐生活的衣食费用，除买书银以外，其他由鸿胪寺供给，"买书银货则本国支给；而书粮，唐自鸿胪寺供给，学生去来者相踵。"[5] 而新罗王金彦昇《分别还蕃及应留宿卫奏》中也提到"仍请配国子监习业，鸿胪寺给资粮"，"资粮"包括衣服及币帛，或称衣粮，即时服粮料。

唐朝不仅供给留学生生活所需衣食费用，自穆宗后还专门设立宾贡科，用于学业有成的外国留学生参加中国的科举考试。宾贡之制，异于一般科目，其"各自别试，附名榜尾"，[6] 即命题、阅卷和录取放榜皆单独进行，以免留学生在与中国学生的竞争中被淘汰。穆宗长庆年间新罗人金云卿登第，其后文宗、武宗时期宾贡尤为盛行，登第者相踵。其中有姓名可考的有大食人李彦昇、波斯人李珣以及包括金云卿在内的新罗二十六人，[7] 登第者中有些人还曾在唐政府中任职。

2. 其他外国官方来华人员享有之权利

除了外交使节和质子宿卫、留学生等，伴随唐朝对外关系的发展，还有其他一些外国人入唐，如因为唐朝的对外征伐而归附或被俘虏的蕃胡首领、流寓

---

[1] 《唐代留华外国人生活考述》，第 137 页。
[2] 《唐六典》卷二十一《国子监》，第 559 页。
[3] 《新唐书》卷二百二十《东夷·日本列传》，第 6208 页。
[4] 《唐会要》卷三十五《学校》，第 634 页。
[5] 《东史纲目》卷五上，参考《中韩关系史论》，第 35 页。
[6] 《东史纲目》卷五上，参考《唐代留华外国人生活考述》，第 124 页。
[7] 严耕望：《新罗留唐学生与僧徒》，《唐史研究丛稿》，（香港）1969 年。

唐朝境内的蕃胡将领等，唐朝政府对他们又制定了怎样的法律呢？他们可以享有什么样的权利？

首先，"唐朝最明显的特点是帝国扩张。通过一系列大的战役，它的疆域甚至超过汉朝。唐朝在中亚建立了中国的宗主权。"① 正是因为这些战役使得很多蕃胡政权灭亡，大量蕃胡酋长率领部众前来归附唐朝或被唐朝俘虏。对这些酋长、首领，唐朝均予以授官。

最早归附唐朝的为突厥部落酋长，《资治通鉴》记载："颉利之亡也，诸部落酋长皆弃颉利来降，……酋长至者皆拜将军、中郎将，布列朝廷，五品已上百余人，殆与朝士相半，因而入居长安者近万家。"② 当其时大臣有反对者，认为"近日突厥倾国入朝，……每见一人初降，赐物五匹，袍一领，酋长悉授大官，禄厚位尊，理多縻费。以中国之租赋，供积恶之凶房，其众益多，非中国之利也。"③ 但是外籍来唐归附之首领仍得到唐朝的封赏并受唐官职。高宗时期伐百济、高丽，百济王扶余义慈及其子隆投降唐朝，被授予高官；高丽灭亡后王族泉男产等也均授官有差。

高宗以后，唐朝特置归降官位以授予蕃胡归附者。"显庆三年（公元658年）八月十四日，置怀德大将军，正三品、归化将军，从三品，以授初投首领，仍隶属诸卫，不置员数及月俸料。"④ 而后，德宗贞元十年（公元794年）"吐蕃大将论乞髯、阳没藏、悉诺碑以其家内附，授归义将军，因置四品已下武官，以授四夷归附者。仍定怀化大将军已下俸钱。"⑤ 第二年，因归化人员增多，遂增置官位，且详定等级及俸禄：

> 贞元十一年正月十九日，置怀化大将军，正三品，每月料钱四十五千文，杂料三十五千文；归德将军，从三品，料钱四十千文；怀化中郎将，正四品，料钱三十七千文；归德中郎将，从四品，料钱三十五千文；怀化郎将，正五品，料钱三十二千文；归德郎将，从五品，料钱三十千文；怀化司阶，正六品，料钱二十五千文；归德司阶，从六品，料钱二十三千文；怀化中侯，正七品，料钱十八千文；归德中侯，从七品，料钱十七千文；怀化司戈，正八品，料钱十五千文；归

---

① 《全球通史》第十六章《传统的儒家文明》，第430页。
② 《资治通鉴》卷一百九十三《唐纪九·太宗文武大圣大广孝皇帝上之中》。
③ 《全唐文》卷一百三十三《李大亮·请停招慰突厥疏》，第1342页。
④ 《唐会要》卷一百《归降官位》，第1798页。
⑤ 《旧唐书》卷十三《德宗本纪下》，第380页。

德司戈，从八品，料钱十四千文；怀化执戟长上，正九品，料钱十一千文；归德执戟长上，从九品，料钱十千文。

且"敕：准六典，应投幕蕃官，前承未置，今蕃人向化，近日渐多，名位高卑，须有等级，其增置官品及料钱等，宜依前件"。① 其月，"以归降吐蕃论乞髯、阳没蔵、悉诺硨为归德将军"，② 一年之后即从四品以下武官升为从三品归德将军，说明归附官员也是有很多升迁机会的。

与归附相联系，被俘虏的蕃胡酋长、首领，唐朝也授予其武官。贞观四年（公元630年）突厥颉利可汗被生擒送于京师，太宗下诏"还其家口，馆于太仆，廪食之，……授右卫大将军，赐以田宅。"③ 永徽元年（公元650年）六月高侃击突厥，擒车鼻可汗，九月"高侃执车鼻可汗至京师，释之，拜左武卫将军"。④ 可见，唐朝对俘虏的蕃王仍是给以较高的待遇，并且授予官职。

其次，对于流寓唐朝境内的蕃胡，只要有特殊才能，唐一般也会授予其官职。因为蕃胡由于民族特性大多勇敢善战，娴于弓马，所以行伍出身而致高位的蕃胡比比皆是。如，高仙芝即为高丽人，先以父亲之功补游击将军，因其"美资质，善骑射，……开元末，表为安西副都护、四镇都知兵马使，"后又因战功加左金吾卫大将军。⑤ 李光弼，营州柳城人，父本契丹酋长，武后时入朝，也是因为"善骑射，起家左卫亲府左郎将，累迁左清道率，兼安北都护，补河西王忠嗣府兵马使，充赤水军使。忠嗣遇之厚，虽宿将莫能比。……俄袭父封，以破吐蕃、吐谷浑功，进云麾将军"。⑥ 而另一位高丽人李正己，随侯希逸入青州被荐为折冲都尉，因勇敢善战有气节，后遂有淄、青、齐、海、登、莱、沂、密、德、棣、曹、濮、徐、兖、郓十五州，而且"市渤海名马，岁不绝，赋敛均约，号最强大"。⑦ 类似这样因战功而入仕唐朝并至高官之蕃胡，仅两唐书中为之立传的就有40多位，可见唐朝对待蕃胡中有将才者之倚重，往往授其高位，因其多为勇敢善战从军者，所以所授武职居多。

开元以后，唐已立国百余年，"国家偃武教，修文德，""自运属清平，人

---

① 《唐会要》卷一百《归降官位》，第1798页。
② 《唐会要》卷一百《归降官位》，第1799页。
③ 《旧唐书》卷一百九十四《突厥传上》，第5159页。
④ 《资治通鉴》卷一百九十九《唐纪十五·高宗天皇大圣大弘孝皇帝上之上》。
⑤ 《新唐书》卷一百三十五《高仙芝传》，第4576页。
⑥ 《新唐书》卷一百三十六《李光弼传》，第4583页。
⑦ 《新唐书》卷二百一十三《李正己传》，第5990页。

忘争战，"所以唐朝君主不仅倚重蕃将，对于蕃兵亦有所需求。开元八年（公元720年）八月敕，"宜差使于两京及诸州，拣取十万人，务求灼然骁勇，不须限以蕃汉，皆放番役差科，惟令围伍教练，辨其旗物，简其车徒，习攻取进退之方，陈威仪贵贱之等。俾夫少长有礼，疾徐有节，将以伐叛怀服，将以保大定功。协于师贞，以宏武备，应须期集，及有蠲免，所司明为条制，仍别作优赏法闻奏。"① 从"不须限以蕃汉"可见唐朝欲借蕃胡充实兵力，也可看出唐朝对蕃胡之信任与平等对待。

但信任的同时对蕃官的权利也有所限制。一般而言，在军事方面唐朝对蕃官比较信任，如高仙芝官至安西副都护、四镇都知兵马使，后又加左金吾卫大将军，率领唐兵东征西战。但对于出使方外等任务则加以限制，景龙二年（公元708年）九月敕："应差册立诸国使，并须选择汉官，不得差蕃官去"②，即对蕃官的职责范围有了规定。但是，从记载来看，"开元二十一年，命太仆卿员外置同正员金思兰使于新罗。思兰本新罗之行人，恭而有礼，因留宿卫，及是委以出疆之任，且便之也"③，即新罗人金思兰曾以唐朝官员身份出使新罗。他如新罗质子金士信上奏"臣本国朝天二百余载，尝差质子宿卫阙庭。每有天使临蕃，即充副使，转通圣旨，下告国中。今在城宿卫质子，臣次当行之"。④ 而波斯人阿罗憾亦曾被唐差为拂菻国诸蕃招慰大使，并于拂菻国立碑。可见，唐朝对于蕃官外使的限制并不严格，蕃官充使的现象还是非常普遍的。

从以上考述可以看出，外国官方来华人员无论在唐时间久暂，都能得到极好的待遇，入仕的蕃客比比皆是。唐对能征善战的将领、质子、宿卫、归附酋长首领及参加宾贡及第者都会酌情授予官职。从授予官职看，武职居多而文职较少，这与来唐蕃胡大多勇敢善战而文化层次较低所造成的中外文化差异以及唐朝的授官制度都不无关系。而从入仕官员来源看，从军为将领者最多，特殊身份者次之，通过科举得官者最少，这也从另一方面说明了中外的文化差异。

（三）官方来华人员在唐须履行之义务

除了可以享有各项权利以外，蕃使在唐期间也必须恪守法令，不能私自交易、婚姻。

唐律规定："因使私有交易者，准盗论。""［疏］议曰：因使者，谓因公

---

① 《唐会要》卷二十六《讲武》，第503页。
② 《唐会要》卷五十九《主客员外郎》，第1028页。
③ 《唐会要》卷九十五《新罗》，第1712页。
④ 《全唐文》卷一千《金士信·请充本国副使奏》，第10358页。

使入蕃，蕃人因使入国。私有交易者，谓市买博易，各计赃，准盗论，罪止流三千里。若私与禁兵器及为婚姻，律无别文，得罪并同'越度'、'私与禁兵器'、'共为婚姻'之罪。又，准别格：'诸蕃人所娶得汉妇女为妻妾，并不得将还蕃内。'……私作婚姻，同上法。如是蕃人入朝听住之者，得娶妻妾，若将还蕃内，以违敕科之。"① 即蕃使如果与国内百姓私自市买博易，按交易量多少以盗罪论处，最高惩罚为流放三千里。如果交易的是禁兵器，即刀、箭、弓、盾等武器或旌旗、幡帐之类，则同"私与禁兵器"罪一样处绞刑。如果私自婚姻，流放二千里；经允许蕃使也可以娶唐朝妇女，但不能带回蕃内，否则以违法处置。

二、外国民间来华人员在唐之法律

唐代诸国人在唐留居不归者谓之住唐，其时，住唐者甚众。贞观初平突厥后，降人入居长安者近万家；天宝以后，回鹘取代突厥而称雄，并助唐平复安史之乱，代宗以后，回鹘麇聚长安者常至千人，而冒充回鹘之名杂居唐境内的昭武九姓胡又倍之；同时波斯商胡也懋迁往来于广州、洪州、扬州、长安等地，加上前来传播祆教、佛教、景教、摩尼教的僧徒信士，唐朝境内蕃胡之人数诚可谓惊人。那么，针对民间外国来华人员在唐的活动，唐朝政府制定了什么样的法律呢？

（一）外国民间来华人员出入境管理法律

蕃胡入、出唐朝境内及往来于国内关津，皆须持过所为凭。《唐律疏议》卷八《卫禁律》"私度关"条即规定：

诸私度关者，徒一年。越度者，加一等；（不由门为越。）

疏议曰：水陆等关，两处各有门禁，行人来往皆有公文，谓驿使验符券，传送据递牒，军防、丁夫有总历，自余各请过所而度。若无公文，私从关门过，合徒一年。"越度者"，谓关不由门，津不由济而度者，徒一年半。②

由此法规可以看出，凡度关津的驿使用符券，官吏用传牒，军防、丁夫用总

---

① 《唐律疏议》卷八《卫禁》，第193页。
② 《唐律疏议》卷八《卫禁》，第172页。

历，其余百姓包括蕃胡使用过所，所有凭证总称公文。

那么，唐代过所的文本如何？所幸大中年间日本留唐学问僧圆珍曾携带回国两件过所，至今藏于日本三井寺，其一为《唐大中九年三月越州都督府给日僧圆珍过所》，现抄录如下：

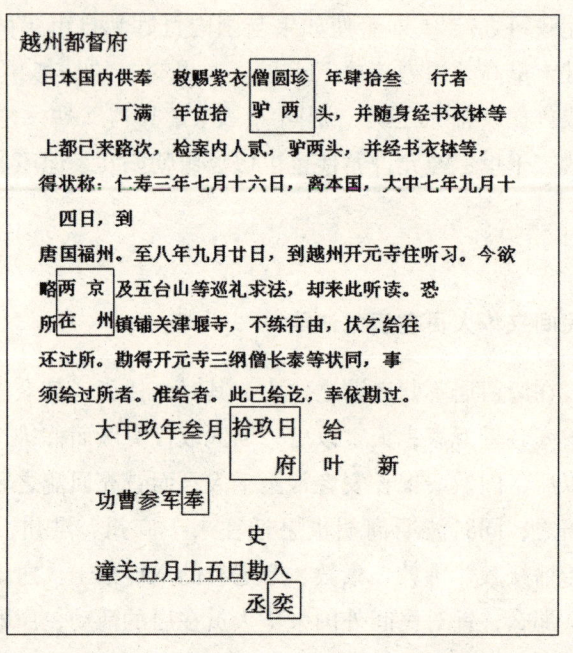

```
越州都督府
　日本国内供奉　敕赐紫衣│僧圆珍│年肆拾叁　行者
　　　丁满　年伍拾　│驴两│头，并随身经书衣钵等
上都已来路次，检案内人贰，驴两头，并经书衣钵等，
得状称：仁寿三年七月十六日，离本国，大中七年九月十
四日，到
唐国福州。至八年九月廿日，到越州开元寺住听习。今欲
略│两│京及五台山等巡礼求法，却来此听读。恐
所│在│州镇铺关津堰寺，不练行由，伏乞给往
还过所。勘得开元寺三纲僧长泰等状同，事
须给过所者。准给者。此已给讫，幸依勘过。
　大中玖年叁月│拾玖日│给
　　　　　　　　　府　叶　新
　功曹参军│奉│
　　　　　　　　史
　潼关五月十五日勘入
　　　　　丞　奕
```

其二为《唐大中九年十一月尚书省司门给日僧圆珍过所》：①

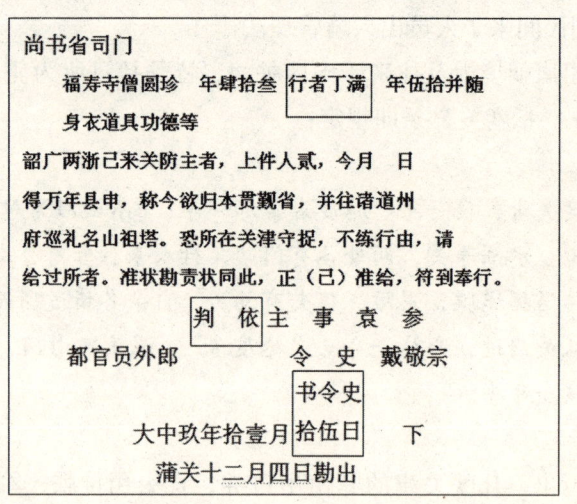

```
尚书省司门
　　福寿寺僧圆珍　年肆拾叁│行者丁满│年伍拾并随
　　身衣道具功德等
韶广两浙已来关防主者，上件人贰，今月　日
得万年县申，称今欲归本贯觐省，并往诸道州
府巡礼名山祖塔。恐所在关津守捉，不练行由，请
给过所者。准状勘责状同此，正（已）准给，符到奉行。
　　　　　│判│依│主│事　袁　参
　都官员外郎　　　令　史　戴敬宗
　　　　　　　　　│书令史│
　　　大中玖年拾壹月│拾伍日│　下
　蒲关十二月四日勘出
```

---

① 原件藏日本三井寺、日本《国宝》"智证大师关系文书"，前两件引程喜霖：《唐代过所研究》，北京：中华书局，2000年，第93、90页。

两件过所分别注明了圆珍从越州往两京、五台山巡礼及归国并游历诸道之事由、圆珍和随员身份、名年、所携带物品牲畜以及所走路线等项,并签署盖章。

在《中国印度见闻录》中,作者也记载了在唐境内旅行需持证件云:"如果到中国去旅行,要有两个证明:一个是城市王爷的,另一个是太监的。城市王爷的证明是在道路上使用的,上面写明旅行者以及陪同人员的姓名、年龄,和他所属的宗族,因为所有在中国的人,无论是中国人,阿拉伯人还是其他外国人,都必要使其家谱与某一氏族联系起来,并取该氏族的姓氏。而太监的证明上则注明旅行者随身携带的白银与货物,在路上,有关哨所要检查这两种证明。"① 此处所说"城市王爷的证明"殆即过所,其上所注明事项与过所规定大致相同,而有关哨所对过所的检查也说明了蕃胡出入关津携带过所的必要性。

那么,外国来华人员如何才能得到过所?唐朝法律规定:"凡度关者,先经本部本司请过所,在京,则省给之;在外,州给之。"② 即蕃客到达唐边境州县后,当地政府要询问检查他们所带的物品及数量,并尽快上报上级的道、州政府,由州负责给蕃客发放过所,并在其上注明所带物品、数量。蕃客持此过所入关,关卡官吏要据此清点所携带物品与过所登记是否相符,不过,入关之后其余关卡则不需再复查。

事实证明,唐对过所的勘验是非常严格的,关津、地方都督府、州、县、市、镇等都要对经过本地的蕃胡进行勘验。日本僧人圆仁入唐求法到山东文登县青宁乡赤山法华院,即受到县司的勘查,而该寺住持亦协助勘查,并将所了解情况写一状子上县司。③ 可见,各地方政府不仅要检查到本地的外人的过所,而且对外国人的检查可能还更严格一些。唐朝寺院对停留住宿的蕃僧也要验其过所,不过寺院勘验过所的权力可能只限于住宿的游方僧侣,对世俗行客并无权力。

既然唐政府严格勘查过所,那么,对没有过所而私度关津或越度、冒度的违法行为,唐律如何量刑呢?上文已经提到,

诸私度关者,徒一年。越度者,加一等;(不由门为越。)

---

① [法]索瓦杰译注:《中国印度见闻录》卷一,北京:中华书局,1983年,第18页。
② 《唐六典》卷六《尚书刑部》,第196页。
③ [日]圆仁:《入唐求法巡礼行记》卷二,上海:上海古籍出版社,1986年,第67页。

>疏议曰：……若无公文，私从关门过，合徒一年。"越度者"，谓关不由门，津不由济而度者，徒一年半。已至越所而未度者，减五等。（谓已到官司应禁约之处。余条未度准此。）
>
>疏议曰：水陆关栈，两岸皆有防禁。越度之人已至官司防禁之所，未得度者，减越度五等，合杖七十。余条未度准此者，谓城及垣篱、缘边关塞有禁约之处，已至越所而未度者，皆减已越罪五等。若越度未过者，准上条"减一等"之例。①

即凡无过所而私度关者，处徒刑一年；无过所而从关津附近偷度者，处徒刑一年半。如无过所到官司禁约之处，如关津附近、城墙、边塞等处，试图偷度而没有行动者，减五等定罪，即杖七十；如从官司禁约之处偷度而没有成功、被缉获者，按"越度"例减一等，处一年徒刑。

上述主要指在国内诸州府关防私度或越度之罪，在边境州镇关塞私度和越度，处罚则更为严厉，汉人与蕃人量刑同等。

>诸越度缘边关塞者，徒二年。
>
>疏议曰：缘边关塞，以隔华、夷。其有越度此关塞者，得徒二年。以马越度，准上条"减人二等"，合徒一年。余畜又减二等，杖九十。但以缘边关塞，越罪故重。若从关门私度人、畜，各与余关罪同。②

可见，因为设缘边关塞的目的就是分隔华夷，所以越度罪更重，要处徒刑两年；携带马匹越度，比携人越度减二等，徒刑一年；携带其他牲畜则又减两等，只杖九十。而从边关私度人、畜，则与从其他关津私度一样，处徒刑一年。

除没有过所私度、越度外，因为蕃胡每到一地都在过所上有所记录，如果蕃胡不按申请的路线走，亦是违制，官司即不让其出入，扣留送州府处理。日本《养老关市令》保存一令可资参考，云：

>凡行人度入关津者，皆依过所所载关名勘过；若不依所诣，别向

---

① 《唐律疏议》卷八《卫禁》，第172页。
② 《唐律疏议》卷八《卫禁》，第192页。

余关者,关司不得随便听便其入出。①

(二) 涉外民事法律

由于唐代重刑轻民的倾向并没有完全改变,所以尽管唐朝刑事法律已趋成熟,而民事法律仍然只是散见于律、令、格、式之中。不过,唐朝经济的发展和民事关系的复杂,必然需要相应的民事法律来调整。其中,因为在唐居留蕃胡众多,涉外民事法律也取得了不小的进展。

1. 特殊涉外主体的户籍管理

被称为良民或齐民的士、农、工、商之人,是唐朝基本的民事法律关系主体,政府通过"三年一造户籍"的方法实现对他们的管理,而且是针对四民的不同身份分别造户籍。对在唐境内留居、游历的外来蕃胡,唐朝法律也承认他们是民事权利主体,并对其中的某些特殊群体设立了户籍管理法律。

首先,对于来朝降户,地方政府要供给衣食,并将其情况上报,安置于宽乡(即地广人稀之地),承认他们为唐朝编民,即"化外人归朝者,所在州镇给衣食,具状送省奏闻。化外人于宽乡附贯安置",② 而且"诸蕃胡内附者,亦定为九等,四等已上为上户,七等已上为次户,八等已下为下户③",以此作为征收赋税的依据。

其次,唐朝对道士、僧尼是另作簿籍的,并由祠部管理。由于佛教在唐代得到了进一步的弘扬和发展,所以外来求法、学问的蕃僧比比皆是,唐政府对其给予了更多的优待。根据《唐大和上东征传》记载:

> 鸿胪依寺报而奏,便敕下扬州曰:其僧荣叡等既是蕃僧,入朝学问,每年赐绢二十五匹,四季给时服。④

可知唐朝对外来学问、请益僧侣提供衣食,有类留学生。开成五年(公元840年)三月三日日本僧圆仁即得登州都督府"使君施两硕米、两硕面、一斛油、一斗醋、一斗盐、柴三十根,以充旅粮"。⑤ 三月廿五日无粮可吃以后,圆仁又向青州府节度副使张员外申请粮食,员外供给粳米三斗、面三斗、粟米三

---

① 参考程喜霖:《唐代过所研究》,第115页。
② [日] 仁井田陞:《唐令拾遗》,《户令第九》,长春:长春出版社,1989年,第146页。
③ 《唐令拾遗》,《赋役令第二十三》,第600页。
④ [日] 真人元开:《唐大和上东征传》,北京:中华书局,2000年,第46页。
⑤ 《入唐求法巡礼行记》卷二,第86页。

斗。四月一日，尚书也赐给圆仁布三端、茶六斤。① 可见唐朝提供蕃僧衣食之制非虚。除此之外，据宪宗《禁捕盗烦扰僧人诏》：

> 近缘东都盗贼，事连僧徒，因此所繇遂有觉察。今既各有名籍，不得恐动。其已出城者，所在安存。其外国僧，亦任随便居止。②

可知外国僧侣在唐境内可以自由居住、活动、学问、游历（当然需持过所）并享受唐朝衣食供应。

其三，与良民对应之贱民，其中的奴婢毫无民事权利可言，他们没有户籍，在刑法中与良民也有分别，但是对化外奴婢，唐朝法律较为宽松。《唐令拾遗》载其可以"听赎为良，其人任意"。据日本学者仁井田陞考证，此条唐令当是与《日本户令》第四十四条相当的唐令，而《日本养老户令》第四十四条云：

> 凡化外奴婢，自来投国者，悉放为良，即附籍贯。本主虽先来投国，亦不得认。若是境外之人，先于化内充贱，其二等以上亲，后来投化者，听赎为良。③

就是说，凡是化外奴婢自己来投归唐朝者，全部释放为良民并入户籍，即使其原来的主人已经归属唐朝也不予承认其主奴关系。如果蕃胡先在唐境内成为贱民，则其后来投化的二等以上亲属可以将其赎为良民。

化外奴婢除了可以被放为良民居住于唐朝境内，也可以回归本国，从唐宪宗处理新罗奴婢问题即可看出。821 年前后，一些因饥荒而被卖的新罗人口，经常又被海盗组织转卖到中国成为奴婢，穆宗不仅于长庆元年（821 年）下令取缔这种掠卖新罗人口的活动，此后又在长庆三年（823 年）下达敕令："如有漂寄，固合任归，宜委所在州县，切加勘会，责审是本国百姓情愿归者，方得放回。"④ 文宗太和二年（公元 828 年）再次重申了禁止掠卖新罗奴婢的敕旨。

---

① 《入唐求法巡礼行记》卷二，第 96 页。
② 《全唐文》卷六十《宪宗·禁捕盗烦扰僧人诏》，第 647 页。
③ 《唐令拾遗》，《户令第九》，第 173 页。
④ 《唐会要》卷八十六《奴婢》，第 1571 页。

2. 关于外国人来华居住、信仰、丧葬及服饰的法律

（1）蕃胡入唐后一般聚族而居。谢海平先生曾分析影响蕃胡分布的三大要素为："一曰交通；二曰都市发展与文化吸引；三曰政府政策。"① 综合这三个要素，除了唐朝出于政策需要将归附者、流民安置于较边远的州县外，蕃胡尤其是商胡聚居比较集中之地还是长安、洛阳、广州、扬州等交通、文化俱发达的国际都市。

长安是粟特商胡即昭武九姓胡在华最重要的聚集地之一，他们组成商队不断东来兴贩，并且带着家口入居长安，有的一住就是几十年。史料表明，他们往往以类相聚，生活在相同或相近的坊里中，尤其是长安西市附近的坊里中。其中，"紧挨西市的醴泉坊最多，有五家，崇化坊一家，怀远一家，崇贤一家，光德一家，延寿二家，群贤一家，居德二家，义宁一家，金城一家，普宁一家，稍远一点的修德坊一家。"②

《类说》引《西京杂记》中曾记"压惊钱"的故事，时李蔚为尹，延英等诸司事例共用三千缗，以公使钱充，蔚至，见才数缗，问吏何以取足？吏请问捕贼官韩铢，铢曰："此易耳，请来日排衙，拖拽铢于庭，问西市波斯客与汉客交杂，久而乃释之。"蔚儒者，不测其由。翌日如言责铢，铢出，蕃商二百许家，各送压惊钱，凡得数千缗。乃以三千缗供库，赢余甚多。③ 由"西市波斯客"之语可知蕃胡聚居在长安西市，而"蕃商二百许家"足见在唐蕃商之多。

洛阳从北魏时起即"自葱岭已西，至于大秦，百国千城，莫不款附。商胡贩客，日奔塞下。所谓尽天地之区已。乐中国土风因而宅者，不可胜数。是以附化之民，万有余家"。④ 而且在城南"永桥以南，圜丘以北，伊洛之间，夹御道，东有四夷馆，……道西有四夷里"。⑤ 唐高宗显庆二年（公元657年），洛阳成为东都，武后也常年居住在洛阳，这个时期也是商胡在洛阳最活跃的时期。而商胡的居址，与北朝时的城南四夷里遥相呼应，主要集中在南市附近，个别人家在北市附近。

入居长安、洛阳的商胡已经被编为唐朝户籍，因此不能形成一个完整意义

---

① 《唐代留华外国人生活考述》，第15页。
② 荣新江：《北朝隋唐粟特人之迁徙及其聚落》，收入《中古中国与外来文明》，北京：三联书店，2001年，第82页。
③ 曾慥编：《类说》卷四《西京杂记·压惊钱》，上海：上海古籍出版社，1993年。
④ 《洛阳伽蓝记》卷三《龙华寺》，第132页。
⑤ 《洛阳伽蓝记》卷三《龙华寺》，第129页。

上的聚落。但经商的本性仍然促使他们环绕市场相邻而居,形成了一个个相对集中的居住区。

与长安、洛阳相连接的唐代来华外国人经商线路的另一端在广州。广州自汉末已成为中西交通要地,唐代仍与波斯地区保持交往,是波斯等国商胡从海上进入中国的门户,而且也有不少入唐波斯人从北方南下至此。同时广州又是由海陆两道进入中国的商胡、使者、传教士离华的口岸。尤其是安史之乱以后,西域陆路受阻更促进了南洋海路的发展,因之广州聚居了大量的外国侨民,侨民聚居社区——"蕃坊"便首先在广州应运而生。

最早在文献中明确提到"蕃坊"的是唐人房千里《投荒录》一书。房千里在《投荒录》中写道:"顷年在广州蕃坊时,献食多用糖蜜、脑麝,有鱼俎,虽甘香而腥臭自若也。"① 那么蕃坊出现的时间、地点、动因是什么?唐朝又如何管理蕃坊内的外国居民?

房千里是在唐文宗太和中(公元832年)任高州刺史,《投荒录》是他离任北归时所著,所以832年之前,广州蕃坊已经存在。但是参考其他史料,学者普遍认为蕃坊建立时间可以再向前推,其出现从酝酿到成熟大约经过了自开元至太和(8世纪~9世纪)一个世纪的时间。②

蕃坊的形成,既出于侨民宗教活动、生活习俗、商业及社会活动的需要,也是唐朝政府的法律规定使然。首先,"自唐设结好使于广州,自是商人立户,迄宋不绝。诡服殊音多流寓海滨湾泊之地,筑室联城,为长久计。"③ 侨民因其习俗自然而然聚族定居在海滨湾泊之地。同时因为华夷杂处、婚嫁为亲等引起的纠纷,唐政府亦规定外国人必须居于专门的街区,不得与当地人混居。开成元年(公元836年)卢钧为广州刺史,"先是土人与蛮僚杂居,婚娶相通。吏或挠之,相诱为乱。钧至立法,俾华蛮异处,婚娶不通,蛮人不得立田宅"。④ 卢钧严格执行了化外人不得与华人杂居的禁令,把外国人集中于蕃坊居住。

其次,蕃坊处于广州城外。《苏烈曼东游记》载:"中国商埠为阿拉伯商

---

① 顾炎武:《天下郡国利病书》卷一百四,引《投荒录》。
② 参见邓端本:《广州蕃坊考》,《海交史研究》1984年第6期;范邦谨:《唐代蕃坊考略》,《历史研究》1990年第4期。
③ 《广东通志》卷五十七《岭蛮志》,四库全书本。
④ 《旧唐书》卷一百七十七《卢钧传》,第4591页。

人麇聚者，曰康府。其处有回教牧师一人，教堂一所。"① 今有学者认为此教堂即怀圣寺，唐时怀圣寺以南仍未成陆，还是一个码头区，即"海滨湾泊之地"，所以广州蕃坊在城外，在今光塔街一带。②

蕃坊居民来自不同的国家和民族，人众杂沓，习俗各异，因此唐政府在蕃坊设置"蕃长司"作为管理机构，从外国侨民中选举有声望者充任蕃长，故蕃长又称蕃酋。李肇《唐国史补》称来广州的南海蕃舶"有蕃长为主领"。③ 朱彧亦曰："广州蕃坊，海外诸国人聚居，置蕃长一人，管勾蕃坊公事，专切招邀蕃商入贡。用蕃官为之，巾袍履笏如华人"，④ 即由蕃长对蕃坊的公务和商业贸易进行管理。而蕃长作为唐政府管理外国侨民的官员，必须得到授命才能管理蕃坊事务，且以唐朝官员身份着中国官服，衣服鞋帽同唐朝官员一样。

（2）外国人在唐仍可坚持其信仰。上述广州阿拉伯人在广州蕃坊内即有回教教堂一所，而且中国皇帝任命的回教判官"每星期必有数日专与回民共同祈祷，朗读先圣戒训。终讲时，辄与祈祷者共为回教苏丹祝福。……一切皆能依《可兰经》圣训及回教习惯行事"。⑤ 可见，在唐阿拉伯人仍是信仰伊斯兰教，并按照原来的习俗过宗教生活。

在唐蕃胡更多的则为信仰袄教、景教、摩尼教的波斯胡。昭武九姓中，安、曹、史、米诸国都信奉袄教，将袄教传入长安者即有米国人。在长安粟特人聚居的西市附近分布着五所袄神祭祀地——袄祠，分别在布政、醴泉、普宁、崇化、靖恭坊。而洛阳北市附近的立德坊有袄祠，南市中以及近旁的修善坊、会节坊也有袄祠，说明粟特胡人还是坚持信仰自己的袄教。唐朝不许国人信奉袄教，但每年由祠部两次祭祀，并设萨宝等官管理袄祠。萨宝由胡人担任，为"视品官"，直隶祠部司。唐律云：

> 依官品令："萨宝府萨宝、袄正等，皆视流内品。"若以视品官当罪、减、赎，皆与正官同。
>
> 疏议曰：视品稍异正官，故不许荫其亲属。其萨宝既视五品，听

---

① 张星烺：《中西交通史料汇编》第五章，引《苏烈曼东游记》，北京：中华书局，2003年，第759页。
② 参见邓端本：《广州蕃坊考》，《海交史研究》1984年第6期。
③ 李肇：《唐国史补》卷下，上海：上海古籍出版社，1979年，第63页。
④ 《萍州可谈》卷二，第19页。
⑤ 《中西交通史料汇编》第五章，引《苏烈曼东游记》，第759页。

荫亲属。①

可见萨宝、祆正等虽为视品官，但在法律上可以享受的减罪、赎罪等特权与唐朝正官一样，而且还可以荫亲属。

景教徒阿罗本贞观九年（公元635年）已来唐，受到太宗礼遇并于贞观十三年为之建寺（初名波斯寺，天宝四年改为大秦寺），历经高宗、玄宗、肃宗、代宗、德宗，得到迅速传播。代宗以前，长安义宁坊、布政坊、洛阳修善坊各有大秦寺一所，景教徒自可信奉。

摩尼教于开元年间传入唐朝，但不久即被视为邪教而遭禁断。

> 开元二十年七月敕：末摩尼法本是邪见，妄称佛教，诳惑黎元，宜严加禁断，以其西胡等既是乡法，当身自行，不须科罪者。②

虽遭禁断，但仍准许蕃胡信奉。摩尼教传入唐朝的同时也传入回鹘，因回鹘助唐平安史之乱，摩尼教也借回鹘之功而大行于唐，各地均建摩尼寺（即大云光明寺），则在唐蕃胡信奉摩尼教者更毫无阻力。

总之，外国人来华以后可自由信奉原宗教。虽然武宗禁佛时曾牵扯各外教，但实施仅十几个月即停止。唐朝本着不干涉蕃胡信仰的原则，并且采取以胡人担当教职的方法管理蕃胡，所以，外国人在唐仍可坚持原宗教信仰。

（3）与宗教信仰相联系，蕃胡在唐也可以按照本国风俗丧葬。中国本俗土葬，但贞观八年正月突厥颉利可汗卒，太宗即"命国人从其俗，焚尸葬之"。③《册府元龟》也记其事云："及卒，诏其国人葬之，从其俗礼，焚尸于灞水之东。"④ 而且，《宋刑统》中也记载了唐主客式曰：

> 诸蕃客及使蕃人宿卫子弟，欲依乡法烧葬者听，缘葬所须亦官给。⑤

官方来唐人员如此，民间蕃胡也应可以按照其俗进行火葬，只是唐政府可能不

---

① 《唐律疏议》卷二《名例》，第45页。
② 《通典》卷四十《职官二十二·秩品五》，第227页。
③ 《资治通鉴》卷一百九十四《唐纪十·太宗文武大圣大广孝皇帝上之下》。
④ 《册府元龟》卷四十八《帝王部·从人欲》。
⑤ 《宋刑统》卷十八《贼盗律》"残害死尸"条，北京：中华书局，1984年，第287页。

会供给丧葬所需钱物。

（4）唐律对蕃胡的服饰也有规定。唐初对蕃胡在唐的服饰并无限制，随各人喜好，所以有穿着唐朝服饰者。《资治通鉴》记"回纥留京师者常千人，商胡伪服而杂居者又倍之，……或衣华服，诱取妻妾"，① 而商胡的"伪服"或为华服，又抑或为回纥服装，不得而知。为避免混淆，大历十四年（公元779年）七月，唐代宗下诏：

> 回纥诸蕃住京师者，各服其国之服，不得与汉相参。②

即蕃胡在唐仍须穿着其本国服装，不得仿效华人着唐服。

（5）对一些操特殊行业的外来蕃胡，唐朝也针对其行为有特定法规，如高宗曾下诏禁幻戏：

> 如闻在外有婆罗门胡等，每于戏处，乃将剑刺肚，以刀割舌，幻惑百姓，极非道理。宜并发遣还蕃，勿令久住，仍约束边州，若更有此色，并不须遣入朝。③

既然明令禁止，则操此杂戏业者肯定不少。因为怕这种幻术表演诱惑百姓，所以将此婆罗门胡遣送出境，并不许再有此类人入境。这是针对特殊类型的蕃胡做出的特定法令，即如果蕃胡入唐后的行为会破坏社会秩序与安定，则要将其驱逐出境并禁止同类人入境。

3. 涉外质权及债权法律

质权属于担保物权，胡三省注曰："举者，举贷以取倍称之利也；质者，以物质钱计月而取其利也。"④ 所以举即今天的高利贷，而质即今所谓抵押贷款。债的含义在唐律中则主要指负财、欠钱。

在唐蕃胡不仅众多而且富有，中唐以后很多便以举质取利为业。代宗时，回鹘及昭武九姓胡留长安者常"殖赀产，开第舍，市肆美利皆归之"。⑤ "殖赀产"当即举质取利。而德宗时期亦有"胡客留长安久者，或四十余年，皆

---

① 《资治通鉴》卷二百二十五《唐纪四十一·代宗睿文孝武皇帝中之下》。
② 《唐会要》卷一百《杂录》，第1798页。
③ 《全唐文》卷十二《高宗·禁幻戏诏》，第145页。
④ 《资治通鉴》卷二百三十二《唐纪四十八·德宗神武圣文皇帝七》。
⑤ 《资治通鉴》卷二百二十五《唐纪四十一·代宗睿文孝武皇帝中之下》。

有妻子，买田宅，举质取利"。①

既有蕃胡经营此业，则唐人就有向其贷款者，其中不乏显贵子弟。文宗大和五年（公元831年）六月，李甚之子"贷回鹘钱一万余贯不偿，为回鹘所诉，文宗怒，贬甚为定州司法参军。"②《册府元龟》亦记其事："贬右龙武大将军李甚为宣州别驾，甚子贷回纥钱一万一千四百贯不偿，为回纥所诉，故贬甚。"③因此，文宗下《禁与蕃客交关诏》：

> 如闻顷来京城内衣冠子弟及诸军使并商人百姓等，多有举诸蕃客本钱，岁月稍深，徵所不得，致蕃客停滞市易，不获及时。方务抚安，须除旧弊。免令受屈，要与改更。自今已后，应诸色人，宜除准敕互市外，并不得辄与蕃客钱物交关。委御史台及京兆府切加捉搦，仍即作条件闻奏。其今日已前所欠负，委府县速与徵理处分。④

此诏在保护蕃商利益的同时，禁止唐朝国民向蕃胡举质，目的为防止唐朝财富外流。

但是，开成元年（公元836年）六月，京兆府奏："又准令式，中国人不合私与外国人交通、买卖、婚娶、来往。又举取蕃客钱，以产业奴婢为质者，重请禁之。"⑤可见，文宗的《禁与蕃客交关诏》并未起到实质作用。京兆府的上奏虽是针对国内百姓，但却正说明蕃胡举质问题仍很严重。唐政府只是禁止本国人向蕃胡举质，并没有正面命令禁止蕃胡举质。

直到乾符二年（公元875年），僖宗才对蕃胡举质之钱有了一些规定，其年南郊赦书云：

> 词科出身，士林所重，……准咸通十四年十月九日敕文处分，关节取受，本身值财，素来贫无，亦多举债。祇缘从来赦文未甚分明，赏罚若行，必当止绝。自今以后，如有人用钱买官，纳银求职，败露之后，言告之初，取与同罪，卜射无舍，其钱物等并令没官，送御史台，以赃罚收管。如是波斯番人钱，亦准此处分。⑥

---

① 《资治通鉴》卷二百三十二《唐纪四十八·德宗神武圣文皇帝七》。
② 《旧唐书》卷一百三十三《李晟传》，附"子甚传"，第3686页。
③ 《册府元龟》卷九百九十九《外臣部·互市》。
④ 《全唐文》卷七十二《文宗·禁与蕃客交关诏》，第755页。
⑤ 《册府元龟》卷九百九十九《外臣部·互市》。
⑥ 《唐大诏令集》卷七十二《典礼·乾符二年南郊赦》，第364页。

由此看来，直至唐末，仍有蕃胡营质举业。但是，唐朝法律比以前更加严厉了，如有人向蕃胡借钱买官，那么蕃胡之钱也要一律没官。

4. 涉外婚姻法律

从西周春秋至唐，异族通婚者史不绝书，但在唐朝这种通婚受到法律一定的限制。《唐律疏议》云：

> （私与化外人）共为婚姻者，流二千里。未成者，减三等。
> 疏议曰：共为婚姻者，流二千里。未成者，谓婚姻未成，减流三等，得徒二年。①

即中国人不得越度缘边塞与异族通婚，违者，流二千里；婚姻未成，则减三等处罚，徒二年。

但是，此条法令的执行并不是很严格，因为贞观二年（公元628年）六月十六日敕：

> 诸蕃使人所娶得汉妇女为妾者，并不得将还蕃。②
> 如是蕃人入朝听住之者，得娶妻妾，若将还蕃内，以违敕科之。③

可见，蕃人经允许居住中国内，可以娶汉女为妻妾，只是不得将其带回蕃内，否则以违反敕令论处。

因此，安史之乱以后，代宗、德宗年间异族通婚现象更加普遍。《资治通鉴》记载代宗时期"回纥留京师者常千人，商胡伪服而杂居者又倍之，……或衣华服，诱取妻妾"，④ 而德宗时期也有"胡客留长安久者，或四十余年，皆有妻子"。⑤ 所以，建中年间，德宗再次重申敕令，限制异族婚姻，建中元年（公元780年）十月六日勅，

---

① 《唐律疏议》卷八《卫禁》，"越度缘边关塞条"，第192页。
② 《唐会要》卷一百《杂录》，第1796页。
③ 《唐律疏议》卷八《卫禁》，"越度缘边关塞条"，第194页。
④ 《资治通鉴》卷二百二十五《唐纪四十一·代宗睿文孝武皇帝中之下》。
⑤ 《资治通鉴》卷二百三十二《唐纪四十八·德宗神武圣文皇帝七》。

又准令式，中国人不合私与外国人交通、买卖、婚娶、来往。①

但是，异族通婚尤其是胡客娶汉女为妻现象仍然存在。直至元和年间，还有"北胡与京师杂处，娶妻生子"，使得"长安中少年有胡心矣"。②

不仅汉女适异族现象屡禁不止，而且对蕃胡娶得唐朝妇女"不得将还蕃"的律令，实施似乎也并非很严格。据木宫泰彦《日中文化交流史》记载天宝十三年（公元754年），遣唐留学生高内弓，偕其妻唐人高氏、男广成、女绿儿、乳母等，乘送渤海使船归日本之事，③ 高内弓偕同唐朝妇女回国，并未受到唐朝法律惩处，可见唐朝的涉外婚姻法执行并不严格。

此外，值得注意的是，唐代将有关涉外通婚的内容规定于卫禁篇而不是户婚篇中，可见，唐朝将涉外婚姻排除在普通婚姻之外，而将其视作有可能影响国家边防的大事。正是因为这方面的原因，唐律虽也称异邦、异族人为"化外人"、"蕃胡"，但是对涉外婚姻的限制性规定，并不是源于民族偏见，只是出于对国家安全的考虑罢了。

5. 涉外继承法律

"行曰商，处曰贾"，唐代商品经济和海外贸易的繁荣，促使唐代法律将行商尤其是蕃胡商贾的遗产单独予以规定，体现了唐律对死商钱物的特殊保护。

对于海外商人在中国的遗产，元和十二年（公元817年）前即有规定。据孔戣墓志铭文："绝海之商有死于吾地者，官藏其货，满三月无妻子之请者，尽没有之。"可知，在唐商胡遗产先由官府收藏，三个月内如果没有妻、子家属认领，则没收为官有。元和十二年孔戣拜为岭南节度使后，认为"海道以年计往复，何月之拘？苟有验者，悉推与之，无算远近"。④ 所以，此后海商遗产只要有人认领，不再拘于三个月的有效时间限制，都全部给还。

事实证明确实如此，据《唐语林》记载，"兵部李约员外，尝江行，与一商胡舟楫相次。商胡病，因邀相见，以二女托之，皆绝色也。又与一珠，约悉唯唯。及商胡死，财宝巨万，约悉籍其数送官，而以二女求配。始殓商，约自以夜光啥之，人莫知也。后商胡有亲属来理资财，约请官可，发掘检之，夜光

---

① 《册府元龟》卷九百九十九《外臣部·互市》。
② 《太平广记》卷四百八十五《杂传记二》，引陈鸿祖《东城老父传》。
③ ［日］木宫泰彦：《日中文化交流史》，北京：商务印书馆，1980年，第158页。
④ 《全唐文》卷五百六十三《韩愈·正议大夫尚书左丞孔公墓志铭》，第5702页。

果在。"① 此处商胡虽有二女相随，但或者商胡不想将遗产让其继承，或者此前有规定女儿没有继承权，所以李约将其遗产悉数送官收为官有。而其后商胡亲属来追认遗产，盖合于继承条例，亦无时间限制，所以官府受理，而准予给还。

按，"李约，字存博，汧公李勉之子也，元和中（公元806~820年）仕为兵部员外郎。"② 因此，上述事件应发生在元和年间，与孔戣之规定相吻合。大概当时法律规定，蕃胡在唐身亡，其在蕃亲属有遗产继承权。

至大和八年（公元834年），唐朝法律对在唐死亡蕃商的遗产作了具体规定：

> 唐大和八年八月二十三日敕节文，当司应州郡死商，及波斯、蕃客资财货物等，谨具条流如后：
> 死商客及外界人身死，应有资财货物等，检勘从前敕旨，内有父母、嫡妻、男、亲侄男、在室女，并合给付。如有在室姊妹，三分内给一分。如无上件亲族，所有钱物等并合官收。
> 死波斯及诸蕃人资财货物等，伏请依诸商客例，如有父母、嫡妻、男女、亲女、亲兄弟元相随，并请给还。如无上件至亲，所有钱物等并请官收，更不牒本贯追勘亲族。③

则知，第一，商客及外界人身死，如果有父母、嫡妻、男、亲侄男、在室未出嫁女，那么所有资财货物都交还。如果有未嫁姐妹，三分给一分。如果没有上述亲属，所有钱物收为官有。第二，波斯等外蕃人身死，如同第一条商客例，如果有父母、嫡妻、男、亲女、亲兄弟跟随，则由其家人亲属收管。这个规定增加了在室女的继承权，但这种涉外继承人的范围，小于国人之间的继承主体的范围，只包括父母、嫡妻、子女、亲兄弟，排除了亲侄男、在室姐妹的继承权。第三，如果没有上述至亲跟随，则钱物一律没收，且不发牒往其国追查亲属，这实际上剥夺了不随行亲属的继承权。④

唐朝对涉外遗产的继承法律明确了继承人的范围、继承顺序以及各种情况下的处理原则，不仅体现了中国的司法主权，而且保护了外国来华人员的合法

---

① 《唐语林》卷一《德行》，第4页。
② 辛文房：《唐才子传》卷六《李约》，北京：中华书局，1991年。
③ 《宋刑统》卷十二《户婚律》，"死商钱物"条，第199页。
④ 张晋藩总主编：《中国法制通史》第四卷，北京：法律出版社，1999年，第612页。

权益。

(三) 涉外经济法律

唐朝经济的高度发展以及国家对经济管理的加强，使得唐朝制定出了趋于规范化的经济法律。其中，对蕃胡在唐的赋役征收、海外贸易、互市等也作出了具体的法律规定。

1. 涉外赋役法律

在推行均田制的同时，武德七年（公元624年）唐朝颁布租庸调法，对国内田口进行征税。而对归附唐朝的蕃胡，唐政府按资产将其分为九等，四等以上为上户，七等以上为次户，八等以下为下户，并按照户等征税。开元七年（公元719年）重申了武德年间的规定：

> 上户丁税钱十文，次户五文，下户免之。附经二年者，上户丁输羊二口，次户一口，下三户共一口（无羊之处，准白羊估折纳轻货。若有征行，令自备鞍马，过三十日已上者，免当年输羊）。①

不仅对税钱作了规定，且规定归附两年以后可以交纳羊。是否是以羊代钱不得而知，但这无疑是针对蕃胡善于经营畜牧业而作的具体灵活的法规。同时，战争时期蕃胡要服兵役，也是明确的。

与此同时，还规定：

> 诸岭南诸州税米，上户一石二斗，次户八斗，下户六斗。若夷獠之户，皆从半输。
> 诸州高丽、百济应差征镇者，并令免课役。②

可知，岭南夷獠之户的田赋只是一般人户的一半，如果高丽、百济降户应征当差的话，可将赋税免除。

开元七年还规定，新归附的蕃胡，纳入唐朝户籍后，先免除三年赋役，即：

---

① 《唐令拾遗》，《赋役令第二十三》，第600页。
② 《唐令拾遗》，《赋役令第二十三》，第601页。

> 夷狄新招慰，附户贯者，复三年。①

到了开元二十五年（公元737年），对蕃胡交纳赋役的法规更为优惠，可以先免除赋役十年，

> 外蕃人投化者复十年。②

总之，对蕃胡在唐纳税的总体原则就是：

> 诸边远诸州有夷獠杂类之所，应输课役者，随事斟量，不必同之华夏。③

因此明确规定了蕃胡与唐国内百姓的区别待遇，而具体问题具体分析的原则也使得唐朝涉外赋役法律更为灵活和实用。

2. 外商来华贸易管理法律

（1）互市法律

唐时，西北诸国通过陆上丝绸之路与唐朝贸易，《新唐书·地理志》中所记的七条贸易道路中的三条：夏州塞外通大同云中道、中受降城入回鹘道、安西入西域道，都有西北诸胡兴贩，并通过这三条道路进入唐朝贸易。那么，唐朝对西北蕃胡来华贸易持有怎样的政策和态度？这种政策和态度有无变化？蕃胡的来华贸易通过什么样的方式完成？唐朝政府又对这种贸易制定了怎样的法律规定？

第一，首先应该指出的是，唐朝政府对商胡在唐境内的贸易是鼓励的。垂拱元年（公元685年）八月廿八日敕：

> 诸蕃商胡若有驰逐，任于内地兴易，不得入蕃。仍令边州关津镇戍严加捉搦。其贯属西、庭、伊等州府者，验有公文，听于本贯已东来往。④

---

① 《唐令拾遗》，《赋役令第二十三》，第611页。
② 《唐令拾遗》，《赋役令第二十三》，第610页。
③ 《唐令拾遗》，《赋役令第二十三》，第608页。
④ 刘俊文：《敦煌吐鲁番唐代法制文书考释》，"S.1344 开元户部格残卷"，北京：中华书局，1989年，第278页。

可见，蕃胡持有过所，可以任意于内地兴易，只是不能入蕃境，西州、庭州、伊州等地的蕃胡只能在其籍贯以东来往。另据《龙筋凤髓判》记载："鸿胪寺中，土蕃使人，素知物情，慕此处绫锦及弓箭等物，请市，未知可否。"判曰："衹如土蕃使者，实曰酋豪。……听其市取，实可威于远夷，任以私收，不足损于中国，宜其顺性，勿阻蕃情。（可其请市）。"① 由此可以看出唐朝将蕃胡市易看做是对其恩威并施的方法，利人利己，因此鼓励商胡在内地的贸易。

安史之乱以后，出于对西北蕃胡的防范意识及国家安全的需要，唐政府曾一度禁止商胡前来贸易。天宝二年（公元743年）十月敕：

> 如闻关已西诸国，兴贩往来不绝，虽托以求利，终交通外蕃，因循颇久，殊非稳便，自今已后，一切禁断，仍委四镇节度使，及路次所由郡县，严加捉搦，不得更有往来。②

此敕实是怕蕃胡借兴易之机做敌耳目，供敌物资，而严加禁止，这与唐初法律规定蕃胡只能于内地兴贩而不得入蕃是出于同一目的而遥相呼应的。大中三年（公元849年）八月，凤翔节度使李玭奏收复秦州，宣宗更降制曰："如蕃人求市切不得通"，并感慨"取不在广，贵保其金汤。"③ 可见，宣宗禁蕃胡来唐互市实是为帝国安全，有备无患。

但是，战争危机过后，唐朝国内经济的衰退，引起唐政府对贸易的重视，因此唐后期对蕃胡兴贩重新持鼓励态度。如光启三年（公元887年）七月，僖宗下诏曰：

> 其南山及平夏党项，尽是百姓，须令保安，长吏若能扶绥，蕃人自然安息，切不得妄有侵扰，致其怨嗟，常须使商旅往来部落不得阻塞。④

有唐一代，因为经济的发达和政策的开放，可以说，蕃胡来唐朝贸易基本上是

---

① 张鷟：《龙筋凤髓判》卷二，北京：中华书局，1985年，第30页。
② 《唐会要》卷八十六《关市》，第1579页。
③ 《旧唐书》卷十八下《宣宗纪》，第624页。
④ 《唐大诏令集》卷八十六《政事·光启三年七月德音》，第447页。

被鼓励和保护的。

第二，蕃胡与唐国人的贸易，须经互市才能完成。按照唐朝令式的规定，中国人不能私自与外国人交通、买卖、婚娶、来往，只能在官方准许开放的互市点进行交易，即"应诸色人，宜除准敕互市外，并不得辄与蕃客钱物交关。"①

那么，唐朝的互市场所什么样子？蕃汉交易如何进行？互市一般设在边境地区，"其市四面穿堑，及立篱院，遣人守门。"② 可知，市有墙、门，而且具体的开启和交易时间也有法令统一划定：

> 诸市，以日午击鼓三百声，而众以会，日入前七刻，击钲三百声，而众以散。③

一定程度上仍保持着"日中为市"的古制。而蕃胡与唐人的交易，由官方严格管理。

> 诸外蕃与缘边互市，皆令互官司检校，市易之日卯后，各将货物畜产，俱赴市所。官司先与蕃人对定物价，然后交易。④

蕃汉交易物品要先经互官司检查，在市易之日的卯时之后，将货物畜产带到市所，由官司将物价讲好才能交易。可见，蕃胡与汉人交易时最初面对的直接对象是官司人员，而并非唐朝百姓。

交易过后，蕃汉双方要立市券（即买卖大商品所立的契约凭证），官司也要及时过券（即市场官吏审核买卖契约发放券书）。《唐律》规定：

> 诸买奴婢、马、牛、驼、骡、驴，已过价，不立市券，过三日笞三十；卖者，减一等。立券之后，有旧病者，三日内听悔；无病欺者，市如法，违者，笞四十。即卖买已讫，而市司不时过券者，一日笞三十，一日加一等，罪止杖一百。⑤

---

① 《全唐文》卷七十二《文宗·禁与蕃客交关诏》，第755页。
② 《唐令拾遗》，《关市令第二十六》，第643页。
③ 《唐令拾遗》，《关市令第二十六》，第644页。
④ 《唐令拾遗》，《关市令第二十六》，第643页。
⑤ 《唐律疏议》卷二十六《杂律》，"买奴婢牛马不立券"条，第500页。

凡买商品付款之后，不立买卖契约的，过期三天笞打三十；卖的人减一等处罚。立契约后，所卖的奴婢、牲畜原先有病的，三天之内允许反悔；没有病想欺骗而推翻契约的，官司确认买卖有效而对违反的人笞打四十。如买卖进行完毕，而市场管理官吏不及时审核发放券书，迟一天笞三十，每过一天加一等，最高杖打一百。

为维护市场的公平与秩序，在市场的管理方面，唐律规定度量衡器必须校对，而且禁止使用私作的度量衡器。如《唐律疏议·杂律》"校斛斗秤度不平"、"私作斛斗秤度不平"条曰：

> 诸校斛斗秤度不平，杖七十。监校者不觉，减一等；知情，与同罪。诸造器用之物及绢布之属，有行滥、短狭而卖者，各杖六十；得利赃重者，计利准盗论。贩卖者，亦如之。市及州、县官司知情，各与同罪；不觉者，减二等。
>
> 诸市司评物价不平者，计所贵贱，坐赃论；入己者，以盗论。其为罪人评赃不实，致罪有出入者，以出入人罪论。
>
> 诸私作斛斗秤度不平，而在市执用者，笞五十；因有增减者，计所增减，准盗论。
>
> 即用斛斗秤度出入官物而不平，令有增减者，坐赃论；入己者，以盗论。其在市用斛斗秤度虽平，而不经官司印者，笞四十。
>
> 诸卖买不和，而较固取者；以更出开闭，共限一价；若参市，而规自入者，杖八十。
>
> 已得赃重者，计利，准盗论。①

所有的度量衡器都要符合官方的标准，要经过官方的校正、加印后才能上市使用。未经官方准许和确定的程序，如校正斛、斗、秤、尺不公平的，校正人要处杖打七十；凡私自制作度量衡不公平而又在市场使用的，处笞打五十；因此称量有出入的，计算所增减的数额，按盗窃罪论处；人在市场所用的度量衡虽合乎规格，但未经有关官署校验加印的，处笞打四十，等等。而制造器具绢布一类的货物，有质量行（不牢）滥（不真）、尺寸短缺而出卖的，各自杖打六十；出卖假劣货物计算赢利坐赃罪重的，按盗窃罪处罚，贩卖假冒伪劣商品

---

① 《唐律疏议》卷二十六《杂律》，"校斛斗秤度不平"等条，第497页。

的，也按此办法处罚；对那些买卖不自愿而强迫收购、反复购进投放而垄断价格，或者扰乱买卖而谋求自己得利的，处杖打八十；已得非法赢利计数坐赃刑法重的，按盗窃罪处罚。所有这些对度量衡器、买卖不公行为的规定，都为中外商人在市场上的公平交易提供了法律依据。

第三，既然有了对互市及市场管理方面的全面规定，那么，如果不经互市而私自交易，唐律对蕃汉双方的惩罚都甚为严格。《唐律疏议》规定：

> 共化外人私相交易，若取与者，一尺徒二年半，三匹加一等，十五匹加役流；疏议曰：……若共化外蕃人私相交易，谓市买博易，或取蕃人之物及将物与蕃人，计赃一尺徒二年半，三匹加一等，十五匹加役流。
>
> 私与禁兵器者，绞；……未入者，减三等。即因使私有交易者，准盗论。疏议曰：越度缘边关塞，将禁兵器私与化外人者，绞。……
>
> 其化外人越度入境，与化内交易，得罪并与化内人越度、交易同，仍奏听敕。……未入者，谓禁兵器未入，减死三等，得徒二年半。……
>
> 因使者，谓因公使入蕃，蕃人因使入国。私有交易者，谓市买博易，各计赃，准盗论，罪止流三千里。若私与禁兵器……，律无别文，得罪并同"越度"、"私与禁兵器"……之罪。①

不由门而过的"越度"比无凭证私自过关处罚严重，而越度交易则更要严惩。并且，化外蕃胡越度入境与唐人交易，惩罚与唐国人越度、交易相同，即，与外人非法买卖，或者拿蕃人东西、给蕃人东西，计价制满一尺绢处两年半徒刑，满三匹绢加一等，十五匹处加役流。非法给外蕃人禁兵器的，处绞刑。外蕃人给的禁兵器未入境的，比以上刑罚减三等处刑。如果因公出使而有交易，计赃依处罚盗罪的办法论处，最重为流放三千里。

值得注意的是，越度贸易所禁的边关由备受关注的西北和北边扩展到了所有缘边关塞，禁止越度的人从主要为国内商人扩到了蕃汉双方的所有人，而且处罚加重，这说明越度贸易是一种比私度贸易更为严重的违法行为，也反映出唐代边关贸易的"重心并不在于它本身的经济性质，而在于它为王朝政治和

---

① 《唐律疏议》卷八《卫禁》，"越度缘边关塞条"，第 192~194 页。

军事目的所提供的服务"。①

第四,正因为边境互市贸易的特殊性质,所以唐政府对蕃胡非常艳羡并需求的丝绸制品和具有军事意义的贵金属物品严加限制,并三令五申不许携带出关和进行贸易。《唐律疏议》有"赍禁物私度关"条曰:

> 诸赍禁物私度关者,坐赃论;赃轻者,从私造、私有法。若私家之物禁约不合度关而私度者,减三等。②

也就是说,凡是私自带禁物度关的,计值以赃罪论处。所谓禁物,疏议曰:"谓禁兵器及诸禁物,并私家不应有者,"禁兵器则包括除刀、箭、弓、盾、短矛之外的甲、弩、矛、矟及旌旗、幡帐等。携带禁物私度关,各计赃数,以"坐赃"科罪,十匹徒一年,十匹加一等,罪止徒三年。计赃处罚轻的,就以私造、私有禁物法论处。携带物品如属于可以私有但禁止过关之物,私自携带过关的,计值减坐赃罪三等处罚。未度关而被官司捉获者,其物没官;若是已经度关或越度而被人纠获,则三分其物,其中二分赏捉人,一分入官。另外,私家不应有之物,即使没有度关,也要没收为官有。

何为私家应有之物?据开元二十五年(公元737年)的《关市令》云:

> 诸锦、绫、罗、縠、紬、绵、绢、丝、布、牦牛尾、真珠、金、银、铁,并不得度西边、北边诸关,及至缘边诸州兴易。③

《唐律疏议》曰"从锦绫以下,并是私家应有",盖上述物品都是私家可以拥有之物,只是不得携带度关或到边境州县交易。唐政府对丝绸制品的限制,是为维持和强化蕃胡对自身的依赖。而对金属的控制则是为遏制蕃胡的经济和军事能力。这是有关国防和帝国利益的重大问题,因此在上述开元二十五年前后,对禁物出关及贸易都有严令。据开元二年(公元714年)闰三月敕:

> 诸锦、绫、罗、縠、绣、织成紬、绢、丝、牦牛尾、真珠、金、铁,并不得与诸蕃互市及将入蕃。金、铁之物,亦不得将度西北

---

① 张中秋:《唐代对外贸易的法律调整述论》,《江海学刊》1996年第1期。
② 《唐律疏议》卷八《卫禁》,"赍禁物私度关"条,第176页。
③ 《唐令拾遗》,《关市令第二十六》,第643页。

诸关。①

而建中元年（公元780年）复申前令，十月六日敕云：

> 诸锦、罽、绫、罗、縠、绣、织成细绸、丝、布、牦牛尾、真珠、银、铜、铁、奴婢等并不得与诸蕃互市。②

三条律令在个别物品上虽有差别，但性质相同，说明唐朝尤其是在唐后期，对禁物的度关和贸易是一贯限制的。

在所禁物品中，有几种是值得注意的，即金、银、铜、铁等贵金属，因为这关系到唐朝的货币外流问题。蕃商贾胡大量来唐贸易，因此长安市中"物参外夷之货"。③ 而据《中国印度见闻录》记载：唐朝"使用铜钱交易。……他们拥有黄金、白银、珍珠、锦缎和丝绸。尽管这一切极为丰富，但仅仅是商品，而铜钱则是货币。"④ 可见，唐人购买货物，大多使用铜钱付款，因此唐朝铜钱大量外流，方有上述敕令。禁物所谓的"金、铁之物"，应当也包括铜钱在内。

但是，货币外流问题并没有因此解决，所以贞元、元和年间便有了专门针对铜钱问题的禁令。《新唐书·食货志》记载：

> 贞元（公元785~804年）初，骆谷、散关禁行人以一钱出者。⑤

禁止行人携带铜钱出骆谷、散关。元和四年（公元809年）六月辛丑，宪宗又规定：

> 五岭已北银坑任人开采，禁钱不过岭南。⑥

至此，西北及岭南等贸易重地都已禁止铜钱出关。

---

① 《唐会要》卷八十六《市》，第1581页。
② 《册府元龟》卷九百九十九《外臣部·互市》。
③ 《全唐文》卷六百八《观市》，第6143页。
④ 《中国印度见闻录》卷一，第15页。
⑤ 《新唐书》卷五十四《食货志四》，第1388页。
⑥ 《旧唐书》卷十四《宪宗本纪》，第428页。

不过，铜钱没有因禁令而停止外流，到穆宗长庆元年（公元821年）九月，已出现"钱日重，物日轻"的现象。户部尚书杨于陵认为，造成钱重物轻的很大一个原因就是钱"积于商贾之室及流入四夷"，因而主张"广铸钱而禁滞积及出塞"，① 被朝廷采纳。可见，直至唐末，钱币外流问题仍是困扰唐经济的一个重要问题。

第五，除了上述对蕃胡的互市管理，唐朝对西域胡人贸易的法律规定还包括对其征收商税。"开元盛时，税西域商胡以供四镇，出北道者纳赋轮台。"② 四镇即焉耆、龟兹、疏勒、于阗，开元七年（公元719年），宣宗诏四镇"征西域贾，各食其征"，而"由北道者轮台征之"。③ 这种关税主要是针对以粟特人为主的"行商"而言，此外还对"坐贾"征税市税。

那么，商税的具体税率是多少呢？据建中元年（公元780年）九月户部侍郎赵赞所请："诸道津要都会之所，皆置吏阅商人财货，计钱每千税二十文"，④ 可知税率为百分之二。实行两税法以后，"商贾税三十之一"，⑤ 则税率大致为百分之三点三。有唐一代，虽有过几次波动，但商税率大致维持在百分之二到百分之三之间。税率虽不是很重，但由于丝路贸易的兴盛，唐朝政府的税收还是十分可观的，所谓"地广则费倍，此盛王之鉴也"。⑥

（2）海外贸易管理法律

唐时"海外诸国，日以通商。齿革羽毛之殷，鱼盐蜃蛤之利，上足以备府库之用，下足以赡江淮之求"。⑦ 海上贸易的隆盛，使管理蕃舶的海外贸易立法成为必需。而广州作为水陆都会，因其优越的地理位置，蕃胡贾人聚集，往来贸迁，号称天子之南库。尤其是唐自中世以后，贡赋皆仰东南。因此，唐政府最晚在开元二年（公元714年）已经在广州设立市舶使，管理海上互市以收其利归中央。不过此时的市舶使并非常设之官，而是有事则置，无事则废。

开元以后，市舶使成为常设官员。据《唐国史补》记载："开元已前，有事于外，则命使臣，否则止。自置八节度、十採访，始有坐而为使，其后名号

---

① 《资治通鉴》卷二百四十二《唐纪五十八·穆宗睿圣文惠孝皇帝中》。
② 《新唐书》卷二百二十一下《西域下》，第6265页。
③ 《新唐书》卷二百二十一上《西域上》，第6230页。
④ 《唐会要》卷八十四《杂税》，第1545页。
⑤ 《新唐书》卷五十二《食货志二》，第1351页。
⑥ 《新唐书》卷二百二十一下《西域下》，第6265页。
⑦ 《全唐文》卷二百九十一《开大庾岭路记》，第2950页。

益广。大抵生于置兵，盛于兴利，普于衔命，于是为使则重，为官则轻。故天宝末，佩印有止四十者；大历中，请俸有至千贯者。"① 唐于开元中置八节度，开元二十二年置十採访，所以市舶使在开元以后而成常设。之后，根据德宗之际王虔休上《进岭南王馆市舶使院图表》云："伏以承前虽有命（市舶）使之名，而无责成之实，拱手监临，大略而已。素无簿书，不恒其所。"② 因此以海阳旧馆为使院，可见直到德宗朝（公元780~805年）市舶使方有使院机构。

唐朝政府对外来贸易蕃舶的管理开始似乎只是为了供应皇室所需的珍稀物品。蕃舶来到之后先由当地官员购买，所余物品才任百姓交易。显庆六年（公元661年）二月十六日即敕：

> 南中有诸国舶，宜令所司，每年四月以前，预支应须市物，委本道长史，舶到十日内，依数交付价值市了，任百姓交易，其官市物，送少府监简择进内。③

随着海外贸易的日益兴盛，利益的逐年增加，开元以后唐政府才为了兴利而常设市舶使，向蕃舶收买舶货并收税。

那么，市舶使如何对蕃舶收买物货并收税？其方法与程序是什么？

代宗时期（公元762~979年），李勉拜岭南节度使，"五岭平，西南夷舶岁至才四五，讥视苛谨。勉既廉洁，又不暴征，明年至者乃四十余柁。"④《旧唐书·李勉传》亦记："前后西域舶泛海至者岁才四五，勉性廉洁，舶来都不检阅，故末年至者四十余。"⑤ 此处所谓的"讥视"、"检阅"都为检查蕃货以征税之意。元和十二年（公元817年），孔戣拜岭南节度使，当时"蕃舶之至，泊步，有下碇之税，始至有阅货之燕"，⑥ "泊步"之"步"即为埠头，而"下碇之税"则为吨位税。

具体的收税方法由《唐国史补》可知："南海舶，外国船也。每岁至安南、广州。狮子国舶最大，梯而上下数丈，皆积宝货。至则本道奏报，郡邑为

---

① 《唐国史补》卷下，第53页。
② 《全唐文》卷五百五十五《王虔休·进岭南王馆市舶使院图表》，第5235页。
③ 《唐会要》卷六十六《少府监》，第1156页。
④ 《新唐书》卷一百三十一《李勉传》，第4507页。
⑤ 《旧唐书》卷一百三十一《李勉传》，第3635页。
⑥ 《全唐文》卷五百六十三《正议大夫尚书左丞孔公墓志铭》，第5702页。

之喧阗。有蕃长为主领，市舶使籍其名物，纳舶脚、禁珍异，蕃商有以欺诈入牢狱者，"① 而"纳舶脚、禁珍异"即为市舶使收税的主要方式。所谓"舶脚"即上述之"下碇税"；"禁珍异"则是被列为禁榷之货的珍稀物品，由官方抽取，用来专卖或供宫廷之用。蕃舶到达广州后，"中国人便把商品存入货栈，保管六个月，直到最后一船海商到达时为止，"② 大概是为所有商品运到之后制定一个公平的价格。之后市舶使检阅登记运载货品，收取吨位税，并收买禁榷的珍异货物，此外的货物则自由贸易。另外，市舶使还要设宴款待蕃商，大体如此。

至于税率，史籍没有明确记载，《中国印度见闻录》曾提及："他们提取十分之三的货物，把其余的十分之七交还商人。这是政府所需的物品，用最高的价格现钱购买，这一点是没有差错的。每一曼那（mana）的樟脑卖五十个'法库'，一法库合一千个铜钱。这种樟脑，如果不是政府去购买，而是自由买卖，便只有这个价格的一半。"③ 有学者认为百分之三十就是唐政府对蕃舶征收的舶脚及禁货率，④ 但是据这条记载看，唐朝提取十分之三的物品，是用近于两倍的高价购买。如此一来，百分之三十只是"禁珍异"的倍率，而并非征税率。吨位税率为多少，不得而知。

虽然不能确定唐朝征收蕃舶的税率，但因利益所趋，南海大吏多贪暴者，因此唐朝法律规定不得对蕃商另征苛税。大和八年（公元834年）文宗下诏：

> 南海蕃舶，本以慕化而来，固在接以恩仁，使其感悦。如闻比年长吏，多务征求，嗟怨之声，达于殊俗。况朕方宝勤俭，岂爱遐琛？虑远人未安，率税犹重，思有矜恤，以示绥怀。其岭南福建及扬州蕃客，宜委节度观察使，除舶脚收市进奉外，任其来往，自为交易，不得重加率税。⑤

诏文不仅说明了舶脚、收市是唐政府向蕃舶征收的正税，而且表明了唐朝对待蕃商来华贸易的态度，仍以保护外商权益为原则。

---

① 《唐国史补》卷下，第63页。
② 《中国印度见闻录》卷一，第15页。
③ 《中国印度见闻录》卷一，第15页。
④ 参见藤田丰八：《宋代市舶司及市舶条例》；谢海平：《唐代留华外国人生活考述》。
⑤ 《唐大诏令集》卷十《帝王·大和八年疾愈德音》，第59页。

（四）涉外刑事与诉讼法律

《唐律疏议》的编纂体例虽是诸法合体，但其基本性质仍为一部刑法典。在唐律不断充实的刑法原则中，增修了涉外刑法原则，即"化外人相犯"条，首开国际私法先河。

《唐律疏议》卷六规定：

> 诸化外人，同类自相犯者，各依本俗法；异类相犯者，以法律论。
>
> 疏议曰："化外人"，谓蕃夷之国，别立君长者，各有风俗，制法不同。其有同类自相犯者，须问本国之制，依其俗法断之。异类相犯者，若高丽之与百济相犯之类，皆以国家法律，论定刑名。①

即凡属同一外国人之间的诉讼，依其本国法律处理，不同国家人之间的诉讼（包括同中国人的诉讼），则根据唐律加以裁决。这个原则既尊重外国人所属国家的法律，又从审判的角度维护了唐朝独立的司法权。而且，同类相犯者，采取属人主义，异类相犯者，采取属地主义，在当时非常周密与科学。

同时，唐代刑法中的罪名很多，有些即包含涉外因素。如私度关津与私授外国人武器就属于危害国家统治罪，而泄露军事机密、与外国间谍有联系或知情不举则属于违反军律罪。唐律中专门有规定：

> 诸漏泄大事应密者，绞。（大事，谓潜谋讨袭及收捕谋叛之类）。非大事应密者，徒一年半；漏泄于蕃国使者，加一等。仍以初传者为首，传至者为从。即转传大事者，杖八十；非大事，勿论。
>
> 疏议曰：……有漏泄者，是非大事应密，合徒一年半。国家之事，不欲蕃国闻知，若漏泄于蕃国使者，加一等，合徒二年。其大事，纵漏泄于蕃国使，亦不加至斩。漏泄之事，"以初传者为首"，首谓初漏泄者。"传至者为从"，谓传至罪人及蕃使者。其间展转相传大事者，杖八十。"非大事者，勿论"，非大事，虽应密，而转传之人并不坐。②
>
> 诸密有征讨，而告贼消息者，斩；妻、子流二千里。其非征讨，

---

① 《唐律疏议》卷六《名例》，"化外人相犯"条，第144页。
② 《唐律疏议》卷九《职制》，"漏泄大事"条，第212页。

而作间谍；若化外人来为间谍；或传书信与化内人，并受及知情容止者：并绞。

疏议曰：或伺贼间隙，密期征讨，乃有奸人告贼消息者，斩；妻、子流二千里。其非征讨，而作间谍者，间谓往来，谍谓觇候，传通国家消息以报贼徒；化外人来为间谍者，谓声教之外，四夷之人，私入国内，往来觇候者；或传书信与化内人，并受化外书信，知情容止停藏者：并绞。①

以上唐朝对泄露国家机密与外国人、外国人来华充当间谍等罪的惩罚，针对的仍是国内人民，并未对当事的外国人做出惩罚规定。

而根据玄宗的《条制蕃夷事宜诏》中所称：

又诸道军城，例管夷落。旧户久应淳熟，新降更佇绥怀。如闻颇失于宜，蕃情不得其所；若非共行割剥，何乃相继离散。既往者理宜招讨，见在者须加安全，熟户既是王人，章程须依国法。比来表奏，多附汉官，或洩其事宜，不为闻达，或换其文状，乖违本情。自今已后，蕃臣应有表奏，并令自差蕃使，不须更附汉官，虽复化染淳风，终是情因本性。刑罚不中，心固不安，其有犯法应科，不得便行决罚。具状奏闻，然后科绳。②

可知蕃夷在唐定居要按照唐朝法规行事。但他们犯法科罪，并不能像对国人一样直接行罚，而是要上奏上级或皇帝决定，然后才能行刑。可见，唐律对化外人犯法的处理原则总体上是比较宽松的。

在涉外诉讼方面，在广州的蕃坊，主领蕃长管理其中公务，即包括蕃人的诉讼事务。《萍州可谈》中记载"蕃人有罪，诣广州鞫实，送蕃坊行遣……徒以上罪则广州决断"。③ 虽是宋代时事，大概沿袭唐代法律。而《中国印度见闻录》中所说的"商人苏莱曼提到，在商人云集之地广州，中国官长委任一个穆斯林，授权他解决这个地区各穆斯林之间的纠纷；这是照中国君主的特殊旨意办的"，④ 不仅证明了蕃长处理涉外诉讼事务的可能性，而且说明了唐朝

---

① 《唐律疏议》卷十六《擅兴》，"告贼消息与间谍通"条，第333页。
② 《全唐文》卷二十八《玄宗·条制蕃夷事宜诏》，第320页。
③ 《萍州可谈》卷二，第19页。
④ 《中国印度见闻录》卷一，第7页。

拥有涉外司法主权，与"化外人相犯"的刑法原则相符合。

对其他散居在一定的坊里或来唐游历的蕃胡，一般的民事案件由地方司法机关如县令、司法佐、史以及乡官里正、坊正、村正等进行一定的调解与审判，轻微的刑事案件则直接由县审判。

据圆仁《入唐求法巡礼行记》记载，开成四年二月二十日，"长官傔从白鸟、清岑、长岑、留学等四人，为买香药等，下船到市，为所由勘追，舍二百余贯钱逃走，但三人来。"二十一日，"大使傔从粟田家继，先日为买物，下船往市，所由捉缚，州里留着，今日被免来。"二十二日，"射手身人部贞净于市买物，先日被捉，闭缚州里，今日被放来，又不失物。……史越智贞原先日往市买物，所由报州请处分，今日移来。"① 圆仁所记遣唐使傔从、留学生、射手等入扬州市被市所由"勘追"、"捉缚"送州处分，显然他们未呈验公文，在市吏勘查外埠行客入市过所时被发现，故被缉获送州处理。唐人称府县官为所由官，坊市公人也谓之所由，所以唐诸府州县之市置所由协助市令丞勘验行人出入凭证，维持治安，缉拿非法人员或来历不明之人。可见，圆仁一行因身份问题所犯案件即由地方州府处理。

对化外人案件的审理，唐律规定，专设译人，译人必须如实翻译，不准作伪，否则负刑事责任。《唐律疏议》有云：

> 诸证不言情，及译人诈伪，致罪有出入者，证人减二等，译人与同罪。（谓夷人有罪，译传其对者。）
>
> 疏议曰：……及传译蕃人之语，令其罪有出入者，……"译人与同罪"，若夷人承徒一年，译人云"承徒二年"，即译人得所加一年徒坐；或夷人承流，译者云"徒二年"，即译者得所减二年徒之类。②

唐代译语人多为胡人特别是昭武九姓胡人，若作伪证为胡人开脱罪责，当与胡人同罪。《唐国史补》中云"蕃商有以欺诈入牢狱者"，③ 则知唐朝的狱政制度也是适用于蕃胡的。

---

① 《入唐求法巡礼行记》卷一，第32页。
② 《唐律疏议》卷二十五《诈伪》，"证不言情及译人诈伪"条，第475页。
③ 《唐国史补》卷下，第63页。

第二章

宋朝对外政策与对外关系

宋朝涉外法律作为政治史的一部分，其制定、实施与修正无不受到宋朝整个对外政策的影响，同时又为对外政策服务。因此，全面考察宋代对外政策及其特征与演变过程，综观宋代对外关系的发展，是研究宋朝涉外法律产生、变化的历史渊源的一个重要途径。

第一节 宋朝对外政策

宋朝是中国古代对外关系史上承前启后的一个重要时期，其对外政策在继承传统的"华夷"理论的同时，又受到周边形势和国际环境的深刻影响。为了适应周边及国际形势的变化和国家自身发展的需要，宋朝确立了"来则不拒，去则不追"、"服则舍之，不黩以武"① 比较保守的柔远方针。

这一对外方针的形成与宋初的周边环境有密切关系。公元960年，赵匡胤在陈桥驿被"黄袍加身"，夺取后周政权，建立宋朝。但是，太祖赵匡胤坐拥的天下却不仅四分五裂而且金瓯有缺，因为南方割据政权依然林立，而在北方，契丹族政权早在公元916年已经建立。（公元947年改称辽，之后仍有反复，本文统一称之为辽。）因为有了五代时石敬瑭贡献的"幽云十六州"，辽朝政治军事力量更加强盛。与此同时，西北地区的党项族势力也日益壮大。因此，宋朝从立国之初就面临着非常严峻的局势，稳定政局、统一全国成为宋太祖迫切需要完成的首要任务，然后才可以从容地作为天下共主享受万国来朝。

为此，宋太祖采取了先南后北的战略，先后灭掉荆南、后蜀、南汉、南唐等国，而大业未成便沙场早逝。其后宋太宗继其志，亲征北汉胜利，结束了五

---

① 《宋史》卷四百八十五《外国一·夏国上》，北京：中华书局，1985年，第13981页。

代十国的分裂割据局面。但是,统一全国却成为宋朝始终未能完成的任务。北方辽朝的实力强大使双方几经战役终以宋向其纳币求和定局,而党项族羽翼丰满也于公元1038年正式建立了西夏王朝。此后又有女真族政权金朝兴起,灭辽攻宋,使宋朝偏安江南一隅,直到另一个少数民族政权蒙古重新统一全国建立新的封建王朝。所以,终宋之世,边患侵扰都是困扰宋朝君主的大问题。因此,宋朝政府不得不采取守势,所谓"边圉相接,时有侵轶,命将致讨,服则舍之,不黩以武"。①

可以说,宋代中国境内各政权之间这种实力对比的变化是宋朝对外方针形成的决定因素,同时宋朝的政治军事制度也对其产生了很大的影响。通过兵变夺取政权的宋太祖,深知武将权力过大的危险性,从登上皇位便确立了重文轻武的治国理念,采取守内虚外、中央集中军事权力的策略,而且被后代君主继承。而战马缺乏、幽云十六州等战略要地的丧失都使宋军长期积弱,纳岁币的政策又促使苟且偷安心态的形成。因此,宋代君主中鲜有人拥有唐宗汉武的气魄敢于主动出击,而是在军事上采取了这种消极被动的对外方针。

但是,作为中国传统封建社会发展长河中的一个阶段,宋朝统治者还是受到传统封建思想的影响,虽然畏战却不失万国来朝的希望。而且,宋朝虽然民风文弱,经济文化却高度发展。因此,宋朝仍然吸引了海外各国争相前来朝贡或贸易。宋朝对这些海外国家也采取了睦邻友好的政策,所谓"厚其委积而不计其贡输,假之荣名而不责以烦缛"。② 同时,宋朝特别鼓励发展海外贸易,希图通过对外贸易的桥梁,将自身的政治文化魅力辐射到海外诸国。

那么,宋朝的这一对外方针是通过什么样的具体政策实现的呢?

第一,宋朝将北方和西北方的辽、夏、金政权作为重中之重加以防御。其中,北宋的外交重心为辽朝与夏朝,而南宋的重心则放在与金朝的关系上。

如果从今天统一中国的角度来看,契丹、党项、女真等族都是我们的兄弟民族,无"对外"可言。但是在宋代中国,他们建立的辽、夏、金各朝相对于宋朝却属于外族政权。此处所指的"外",不一定非指现代意义上的"外国",而是指他们在当时是与宋朝"敌对"的势力。

因此,诚如上文所言,10~13世纪中国北方的政权,尤其是辽、金,虽与宋朝有战有和,但即使在和平时期也是作为独立政权存在,而且始终对宋朝造成威胁。宋朝建立初期,志在收复燕云,统一中原,因此几次北伐辽朝,但

---

① 《宋史》卷四百八十五《外国一·夏国上》,第13981页。
② 《宋史》卷四百八十五《外国一·夏国上》,第13981页。

却均未成功。西夏本是宋朝的一个刺史州,元昊自立后,为了取得自身与宋朝的平等地位,也向宋朝发动了一系列攻势。西夏虽在三国之中势力最小,但对宋辽叛服无常,反而成为宋辽两国争取的对象。于是,三国形成了一种三维制衡关系,并一直维持到金朝兴起,灭辽攻宋,宋朝不得不南渡为止。宋金"绍兴议和"以后,南北对峙局面正式形成,西夏和南宋也基本上断绝了关系。因此,有宋一代,始终未能拥有中原王朝一统天下的优势,也始终未能取得在诸政权中的主导地位。

这一局面的形成首先归因于辽、夏、金政权的强大实力。他们不仅分别统治着北方的松漠草地和东北地区,以其作为人力物力的后方基地,而且统治着华北的一部分,金朝甚至统治了华北全部,西夏则控扼丝绸之路的要道。他们不仅拥有游牧民族骁悍善战的战斗本能,同时又吸收了汉族的先进文化而政权稳固。因此,无论政治力量还是军事力量,都已经远非以往的少数民族政权所可比拟。

正是因为北方各政权的强势,与其对峙事关朝廷兴亡,所以宋朝政府不得不将军事战略的重点放在北方,把保障国家安全放在政治外交的首位。仁宗皇祐五年知定州宋祁曾上言:"天下根本在河北,河北根本在镇、定,以其扼贼冲,为国门户。"[①] 可知河北(泛指整个西北三路)地区在北宋时期因为所处位置的重要及其所起的防范北敌南下威胁的作用而成为天下的根本。苏辙也曾就宋朝与北方政权的关系上札子指出"朝廷交接四夷,莫如辽夏之重"。[②]

为了体现宋与辽、夏、金关系在其对外政策中的重中之重的地位,宋朝还采取了很多具体措施。

首先,在涉外制度上,宋朝将专掌四夷朝贡之事的鸿胪寺分成了具体的负责部门,下设十二个官属。其中对辽朝设有专门机构"往来国信所"管理,突出了辽朝作为兄弟之国在宋朝外交中的地位。同时,设"礼宾院,掌……党项、女真等国朝贡馆设,及互市译语之事"。甚至因为高丽在宋朝对辽、金政治军事关系中具有独特的战略地位,宋朝专设"同文馆及管勾所"负责管理高丽使命。[③] 如此则突出重点,职责分明,保证了处理涉辽、夏、金事务的效率。

---

① 李焘:《续资治通鉴长编》卷一百七十四,仁宗皇祐五年正月壬戌,北京:中华书局,1985 年,第 4194 页。
② 苏辙:《栾城集》卷四十六《乞裁损待高丽事件札子》,上海:上海古籍出版社,1987 年,第 1003 页。
③ 《宋史》卷一百六十五《职官五·鸿胪寺》,第 3903 页。

其次，在解决与辽、夏、金争端问题上，宋朝不惜重金，采取了独特的纳岁币方式。

为统一全国，宋朝曾数次北伐，但屡屡战场失利。为了维护国家的安全和利益，宋朝的几位君主也曾积极寻求政治军事上的合作伙伴，如联合位于朝鲜半岛的高丽王朝采取"联丽制辽"的外交政策，对西夏也曾实施过"以夷制夷"的外交战略，但都因对方不能积极配合而没有取得良好的效果。在这种情况下，宋朝政府只能采取收缩战事、以防御为主的比较保守的政策，以金钱换和平。因此，宋朝与辽朝订立"澶渊之盟"输币以求和平；因为不能从根本上征服西夏，只能以每年25万的"岁赐"换取西夏名义上的称臣；与金朝也同样以纳岁币方式达成绍兴和议。据史载，宋太祖在建国之初，曾专门设置了一座封桩库，尝密谓近臣曰："石晋苟利于己，割幽蓟以赂契丹，使一方之人独陷外境，朕甚悯之。欲俟斯库所蓄满三五十万，即遣使与契丹约，苟能归我土地民庶，则当尽此金帛充其赎值。如曰不可，朕将散滞财，募勇士，俾图攻取耳。"① 如今看来，募勇士、图攻取未见多少成果，而尽金帛充赎值却初露了宋朝解决北方政权外交关系问题的端倪。

再次，为不启边衅，宋朝努力营造和平气氛，开放榷场促进经济交流。

宋辽自"澶渊之盟"后百余年间，契丹"以戈矛为耒耜，以剽虏为商贾"②，与宋朝基本保持着"人户安居，商旅不绝"③的和平局面。而宋金自"绍兴和议"后，除中间有过几次规模较大的战争外，也基本上和平相处。只有西夏与宋朝和战不定，但规模并不大。而且，宋朝通过开放边境的榷场与辽、夏、金进行互市贸易，不仅各取所需，促进经济发展，而且也可作为对其进行羁縻控制的手段，达到缓解征战的目的。

由上可知，对宋朝而言，处理好与北方少数民族政权的关系是其对外政策的首要任务。但因为此时各政权的强大，宋朝不得不采取了以和平为主，以军事战争为辅的保守政策。整体看来，大部分的时间内，双方之间仍然维持了一种和平往来的局面，而且宋朝在外交活动和礼仪上还略占优势。澶渊之盟以后，宋辽结成兄弟之国，辽帝以兄礼事宋帝，两国之间逢元旦、新帝即位、皇帝和太后的生辰或丧事时都要互派使节。但在此过程中，一般来说辽国使节的官阶都较宋朝使节的官阶要高，而且在接待规格上，辽国也要高于宋朝。宋朝

---

① 《续资治通鉴长编》卷十九，太宗太平兴国三年十月，第436页。
② 《宋史》卷三百《王沿传》，第9957页。
③ 《续资治通鉴长编》卷七十，真宗大中祥符元年十月甲午，第1569页。

与西夏之间则是名义上的君臣关系。不过，南宋时期，虽然与金朝也是以割地纳贡为基础建立了和平外交，但因为南宋军事力量虚弱，在这种多维关系中的优势已经丧失。

第二，宋朝对周边邻国及海外诸国采取怀柔政策，建立传统的华夷秩序。

虽然北方强敌压境、干戈不断，但宋朝仍不失为一个经济和文化大国，因此远人慕义，依然来华朝贡不绝。史载，自宋祖受命，"东若高丽、渤海，虽阻隔辽壤，而航海远来，不惮跋涉。西若天竺、于阗、回鹘、大食、高昌、龟兹、拂林等国，虽介辽、夏之间，筐篚亦至，屡勤馆人。……交趾、占城、真腊、蒲耳、大理滨海诸蕃，自刘鋹、陈洪进来归，接踵修贡。"① 宋朝对周边及海外国家采取了睦邻友好的怀柔政策，其主要内容包括：

首先，宋朝与这些国家建立的依然是传统的朝贡关系。朝贡关系源于周天子与诸侯之间的政治关系，"朝"指臣下觐见君主，"贡"则是向君主献纳物品。此后，外国使节的来华活动均被封建统治者视为朝贡，在"普天之下，莫非王土；率土之滨，莫非王臣"的政治理念的基础上，朝贡成为封建王权所追求的华夷秩序的主要表现方式。宋朝沿袭传统的朝贡制度，对各国来华使节隆重接待，对其国王及使节进行册封，赐以象征权力地位的冠带、仪服及其他器物，并本着厚往薄来的原则对这些国家的贡物报以丰厚的回赐。

但是，出于对本国实力和财政状况的考虑，宋朝对各国朝贡的规模、频率、贡物的收受等都作了具体的规定，从总体上进行了一些限制。厚往薄来的原则吸引了诸蕃国频繁的大规模朝贡，显示宋朝荣耀的同时也给宋朝带来很大的经济压力，而且其中不乏以朝贡之名行贸易之实者，对其丰厚的回赐无疑更加重了宋朝的财政负担，因此宋朝不得不采取了一些限制措施。

在朝贡规模上，真宗朝曾规定："每国使副、判官各一人，其防援官，大食、注辇、三佛齐、阇婆等国勿过二十人，占城、丹眉流、勃泥、古逻、摩逸等国勿过十人，并往来给券料。"② 此后，这种对人员规模的限制一直被宋朝君主执行，如绍兴七年三佛齐国乞进章奏赴阙朝见时，亦"只许四十人到阙"③。

此外，宋朝政府还对外国来华朝贡的频率即贡期作了明确规定，如安南朝贡，"自来体例，三年一进贡"④。"于阗国使以表章至，则间岁听一入贡"、

---

① 《宋史》卷四百八十五《外国一·夏国上》，第13981页。
② 《续资治通鉴长编》卷八十七，真宗大中祥符九年七月庚戌，第1998页。
③ 《宋史》卷一百一十九《礼志二十二·诸国朝贡》，第2814页。
④ 《宋会要辑稿》蕃夷七之五一，北京：中华书局，1957年，第7865页。

"元丰著令，西南五姓蕃，每五年许一贡"、"又有西蕃唃氏、西南诸蕃、占城、回鹘、大食、于阗、三佛齐、邛部川蛮及溪峒之属，或比间数岁入贡。层檀、日本、大理、注辇、蒲甘、龟兹、佛泥、拂菻、真腊、罗殿、渤泥、邈黎、阇婆、甘眉流诸国入贡、或一再、或三四、不常至。"① 显然，宋朝对各国来华朝贡的频率也是有所限制的。

而且，对于各国进贡的物品，宋朝政府也越来越意识到它们不能带来实际的经济利益。不仅运送需要大量人力物力，而且回赐也是一笔很大的财政支出。因此，对于贡物是否需要运送至京及接受方面宋朝都作了一些限制，尤其南宋时期，高宗甚至曾经下达却贡的旨令。建炎四年（公元1130年）三月，大食献珠玉，已至熙州，右正言吕祉认为"所献真珠、犀牙、乳香、龙涎、珊瑚、栀子、玻璃，非服食器用之物，不当受"。高宗表示赞同，"谕大臣曰：'捐数十万缗，易无用珠玉，曷若爱惜其财，以养战士？'遂命宣抚司无得受，仍加赐遣之。"② 此乃宋朝南渡初期，将国事重心放在养兵以兴复祖业上，因此对外国进贡无暇多加关注。

政局稳定后，南宋政府对各国贡物接收比率基本维持在百分之十的标准。而且往往于边界交割，使人无需赴阙，由当地政府管待犒设、予以回赐并发遣回本国。接收到的贡物则由当地官兵押赴进京。

绍兴元年（公元1131年）十一月四日，安南国修章表备土宜贺高宗登极，高宗即"诏入贡物以十分为率，止受一分，就界首（此为钦州）交割"③。绍兴八年（公元1138年）三月安南再次进奉，高宗仍然要求使人不必到阙，所有纲运贡品中华靡之物不予收受，其余物品令于界首交割，差人押赴行在。至于回赐则由广西路转运提刑司于应管钱内取拨，依例回赐。④

孝宗时期，规定在接收贡物百分之十的基础上，其余物货由市舶司进行抽税博买。《宋会要》记载，乾道三年（公元1167年）十月占城进贡"白乳香二万四百三十万斤、混杂乳香八万二百九十万斤、象牙七千七百九十五斤、附子沉香二百三十七斤、沉香九百九十斤、沉香头九十二斤八两、香头二百五十五斤、加南香三百一斤、黄熟香一千七百八十斤"，孝宗即下诏"使人免到阙，令泉州差官以礼馆设。章表先入递前来，候到令学士院降敕书回答。据所

---

① 《宋史》卷一百一十九《礼志二十二·诸国朝贡》，第2813页。
② 《建炎以来系年要录》卷三十二，建炎四年三月己酉，北京：中华书局，1956年，第621页。
③ 《宋会要辑稿》蕃夷四之五四，第7740页。
④ 《宋会要辑稿》蕃夷四之四二，第7734页。

贡物，许进奉十分之一，余依条例抽买。如价钱阙，申朝廷先次取拨。俟见实数估价定，市舶司发纳左藏南库，听旨回赐"①，贡品依然只接受十分之一，其余作为商品予以收税博买，接收到的贡品等到估定价值再进行回赐。可以说，这一规定对双方都有利益可图，更体现了朝贡作为一种贸易形式的特质。

之后，南宋朝廷对于进贡物品基本坚持只接受十分之一的原则。如乾道九年（公元1173年）正月，对于"自来体例，三年一进贡，自绍兴二十五年以后未有纲运"的安南，孝宗依然"诏令广西经略安抚司将入贡物十分受一，就界首交割，优与回赐，……仍令本司具所差官职位姓名取旨推恩"②。淳熙三年（公元1176年）、四年（公元1177年）安南都准备了章表、方物，欲差人管押赴行在投进，而宋朝均诏令"将入贡之物以十分为率止受一分，就界首交割，优与回赐。"后一次在安南的要求下，孝宗才"诏广西经略安抚司以十分为率收受三分"③。

到了开禧元年（公元1205年），对于真里富国的朝贡，宁宗更直接要求其国以后不必再入贡。史载，该年八月真里富国进献瑞象一只、象牙二枝、犀角十株，宁宗诏令庆元府以礼馆待本国所遣官，取所进表并象牙犀角差人管押前来，并估计所进物价予以回赐。既而诏令："赐红绵缬罗一百匹、红绵缬绢一百匹，仍更给降绯缬绢五十匹赐所遣来人，令本府等第支散，以礼馆待发遣回归。仍责委纲首说谕本国所遣官，海道远涉，今后免行入贡。"④

可见，宋朝对周边及海外国家的入贡在传统的怀柔远人的基础上，已经根据本国实际和国际形势进行了比较理性的处理。

其次，除了热情接待和丰厚回赐，宋朝政府还尽量满足各国提出的各种经济文化要求，体现大国风度。

宋朝对各国朝贡的规模、频率的限制，实际上是本朝特殊的财政状况作用下产生的结果。那么，抛却这个因素，宋朝在其他方面并未失去其作为宗主国的风度。尤其是，宋朝并未以大国身份命令各朝贡国强制执行某项任务（除非个别情况下，如出于战略需要，要求高丽出兵联合攻打辽朝等），反而尽量满足各国提出的各种额外要求，尤其是在经济文化方面。对宋朝文化的吸收在高丽一朝表现尤为明显，如高丽曾要求宋朝派遣医官，对此宋朝募愿行者，向高丽派遣多名医官，除了为高丽王治病，还向高丽国人传授医术药理。之后高

---

① 《宋会要辑稿》蕃夷七之五十，第7864页。
② 《宋会要辑稿》蕃夷七之五二，第7865页。
③ 《宋会要辑稿》蕃夷四之五二，第7739页。
④ 《宋会要辑稿》蕃夷四之一百一，第7764页。

丽使节又曾"表求医药、画塑之工以教国人"①。有时丽方使节提出一些诸如求佛藏和各种典籍的要求，宋朝多半也会赐予或准许收买、抄录，著名的大晟乐即是在宋朝传入高丽的。另如，咸平中三佛齐为新建的佛寺向宋朝请求赐予匾额和铜钟，真宗即拟寺额并铸钟以赐。② 而对于占城赐予"良马、介胄、戎器"的请求，宋朝虽本禁止马匹、武器出口，仍然予以满足。更有甚者，占城曾遭到交趾入侵导致大量民众逃往宋朝境内，局势安定后，宋朝即应占城之请，将这些难民中愿意回国者交还占城。③ 因此，宋朝虽然军事式微、财政困难，但在处理宗藩关系时，睦邻友好、怀柔万国，使朝贡制度在经济文化交流的方向上有了新的发展。

再次，为保证朝贡制度的推行，宋朝健全各类涉外机构，全面管理各国朝贡事务。

为了全面管理好海外各国的朝贡事务，宋朝建立健全了各类涉外机构。在这些繁复的机构中，最主要的是礼部和鸿胪寺。宋朝继承了唐朝即已形成的传统，由礼部总管蕃国来朝礼仪、政令，鸿胪寺专掌"四夷朝贡、宴劳、给赐、送迎之事"④。其中，礼部主客司从总体上掌管来华朝贡的国家，执行礼部的政令，在涉外事务中最为重要。鸿胪寺的职责则基本沿袭唐朝制度，即根据蕃国大小及其具体国情确定其接待等级，为之安排馆舍，检查蕃国贡献物品并上报四方馆，负责皇帝接见、赏赐、宴请使节等事宜，并对其进行册封。但在此基础上，宋朝还有所发展，将鸿胪寺分成十二个具体部门，各负其责。除礼部、鸿胪寺对宋朝涉外事务的全面执掌外，还有客省、引进司、四方馆、祠部等部门专管一些具体的涉外事宜，从而使诸国朝贡的方方面面全部处于宋朝政府的掌控之中。

第三，对海外诸国，宋朝政府从未主动挑起战争和冲突，而且在这些国家间的战争等关键问题上采取不介入的政策。

有宋一代在处理国际争端问题上坚持的原则都是：自身贯彻和平方针，同时也要求其他各国睦邻友好。因此，宋朝同海外及周边国家基本没有兵戎相见甚或相互交恶的事例。只有在交趾多次侵犯边境之后，宋朝于熙宁八年（公元1075年）对其进行了一次反击并大败交趾军队，而在它上表求和以后宋朝又主动撤出其国境。可见此次战争，宋朝只是为了维护国家主权，而并非是进

---

① 《宋史》卷四百八十七《外国三·高丽》，第14046页。
② 《宋史》卷四百八十九《外国五·三佛齐》，第14089页。
③ 《宋史》卷四百八十九《外国五·占城》，第14082页。
④ 《宋史》卷一百六十五《职官五·鸿胪寺》，第3903页。

行武力征服和扩张,即所谓"服则舍之,不黩以武"。

同时,对于他国间如三佛齐与阇婆间、占城与真腊之间、交趾与占城之间的争端甚至交趾的国内矛盾,宋朝也一贯保持中立态度,从中调解却不偏袒其中任何一方,更没有利用别国间的战争从中获取军事或经济利益。尤其是对于有着明显对外扩张倾向的交趾与占城间的战争,宋朝坚持不干涉的原则,而且敦促两国保国睦邻、各守边境,同时对占城的受难人民则予以安抚照顾。太平兴国六年(公元981年),交趾黎桓打算将93名占城俘虏献给京师,对此,太宗不予接受,而是将这些战俘留在广州加以存抚,提供衣服资粮,并遣还回国。① 交趾入侵也造成大量占城难民逃往宋朝,如雍熙三年(公元986年)占城人蒲罗遏率族人百口归附儋州,次年又有斯当李娘并其族内150人来到广州,宋朝将他们安置于南海、清远县。端拱年间也有300多占城人附于广州。② 对于这些难民,宋太宗曾下令放还。但仍有留在广州者,太宗亦应占城王之请求,遣使往广州询问愿意回国者,悉数交付于进奉使人,由其造船舶,乘便风部领归国。③ 宋朝政府的这些作为无不使占城感恩戴德,一心事上。

宋朝对国际争端之所以坚持这种不介入的立场,其实也是其本国实力在外交上的体现。宋朝自身积贫积弱,而且始终受到辽、夏、金政权的威胁,因此没有足够的力量像唐朝那样通过出兵助战等方式解决国际纠纷,只能保持中立,以诏令而不是以行动、利用其作为大国的威信来协调矛盾,促成友好。而且,宋朝重文轻武的国策也在一定程度上使宋朝君臣产生了对战争的畏惧和厌恶。相比之下,宋朝国内君民更注重发展各国友好关系和进行海外贸易,以保障国家安全和社会发展。不过,一旦战争不可避免,那么对于战争产生的俘虏和难民,宋朝的政策则又受到传统对外思想的影响,要不计得失予以安抚和遣还。因此,宋朝在处理国际问题时的政策,实为其自身实力与传统对外观念结合的体现。

第四,宋朝积极鼓励发展海外贸易。

因为西北边境长期不宁,对外作战需要庞大的军费开支,而西北丝绸之路受阻,导致巨大的贸易损失,这都造成了宋朝在财政上的危机。而且,西北商路由开始的不通畅直到南渡后的完全断绝,使宋朝与海外诸国的贸易关系几乎完全依靠海路来维持。因此,宋朝从开国之初就确立了鼓励海外贸易的对外经

---

① 《宋史》卷四百八十九《外国五·占城》,第14080页。
② 《宋史》卷四百八十九《外国五·占城》,第14080页。
③ 《宋史》卷四百八十九《外国五·占城》,第14082页。

济政策，以增加政府财政收入。

可以说，北方的战乱不仅没有阻碍反而从另一个侧面促进了宋代海外贸易的发展，而同海外国家的友好关系则保证了东南海域的安全畅通以及各国使节和海商的前来。虽然朝贡具有的更多的是贸易性质，但对朝贡回赐的庞大支出和对贸易财赋的倚重使得宋朝限制朝贡贸易，而更加注重民间海商的贸易活动。因此，发展海外贸易也是前述对外政策综合作用的产物，同时与其他政策共同实现了宋朝的对外方针。

为发展海外贸易，宋朝政府也采取了很多具体措施，包括不断遣使往海外诸国招徕外商前来贸易；对外商给予很多的优待和保护；不断完善市舶司制度以保证贸易的顺利进行，等等。从一定程度上看，市舶司制度在宋朝的对外交往中，发挥了更大的作用。作为执掌"蕃货海舶征榷贸易之事"的专门机构，市舶司以"来远人，通远物"[①]为己任。所谓"来远人"就是以积极的态度鼓励蕃商来华贸易；"通远物"即广泛发展海外贸易，扩大与海外诸国的物质交流。此外，市舶司还负责蕃国使节的迎接、引见、询问蕃国国情及评定其等级等事宜。为鼓励外商来华发展海外贸易，宋朝不断增设市舶机构，在官员设置方面也由兼官转变到专官，不仅体现了宋朝对海外贸易的重视，而且使市舶司与设置于地方的市易务、牙行等涉外机构一起促进了宋代海外贸易的发展。

第二节 宋朝对外关系

正是在上述"来则不拒、去则不追"的基本准则的指导下，宋朝实行了以睦邻友好为主的对外政策，从而推动了宋代以朝贡为主的官方外交和以海外贸易为主的民间外交等各方面的发展。

其一，从官方外交来看，宋朝对外关系的范围更加宽广，交往国家不断增多，而且各国朝贡频率高、规模大。

首先可以看到的是，随着经济与政治重心的南移，宋代中外关系在东南方向上大大扩展。东南亚国家占城、三佛齐、真腊、罗斛、真里富、丹眉流、单马令、渤泥国、三屿、蒲端、麻逸、流求、阇婆等入贡频繁。淳熙元年（公元1174年）宋朝正式册封"安南国王"以后，交趾作为一个独立国家，也加入"华夷"秩序。而且，随着海上丝绸之路的发展，宋朝的朝贡体系也辐射

[①] 《宋史》卷一百六十七《职官七·提举市舶司》，第3971页。

到了南亚地区和非洲东岸，注辇国、层檀国和弼琶罗等即主动遣使宋朝，表明慕化之心。而与中国有着传统外交关系的朝鲜半岛国家高丽，以及唐代已有过交往的国家如真腊、天竺、于阗、大食、拂菻、龟兹、日本、渤海国等也与宋朝保持了频繁的往来。另有西方的角厮啰及西南的诸蛮地区。根据南宋时人赵汝适所著的《诸蕃志》中的记载，与宋朝有交往的海外国家已达到五十八个。① 可以说，东自日本、菲律宾；南至印度尼西亚各岛；西达非洲及意大利的西西里岛；北至中亚及小亚细亚，地域之广已非唐代所能比。从总体上看，北宋前期太祖、太宗和真宗三朝，海外诸国来华朝贡最为密集，即《玉海》所言："二圣（太祖、太宗）以来，四夷朝贡无虚岁。"②

其次，这些国家尤其是高丽、交趾、占城、三佛齐等国与宋朝的关系都非常密切，其朝贡不仅规模大、等级高而且频率高。

其中，高丽由于在宋辽、宋金关系中的重要战略地位，与宋朝的交往格外引人注目。虽经常受到辽金的牵制，宋丽关系仍不失为密切，而且宋朝一度对待高丽最为优厚，即使在官方外交断绝的情况下，仍通过商人传递信息。据不完全统计，从公元962年宋丽建交至公元1127年北宋灭亡166年中，高丽向北宋派遣使节共53次。除去公元1031～1071年断交的40年，在有邦交的126年里，高丽出使宋朝的频率是不到两年半一次。而南宋时期，在维持正常的外交关系都已经很难的情况下，高丽仍向宋朝派遣过七次使团（其中有两次因宋朝不许朝贡和遇到海风而中途归还）。高丽对宋朝的朝贡不仅频率高，而且派遣的使节等级都非常高。初期都是由宰相级的高官担任，后来的正使也基本上由正三品的尚书来担任。而且这些使节要有学识、擅长诗文、文章出众，还要有人品、通晓礼仪，并且出身名门，这样才有可能圆满完成使命，可见高丽对出使宋朝的重视。而事实证明，高丽使节因为对中华文化的高度掌握和熟练运用确实深为宋朝君臣嘉尚。

同样，交趾对宋朝的朝贡，除两国交恶战争之外，终宋之世大都没有中断，次数达50次以上。宋人李攸曾对交趾入北宋朝贡进行概述："开宝元年八月来贡方物；太平兴国二年、五年、七年、八年来贡方物；雍熙二年贡方物，三年贡金器、牙犀；端拱元年贡方物；淳化元年贡龙凤椅子、伞握子，五年贡方物；至道三年贡七宝交椅、方物；咸平元年献驯象，四年贡驯犀、象；景德元年遣其子明提来贡，四年遣其弟明昶来贡，乞赐九经、佛经；大中祥符

---

① 赵汝适：《诸蕃志》卷上《志国》，北京：中华书局，1996年。
② 《玉海》卷一百五十三《朝贡·外夷来朝》。

二年贡驯犀，三年、五年、七年贡方物；天禧三年遣弟鹤来贡方物；熙宁二年、六年贡方物；元丰元年贡方物。"① 这个统计或许不完备，但其中也可看出交趾来华的频繁。而且交趾来华朝贡，"以五象充常进纲外，更进升平纲，……所献方物甚盛"②。不过宋朝对其"赐予优厚，复叨异恩"，往往都会让"使者满意而归"③。

而时为东南亚海上强国的三佛齐，可以说是宋朝建国后第一个朝贡的国家，在立国当年就前来通贡，而且这次朝贡很有传奇色彩。史载"艺祖受命元年秋，三佛齐来贡，时尚不知皇宋受禅也。贡物有通天犀，中有形如龙擎一盖，其龙形腾上而尾少左向，其文即宋字也。真主受命，岂偶然哉？艺祖即以此犀为带，每郊庙则系之。"④ 三佛齐的贡物能与宋朝皇帝的受命联系在一起，自然使其国以后的朝贡尤其受到欢迎。此后，两国间一直保持着十分密切的交往。据统计，北宋时期，三佛齐共派来使节28次，平均不到六年就有一次遣使，是南海国家使节到宋廷最密切的国家之一。南宋时期，直到孝宗淳熙以后，三佛齐开始衰落，期间见于记载的朝贡也有五次。

此外，占城曾来使宋朝入贡40多次，东南亚国家真腊、阇婆、勃泥、蒲端、丹眉流都曾经或者多次到宋朝朝贡。除了特产方物外，蒲端还曾献"昆仑奴"，宋朝皇帝悯其背井离乡，诏其回国。蒲甘则取道大理到宋朝通好，宋廷将其作为大国，待以"如大食、交趾诸国礼"⑤。南亚国家注辇亦数次遣使通宋，为"表远人慕化之诚"，曾"以盘奉真珠、碧玻璃生殿，布于御坐前，降殿再拜"⑥，此夷礼被称作"撒殿"。天竺对宋朝的贡物则多与佛教有关，如舍利子、佛顶印、佛顶骨、梵经等物。而西亚大食与宋朝"供奉、商船往来不已"⑦，除了国家使臣，到宋廷贡献方物更多的是穆斯林商人。他如勿巡、宾同陇、层檀、扶莱等国亦与宋朝有着不少交往。

最后，作为宋朝对外关系发展的一个特点需要说明的是，在各国使节中出现了代表国家平等的国信使。

国信使在宋代来华使节中属于最高等级，发源于宋朝与辽朝的外交关系。

---

① 李攸：《宋朝事实》卷十二《仪注二》，中华书局，北京：1955年，第201页。
② 周去非：《岭外代答》卷二《外国门上·安南国》，北京：中华书局，1999年，第58页。
③ 《岭外代答》卷二《外国门上·安南国》，第59页。
④ 袁褧：《枫窗小牍》卷上，北京：中华书局，1985年，第1页。
⑤ 《宋史》卷四百八十九《外国五·蒲甘》，第14087页。
⑥ 《宋史》卷四百八十九《外国五·注辇》，第14097页。
⑦ 《宋会要辑稿》蕃夷七之三，第7841页。

与朝贡使节代表的宗藩关系不同，国信使是国家平等地位的象征。因为北宋与辽朝在和平时期互为兄弟之国，所以两国之间的外交文书采取国书的形式，使命往来，则称国信使。国信使在宋朝的接待规格是最高的，馆待场所为都亭驿，馆伴"例用尚书学士"①。而高丽、西夏作为"藩属国"，外交文书则为"诏"、"制书"或"制"，"其进奉使人乃陪臣也"②。高丽入贡，馆伴为中书舍人，"盖以陪臣处之，下契丹一等也"，而且"高丽馆于同文馆，不称国信，其恩数、仪制皆杀于契丹"③。

之后金朝的来华使节也依照辽朝制度，称为国信使。交趾因为独立国家的正式形成，积极与宋通交，其国主黎桓也曾被加恩为交州国信使。而其他大部分来华使节仍为进奉使或入贡使。

不过，来华外交使节的等级地位并不是一成不变的，宋朝会根据国际形势的变化和对己的利害轻重而随时调整各国的外交位次和待遇。如受到宋辽和战政策的影响，宋朝与高丽的关系时断时续。当双方关系密切宋朝需要借助其势攻击辽朝时，高丽在宋朝的对外关系中即被列为首位。此时，高丽使便升为国信使，招待礼仪在夏国之上，视同辽朝之礼。宋朝不仅在汴京设有同文馆招待高丽使节，而且在使节所到之处的州县筑馆以候，来时州官迎接，去时州官欢送，极为周到。

国信使的出现，是宋朝所处国际形势和自身实力共同作用的结果，同时也可看作宋朝适时调整对外政策、灵活外交的表现。而作为平等地位的象征，其出现也不能不说是宋朝在近代意义上的国家关系发展中的一种进步。（虽然宋朝是否是近前学者所说的近世的开始还存在争议，但宋朝并未拘泥于朝贡制度，而是灵活处理国家关系，仍不失为一种进步。）不过，这种进步到底多大或者说是否彻底，我们还不能确定，因为最终宋朝坚持的依然是朝贡体系，设置国信使不过是其根据各国与己利害关系随时改变此国地位的手段，国信使最终成为宋代朝贡使节中的一个分类。

其二，宋朝与海外各国的民间关系畅通发展。

因为宋朝鼓励海外贸易，所以从事海外贸易的国内商人和来华外商显著增加，民间商人在宋朝对外关系中起到了非常重大的作用。宋朝海商不仅在东亚、东南亚、印度洋沿岸国家间转贩贸易，占据主导地位，而且很多时候在宋

---

① 叶梦得：《石林燕语》卷七，北京：中华书局，1984年，第95页。
② 张方平：《乐全集》卷二十七《论事·论高丽使人相见仪式事》，四库全书本。
③ 《石林燕语》卷七，第95页。

朝与其他国家间官方交往疏淡时充当使节传递信息。同时，很多书籍被商人作为商品运输到海外诸国，他国僧侣使节经常搭载商船前来宋朝。因此，海商贸易成为中外文化交流的桥梁。

另一方面，宋代来华外商数量众多，他们的贸易规模巨大，其中很多人在宋朝居留下来，称为"住唐"。宋朝政府对外商实行很多优惠政策，不仅对其来往进行迎送与犒设，而且保护其合法权益与财产，对于侨居外商的生活、婚姻、求学给予一定的自由。同样，伴随着外商的来往与居住，异域的文化生活习俗和宗教在宋朝也得到了传播。

所以，民间海商的贸易活动使宋朝与海外诸国官方政治、文化交往的一些缺憾和空白得到了弥补。而且，很大程度上，他们的贸易利益支撑了宋朝的部分财政收入。

总而言之，宋代无论官方还是民间，外国人来华现象都非常突出。那么，官方来华人士在华的待遇如何？如果有违法行为会受到什么样的处理？民间来华人员在宋朝的居住、生活、贸易活动、婚姻、教育等方面有怎样的规定？所有这些问题的解决都有待于我们对宋朝涉外法律的探究。

第三章

外国官方人士入宋法律

通过对宋代对外政策及对外关系发展的概述，可以看出宋朝因为国际及周边形势的变化，涉外关系极其复杂，既有海外诸国的官方活动和民间商贾来华经商，也有北方少数民族政权的对峙。为了对外处理好与这些国家及民族的关系，对内防止分裂和割据，加强中央集权，宋朝统治者格外重视法制建设，推行以法为治，从而使宋代成为继唐之后法制成就最辉煌的时代。陈亮曾就汉、唐、宋三朝的法制进行比较，认为："汉，任人者也；唐，人法并行也；本朝，任法者也。"①

宋代的法律形式更加灵活多样。宋初即以《唐律疏议》为基础，以后周《显德刑统》为蓝本，于建隆四年（公元963年）重新更定为《宋建隆重详定刑统》，简称《宋刑统》，以此作为宋朝的基本法律。同时，宋代法律另有一个突出现象，即非常重视编敕。新君即位，往往把以前的诏敕编订一次，甚至同一君主，因改元一次，诏敕也要重新编订。宋初律敕并行，神宗时期则开始以敕代律。编敕中，除敕条正文外，往往还附有"看详"、"申明"、"指挥"等项目。所谓"看详"，是中央主管官署根据过去敕文或其他案卷所做出的决定。所谓"申明"，是中央主管官署就法令所发表的解释。而"指挥"是例的一种。例即成例，是用前事作为后事的标准。例分两种，一为断例，一是指挥。断例是审断案件的成例，需经编纂才能成为法律形式。指挥是尚书省等官署对下级官署的指令，称为都省指挥，有约束下级官署的效力，以后遇有同样公事，便可照"原降指挥"办理，于是"原降指挥"等于成例。因此，律、令、编敕、看详、申明、指挥、例等所有法律形式所反映的内容，都是我们探究宋代法律包括涉外法律的途径。

复杂的对外关系，诸多的涉外因素促使宋朝的涉外法律内容十分丰富。外

---

① 《陈亮集》卷十一《人法》，北京：中华书局，1987年，第124页。

国使节、民间商贾都成为宋朝涉外法律关系的主体。就官方来讲,因为外国朝贡是中国封建王朝对外关系的主要形式,外国官方人士入宋多是进行朝贡活动。本章内容将考述宋朝对外国官方人员的来华朝贡及其所享受的待遇、在宋朝的境内的行为等方面制定的法律,旨在探讨宋朝涉外法律在官方领域的特征与变化。

第一节　外国使节来华享有之权利

虽然宋朝积贫积弱,但是同样有怀服四夷的政治需求,因此对诸国贡奉使人等官方人员都加以礼遇,不仅热情接待,而且本着厚往薄来的原则给予大量赏赐,以显示大国的富足和万国宗主的气度。那么,如果按照外使的行程来看,宋朝政府分别制定了怎样的法律规定礼遇使节呢?

一、外国使节入境之初享有之权利

宋朝法律规定,外国使节在入境港口就会受到当地官员的迎接和宴请。据政和五年（公元1115年）七月八日礼部奏福建提举市舶司状:

> 昨自兴复市舶,已于泉州置来远驿与应用家事什物等,并足定犒设馈送则例,及以置使臣一员监市舶务门,兼充接引干当。……今照对慕化贡奉诸蕃国人等到来,合用迎接、犒设、津遣、差破、当直人从,与押判官等,有合预先措置申明事件。①

可见泉州港设置来远驿,备足家事什物,置专官负责迎接蕃国使节。从此奏状来看,上奏机构是"福建提举市舶司",可知作为主要的税赋征收机关,市舶司还负责接待外国官方使节,所谓"来远人"是也。

同时,由地方行政机关即州县官府负责登记来使情况,题奏上报中央。《庆元条法事类》明确规定:

> 诸蕃蛮入贡初至州,具录国号、人数、姓名、年甲及所赍之物名

---

① 《宋会要辑稿》职官四四之十,第3368页。

数申尚书礼部、鸿胪寺。其缘路州往来待遇如礼,并预相关报。仍各具到、发日时及供张送遣馆设之礼申本寺。初入贡者,仍询问其国远近、大小、强弱与已入贡何国为比奏。①

因此,使节首先到达的州县要记录来使的国号、人数、姓名、年龄和携带物品上报礼部和鸿胪寺,来使的到达、启程时间和沿途的接待礼仪也须向鸿胪寺申请决定。对于初次入贡的国家使节,州县还须询问其国国情上奏以便定其等级。

二、外国使节前往京师途中享有之权利

首先,外国朝贡使节入境后,使节本人及其进贡物品都要由当地官员护送进京,沿途地方官要予以照应,提供食物、驿夫等。

宋初,真宗大中祥符七年(公元1014年)曾下诏:"交趾、占城、大食、阇婆、三佛齐、丹流眉、宾同胧、蒲端等国使入贡者,所在遣使臣伴送赴京。"② 仁宗朝也专门规定:"诏外夷入贡所过州县,令巡检、县尉护送之。"③ 而且这种官方护送,还包括其进贡的方物,也要"以本城军士传送之,勿令自雇佣人。"④

同时,沿途地方要予以接待照顾,而且要"邮传供亿,务从丰备"⑤。这种规定一直被宋朝各代统治者沿用,政和年间的规定更加详细。据福建路市舶司的上奏:"诸蕃国贡奉使副、判官、首领所至州军,乞用妓乐迎送,许乘轿或马,至知通或监司客位候相见。罢赴客位上马。其余应干约束事件并乞依蕃蛮入贡修例施行。"⑥ 可见诸蕃国贡奉使节、副使、判官等所到州军,可以乘轿、骑马、享受妓乐迎送,并以客礼见知州、通判、监司,足见沿途地方政府接待外国使节之隆重。

其次,使节进贡途中所需之马,由马铺提供,如果马铺无马或者不足,则由官司向寺观、公人、民庶雇用。对此,《庆元条法事类》有明确规定:

---

① 《庆元条法事类》卷七十八《蛮夷门·入贡》,燕京大学图书馆藏版,1948年。
② 《续资治通鉴长编》卷八十三,真宗大中祥符七年七月甲午,第1888页。
③ 《续资治通鉴长编》卷一百二十一,仁宗宝元元年三月,第2867页。
④ 《续资治通鉴长编》卷一百三十五,仁宗庆历二年二月,第3220页。
⑤ 《续资治通鉴长编》卷八十三,真宗大中祥符七年七月甲午,第1888页。
⑥ 《宋会要辑稿》职官四四之十,第3368页。

诸蕃蛮入贡，应差借马者，以递马，如不足，以乘递无马铺法。

"乘递无马铺法"即规定：

> 诸应乘递马而阙者，官司于城市有马寺观、公人、民庶轮雇。应差递铺铺兵而阙者，差厢军；若无马铺而通水路者，差人船；（虽有马铺，遇不可陆行者，准此。）无厢军及人船者，和雇。①

可知所有护送、差遣之事，由所到之州的厢军负责，使人不能自己雇人输送携带贡物。而且厢军的具体人数有规定不能超员，至每州边界时则由捕盗官护送出界，即：

> 诸蕃蛮入贡往来，差厢军担负，逐州交替，不得数外多差及借人夫，捕盗官仍护送出界。

如果没有厢军需要和雇民众的话，也不能雇用与蕃使同国籍的本蕃人，而且在使节的往来道路上，与蕃使同籍的归明人要回避：

> 诸蕃使往来道路，公私不得养雇本蕃人。其归明人与蕃使同类者，回避。②

可见，宋朝对外国使节的护送照应，除了出于对诸蕃国的怀柔之外，还存在防备外使与在华蕃人勾结乱国的因素。

再次，因为使节的入京日程安排非常严密，必须按规定启程。为保证使节的按时到达，宋朝对押伴使臣的无故稽留有严厉处罚。使节因故必须停留的，也必须上奏州县，经证实无误才可以住宿。即

> 诸蕃蛮入贡，依程发行，所至有故，理须住者，押伴官具事因保申州县验实，听住州申所属。即所保不实者，劾奏。（进贡令）

---

① 《庆元条法事类》卷七十八《蛮夷门·入贡》。
② 《庆元条法事类》卷七十八《蛮夷门·入贡》。

> 诸管押伴送蕃夷、外国贡使，计程无故辄稽留，一日杖一百，一日加一等，至徒二年止。若因而兴贩或乞取骚扰者，计赃加二等，赃轻者，徒二年。（杂敕）

由于伴送使节入贡事务的重要性，所以宋朝对押伴的选择、押伴的行为都很重视。"进贡令"特别规定："诸蕃蛮入贡，押伴，差承务郎以上清强官；引伴，衙前所属选差。所过依程行，无故不得住过一日，州县觉察。其随行人因藉事势骚扰乞取而押伴失觉察，并劾奏，若衙前有犯，所至州别选人交替。"①

三、外国使节在京师享有之权利

使节到达京师以后，会得到宋廷的热情招待和丰厚回赐。对于蕃国进贡的物品，宋朝一般按其估价进行回赐，大中祥符二年（公元1009年）真宗即诏令："诸蕃贡物，咸令估价酬之。"② 宋朝对外国贡使的回赐比较正规，一般分为三种类型：第一类是普通的"赐"，主要是国信、仪服、银两之类的象征身份和日常使用的物品，以提供给贡使参加有关朝觐宴会等礼仪场合使用；第二类是"回赐"，即对贡物本身的折价物品，一般为金银、缗钱、布匹等；第三类是"别赐"，是宋朝皇室馈赠给贡使及其国王的私人礼物，主要是金银器、装饰品、衣服等。③ 另外包括某些国家的某些特殊要求如马匹、弓矢、器具等。

这些回赐数目往往都会超过贡物价值，如仁宗乾兴元年（公元1022年）七月，"三司言，交州进奉使李宽泰等各进贡方物白蜡、紫矿、玳瑁、瓶香等，贾人计价钱千六百八十二贯，诏回赐钱二千贯以优其直，示怀远也"。④ 天圣六年（公元1028年）三月，"三司言，作坊物料库估交州进奉人使纳卖香药价钱三千六十贯，诏回赐钱四千贯"。⑤ 熙宁六年（公元1073年）十二月十六日，"大食俞卢和地国遣蒲啰诜来贡乳香等，诏香依广州价回赐钱二千九百贯，别赐银二千两"。⑥ 对于宋朝政府对外国进奉方物的超值回赐，左藏库

---

① 《庆元条法事类》卷七十八《蛮夷门·入贡》。
② 《续资治通鉴长编》卷七十一，真宗大中祥符二年四月，第1601页。
③ 参见喻常森《试论朝贡制度的演变》，《南洋问题研究》2000年第1期。
④ 《宋会要辑稿》蕃夷四之三十一，第7729页。
⑤ 《宋会要辑稿》蕃夷四之三十二，第7729页。
⑥ 《宋会要辑稿》蕃夷四之九十二，第7759页。

曾经"减抑所直,目曰润官",而被真宗明令禁止,① 从而使通过厚往薄来怀柔远人的法律规定得以体现。

四、外国使节回国途中享有之权利

一般情况下,外国使节回国,宋朝政府要着官吏护送至出境港口或州县。如果发生特殊情况,如使节在回国途中患病或者身亡,则由宋朝负责帮助治疗或者料理后事:

> 诸蕃蛮入贡及还,在路疾病须抬儿者,每名差铺兵二人传送。②
> 诸使蕃夷及蕃夷进贡人在道身亡者,棺殓所须,从官给。殡瘗者,仍立标识。其蕃夷人欲烧骨还乡者,听。仍具身亡人职次、姓名申尚书礼部。③

可知宋朝将死亡蕃使棺殓并埋葬,立标志以便识认。如果蕃使愿进行火葬并将骨灰送回本国,也听任其意愿安排。最后,所有有关身亡使节的资料要上报礼部以存档。

第二节　关于外国使节在宋朝境内行为的法律

在对外国官方人员入贡需进行一系列的礼仪性接待之外,宋朝对他们在国内的活动还作了某些特殊规定。

首先,外国使节在宋朝境内巡礼、游历需持有公移或称公凭、公据等文书,有此凭据,则食宿即可由沿路官府馆驿提供。

宋代文书遗存非常匮乏,所幸入宋日本僧侣成寻在其《参天台五台山记》中记录了大量与宋廷、地方官府、寺院及个人之间往来的牒文信函,成为我们研究宋代文书的重要史料。成寻搭乘宋商船入宋,神宗明知成寻"非国人入贡",但基于其积极的外交政策和宋日两国无正式国交的现实,仍将成寻视为

---

① 《续资治通鉴长编》卷七十一,真宗大中祥符二年四月,第1601页。
② 《庆元条法事类》卷七十八《蛮夷门·入贡》。
③ 《庆元条法事类》卷七十七《服制门·丧葬》。

朝贡者，以异乎寻常的厚礼相待。因此，成寻所记文书可作为官方使节所需文书样本，其中以"杭州公移"最为典型，抄录如下。

  杭州 公移付客人陈詠

  移日本国僧成寻状："昨今出杭州巡礼，欲往台州天台山烧香，供养罗汉一回。成寻等是外国僧，恐关津口本被人根问无去着，乞给公移，随身照会。"并移明州客人陈詠状："昨于治平二年内，往日本国买卖，与本国僧成寻等相识。至熙宁二年，从彼国贩载留黄等，杭州抽解货卖。后来一向只在杭、苏州买卖。见在杭州抱刃营张三客店内安下，于四月二十日，在本店内，逢见日本国僧成寻等八人，称说：从本国泛海前来，要去台州天台山烧香。陈詠作通事，引领赴杭州。今甘课逐僧，同共前去台州天台山烧香，迴来杭州，趁船却归本国。"并移抱刃营开张客店百姓张宝状："四月初九日，有广州客人曾聚等，从日本国博买得留黄、水银等，买来杭州市舶司抽解。从是本客船上，附带本国僧人成寻等八人，出来安下。今来却有明州客人陈詠，与逐人相识。其陈詠见在江元店安下，本人情教甘课逐僧，同共往台州，得前去台州天台烧香，迴来杭州，趁船却归本国。如将来却有异同，各甘深罪不将宥。"右事须出给公移，付客人陈詠收执，引带本国僧成寻等八人，前去台州天台山烧香讫，依前带领逐僧，迴来当州，趁船却归本国，依出州缴此公移。趁州在路，不肯别致东西，及违非留滞。如违，罪归有处。

  熙宁五年五月初三日给
      权观察推官吕（仲甫）
      权节度推官李（似）
      观察判官许（直）
      尚书比部员外郎签书节判厅公事徐
      太常博士直史馆通判军州事苏（轼）
      尚书比部郎中通判军州事刘（直）
      右谏议大夫知军州事沈[①]

这份公移中，不仅有"日本国僧成寻状"，还有"明州客人陈詠状"（商人陈詠是引领成寻一行赴天台山的翻译）及"抱刃营开张客店百姓张宝状"（张宝

[①] [日] 成寻：《新校参天台五台山记》卷二，延久四年六月五日癸丑，上海：上海古籍出版社，2009年，第91页。

<<< 第三章 外国官方人士入宋法律

是成寻一行于杭州住宿客店的店主），最后是杭州官府知州沈立、通判苏轼等七名官员的署名（注：括号内官员名为作者所加，原件为花押）。此"杭州公移"即为杭州官府发给成寻等八人赴天台山巡礼的许可证，相当于现今的旅游护照。公移中还加注途中注意事项及违法处置警告。

根据杭州公移，台州也发给成寻一通公文如下：

台州　给

准杭州牒，已给公据，付客人陈詠收执，引带日本国僧成寻等八人，前去台州天台山烧香讫，依前带领逐僧，廻来当州，趁船却归本国。牒状州缴此公据外，牒州照会。州司已帖天台山门僧司照会。公据僧成寻状称：欲在国清寺安下三年，在寺修行，乞公据与客人陈詠，赴杭州，缴纳前来公据。乞

本司陈　景刘押叶陈　押司官伦　勾押官杨

孔目官风

右具如前。除已下天台国清寺，安存僧成寻等宿食外，事须出给公据，付随来客人陈詠候收执，前去杭州，与本州今来给去公据一处，赴杭州，牒缴纳，不得延留。

熙宁五年六月初一日信

　　　　　守司法参军权州院褚
　　　　　守司户参军马
　　　　　军事推官孔
　　　　　军事判官刘
　　　　　尚书屯田郎中通判军州兼劝农事安
　　　　　光禄少卿知军州事兼劝农使钱①

此牒是为台州官府按照杭州府公文安排具体接待事宜，并根据成寻欲在国清寺修行三年的请求通知国清寺安排食宿安存事宜，仍有"州帖国清寺"公文一通。此帖中除录杭州牒文和成寻陈状外，具体要求即为："已出给公据，付客人陈詠收执，前回杭州，并帖天台县及牒杭州照会外，事须帖天台景德国清寺，仰详日本国僧成寻所陈事由，安存日本僧，与安下随来僧赖缘等八人，在

---

① 《新校参天台五台山记》卷二，延久四年六月五日癸丑，第93页。后官员姓后之名皆为花押，此处未加。

寺看经，别听指挥。仍具知前状申。"①

由上可知，一旦持有了公移等官方证明，则朝贡者在宋朝境内游历、巡礼等活动即由宋朝沿路官府提供食宿。关于这一点，成寻向五台山进发前所得"参五台山沿路盘缠文字"更可证明。

三司，日本国僧成寻等，差殿直刘铎，引伴成寻等，赴五台烧香讫，却引伴赴阙。日本国僧八人，每人各米三胜、麦一斤三两二分、油一两九钱八分、盐一两二分、醋三合、炭一斤一十二两、柴七斤。商客通事一名，每日支口券米二胜。右仰沿路州府县镇馆驿，依近降驿令供给，往来则例其券并沿路批勘文，历候四日缴纳赴省。

熙宁五年十月二十八日给

　　　　判官
　　　　　副使
　　　　　　使②

可见，成寻一行去五台山的费用，由沿路州府县镇馆驿供给，所供油盐米醋一应生活用品不仅十分丰富，而且供给标准非常具体。此三司文书由三司最上位的使、副使、判官三人签发，是为馆驿按照标准具体执行的凭据。

其次，外国官方人员在宋朝境内的买卖可以免税。宋初曾针对高丽使节购买物品问题作出规定："诏高丽使所至县市物，委长吏管句，勿令亏损远人，仍蠲其算"③，即对外交使节的买卖予以免税。此后，这一规定一直得以执行，《庆元条法事类》中就详细记载着这方面的法律条文：

诸请给若恩赐（虽改造而未易他物者同）并蕃官所买物免税。
诸外蕃进贡人卖物应税者，买人认纳。④

可见，不仅朝廷赐予和使节所买之物可以免税，而且使节出卖自身携带的应课税的物品，外使本人不需交税而由买者支付，可见宋朝对外国使节的特殊待遇。但是，并不是所有的物品都可以购买，宋朝在这方面有所限制，即：

---

① 《新校参天台五台山记》卷二，延久四年六月五日癸丑，第96页。
② 《新校参天台五台山记》卷五，延久国上年十一月一日丙午，第357页。
③ 《续资治通鉴长编》卷八十三，真宗大中祥符七年十月戊午，第1898页。
④ 《庆元条法事类》卷三十六《库务门·商税》。

> 诸蕃蛮入贡，不得买马过海，其海南使人，不得乞买瓷器。①

也就是说，使节入贡，不能买马带归海外，而且为了保护海上瓷器贸易的发展，法律规定南海国家的使节不能买瓷器。除此之外的物品，可以买卖。

除了对买卖物品免于征税以外，对与入贡使节有以钞引做交易行为之人，宋朝都以"共化外人私相交易"律论处，但是使节可以免于罪责：

> 诸蕃蛮入贡应卖买辄以钞引交易者，计价论如共化外人私相交易律，徒罪配五百里，从者配邻州并本城；流罪配千里，从者配五百里，许人捕。入贡人免捕，仍不坐罪。②

同样，对于那些为偷税而将物品寄托于蕃国使节和随行人员之人，法律规定杖九十，财物没收，但蕃客也无需受罚：

> 诸寄物于蕃客及押伴通事人等（应干办并随行人同）以匿税者，杖九十；受寄者，加一等，受财，又加三等。蕃客并不坐。③

不过，对将堪造军器物尤其是熟铁卖与化外人的规定稍有不同：

> 诸以堪造军器物卖与化外人及引领者，并徒二年，计赃一尺，徒三年，一匹加一等，……熟铁（造成器物同）与外国使人（非使人同）交易，罪轻者，徒三年，配千里，许人告。非使人，许捕。④

此处，将熟铁与外国使人、非使人交易时，对使人的处罚仍没有规定，但对非使人（不是外国使人，但应是外国人），许人捕，这已经是比其他规定要严厉了，从中也可以看出宋朝对兵器原料的严格管辖。

再次，对于进贡使节在宋朝境内遇到的意外，宋朝政府都予以妥善处理。如绍兴四年（公元1134年）七月，大食国进奉使蒲亚里被贼抢劫并有伤亡，

---

① 《庆元条法事类》卷七十八《蛮夷门·入贡》。
② 《庆元条法事类》卷七十八《蛮夷门·入贡》。
③ 《庆元条法事类》卷七十八《蛮夷门·入贡》。
④ 《庆元条法事类》卷二十九《榷禁门·兴贩军须》。

据广南东路提刑司称:"蒲亚里将进贡回赐到钱置大银六百锭,及金银器物匹帛,被贼数十人持刃上船,杀死蕃牧四人,损伤亚里,尽数劫夺金银等前去。"对此重大事件,除了广南东路提刑司命令广州火急捕捉外,高宗当即下诏:"当职巡尉先次特降一官,开具职位姓名,申枢密院,其盗贼令安抚提刑司督责捕盗,官限一月须管收获,如限满不获,仰逐司具名闻奏重行黜责。"①此处虽没有明确说明如何对大食使节进行安抚补偿,但对当值官吏进行了严厉的降职处分,并限期追捕盗贼,可见宋朝政府对外国使节生命财产安全的重视。

最后,如果外国官方人员入贡过程中有违法行为,宋朝政府也予以制裁。乾道年间,占城使节入贡,而其贡物却系掠夺大食人所得,被大食人上诉。因此,孝宗下诏不予接受占城所进物货,对其国王暂不予以册封,并令占城"见拘大食人宜尽放还本国"②。从而合理处理各国进贡中的争讼事件,保证各国使节的安全及朝贡国之间的和平往来。

另外,对于外国来华人员中的某些个人不合法行为,宋朝政府也作出了针对性规定。如真宗朝曾"有开封府民讼通事辛荣,本夏州子弟,投礼宾院充小蕃通事,虚称在京人。府移礼宾院,称无条约"。对于辛荣的谎报行为,真宗诏"以荣累经赦宥,免杖,黥面,配海州本城"。为了杜绝此类事件的再次发生,下诏"礼宾院自今不得以外国人充通事"③。

第三节 关于外国使节入贡的特别法律规定

首先,宋朝禁止在华蕃客冒充使节进贡。尽管宋朝对外国使节礼遇有加,但是,因为很多商人冒充使节以朝贡之名行贸易之实,而"(贡赐往来)朝廷无丝毫之益而远夷获不赀之财"④。这与宋政府发展海外贸易,增加财政收入的初衷相背驰。因此,宋朝严禁在华蕃客冒称使节进贡,并规定:"诸冒化外人入贡者徒二年,许人告。"⑤

其次,宋朝还禁止海舶擅自承载入贡使者。建炎二年(公元1128年)十

---

① 《宋会要辑稿》蕃夷四之九十三,第7760页。
② 《宋会要辑稿》蕃夷四之八十三,第7755页。
③ 《续资治通鉴长编》卷九十三,真宗天禧三年三月,第2139页。
④ 苏轼:《苏东坡全集》卷六《论高丽进奉状》,北京市中国书店,1986年,第468页。
⑤ 《庆元条法事类》卷七十八《蛮夷门·入贡》。

月十七日，司农卿黄锷曾上奏：

> 臣闻元祐间故礼部尚书苏轼奏乞……删除元丰八年九月内创立许海舶附带外夷入贡及商贩一条，并蒙朝廷——施行。臣近具海舶擅载外国入贡条约禀之都省，蒙札付臣戒谕，臣已取责舶户……状称，今后不得擅载，如违，徒二年，财物没官之罪，欲望特降处分下诸路转运市舶司等处，依应遵守不许违戾，从之。①

从中可知，北宋元丰中曾一度允许商船载外国使节前来本国，但元祐年间又取消了这一规定。

据苏轼元祐五年（公元1090年）八月十五日上书的《乞禁商旅过外国状》："元丰八年九月十七日敕，……又许诸蕃愿附船入贡或商贩者听。"可知，元丰八年（公元1085年）之前，宋朝禁止诸蕃使节搭乘商船入贡，元丰八年开此禁，以至于"奸民猾商争请公凭，往来如织，公然乘载外国人使附搭入贡，骚扰所在。"因此苏轼认为"若不特降指挥，将前后条贯看详，别加删定，严立约束，则奸民猾商往来无穷，必为意外之患"。② 因此元祐年间宋朝再次禁止商船搭载使节入贡。

但是实际上仍有不少商舶载带外国使节前来，因此建炎二年再度提出禁止商船承载外国使者的法令，并具体规定了惩罚原则。大概这一法令并未得到很好的实施，所以建炎三年（公元1129年）十一月二十二日宋廷重申敕令：

> 海舶擅载外国入贡者，徒二年，财物没官。……窃缘外裔慕化，愿贡方物，祖宗以来别无止绝之文，难以著为永法。即今若有擅载，不依所责约束，自令遵依上条施行。③

如此一来，一方面会减少搭载宋朝商船入贡及冒称使节入贡之人，减少宋朝的接待和赏赐开支。更重要的，宋朝之所以禁止海舶擅载外使，在元丰年间目的在于"不惟免使高丽因缘猾商时来朝贡骚扰中国，实免中国奸细因往高丽遂通契丹之患"④，则建炎年间的禁令肯定也是要杜绝宋民里通外国的隐患。

---

① 《宋会要辑稿》职官四四之十二，第3369页。
② 《苏东坡全集》卷八《乞禁商旅过外国状》，第494页。
③ 《庆元条法事类》卷七十八《蛮夷门·入贡》。
④ 《苏东坡全集》卷八《乞禁商旅过外国状》，第494页。

第四章

宋朝涉外民事法律

有宋一代，一直受到北方辽、金、元的侵扰，对外只能采取守势，这一点在上文所述的宋朝对外国官方人士制定的法律规定中已经有所体现。除了官方人士，居住在宋朝的大量蕃商等普通民众才是宋代来华外国人的主体。因此，宋朝对这些民间普通群众制定了怎样的法律，更能说明宋朝涉外法律的特点及其社会发展的规律。

宋朝对外既消极防守，则全力驭内，重视经济发展，鼓励海外贸易，所以外国人来华现象比唐朝更为突出，尤其是商人。他们或者因为射利流连于宋朝的繁荣发达而忘返，或者为避风涛而停泊于宋国沿海以求安全。诚如《岭外代答》所言："诸蕃国之入中国，一岁可以往返，唯大食必二年而后可。大抵蕃舶风便而行，一日千里，一遇朔风为祸不测，幸泊于吾境，犹有保甲之法，苟泊外国则人货俱没。"① 其中，大食人占最重要的地位。《岭外代答》就记载："诸蕃国之富盛多宝货者，莫如大食国，其次阇婆国，其次三佛齐国，其次乃诸国耳。"② 宋代文献中记载外国事务时也把大食国放在首位："凡大食、古逻、阇婆、占城、勃泥、麻逸、三佛齐、宾同胧、沙里亭、丹流眉，并通货易。……今来大食诸国蕃客，乞往诸州及东京买卖。"③ 而且，大食蕃客在宋朝境内最富庶，"番禺有海獠杂居，其最豪者蒲姓，号白番人，……富盛甲一时。"④ 同时，大食蕃客也积极参与在华事务，或者助修城池，或者欲参与管理蕃商，体现了其在宋朝涉外法律关系中的主体地位。

凡是来华贸易的外国商人，只要领取市舶司颁发的"验符"、"公凭"，或

---

① 周去非：《岭外代答》卷三《外国门下·航海外夷》，北京：中华书局，1999年，第126页。
② 《岭外代答》卷三《外国门下·航海外夷》，第126页。
③ 《宋会要辑稿》职官四四之一，第3364页。
④ 岳珂：《桯史》卷十一《番禺海獠》，北京：中华书局，1981年，第125页。

其他官方凭证，就可以在宋朝境内享有居住权、婚姻权、宗教自由权、贸易权等，其合法权益即受到保护。那么，宋朝对蕃人的各项活动制定了什么法律法规？这些规定有没有变化呢？

第一节 关于入宋居住及生活的法律

宋朝允许来华外国人自由居住，对蕃商"听其往还，许其居止"①，并继承了唐朝的蕃坊制度而且有所发展。那么，这种发展表现在什么地方？

首先可以看到，宋代来华外国人的居住地比唐代已经有所增多，并不止限于广州一地，虽然广州仍是来华外国人的主要聚居地。因为北方少数民族政权与宋朝的分庭抗礼而宋朝无力清除其障碍，不得不下令各国贡使只能从广州入贡，因此广州聚集的外国人数量非常之大。"诸国人至广州，是岁不归者，谓之住唐。"② 住唐之蕃人仍居于城西蕃坊，往往数年不归。有"蕃商辛押陁罗者，居广州数十年矣，家赀数百万缗"。③ 而至道元年（公元995年），大食国舶主蒲押陁黎来宋朝贡献时曾言其父蒲希密"因缘射利，泛舶至广州，迨今五稔未归。母令臣远来寻访，昉至广州见之"④。可见，蕃商在广州居住往往达五至十年之久。而此类在广州居住的外国商人极其多，史籍记载"广州多蕃汉大商"⑤，宋仁宗皇祐四年（公元1052年），壮族侬智高起兵反宋围攻广州，当时"城外蕃汉数万家，悉为贼席卷而去"⑥，足见居住于城外蕃坊的外国人之多。因为广州聚居蕃客的众多，其中妇女的装束及其居住、生活习惯，在宋人眼中形成了自己的特色而被人记载如下："广州波斯妇，绕耳皆穿穴带环，有二十余枚者。家家以簸为门，人食槟榔，唾地如血。北人嘲之曰：'人人皆吐血，家家尽簸门。'"⑦

在广州保持贸易优势的同时，宋代泉州海外贸易异军突起。宋廷在此设立市舶司，蕃商纷至沓来，因此泉州成为外国人聚居的另一个重要地区。史载

---

① 《宋会要辑稿》职官四四之九，第3368页。
② 《萍州可谈》卷二，第19页。
③ 苏辙：《龙川略志》卷五《辨人告户绝事》，北京：中华书局，1985年，第19页。
④ 《宋史》卷四百九十《外国传·大食》，第14119页。
⑤ 《续资治通鉴长编》卷九十四，真宗天禧三年九月乙卯，第2166页。
⑥ 《续资治通鉴长编》卷二百三十七，熙宁五年八月戊子，第5767页。
⑦ 庄绰：《鸡肋编》卷中，北京：中华书局，1983年，第53页。

"泉南地大民众，为七闽一都会，加以蛮夷慕义航海日至，富商大贾宝货聚焉，狱市之繁非他邦比也"，① 足见泉州当时之繁盛。而且"郡守陈公偁请置市舶于泉州，终宋世，享其利，胡贾航海钟至，富者赀积巨万，列居郡城南"②。城南，即泉州旧南门之外濒江一带，又称作泉南。既是蕃人列居，则形成"蕃坊"。但是，这种外国人聚居区的名称却起了变化，宋代民间对城市街区的称呼不再是"坊"而变成了"巷"，因此发端于唐称作"蕃坊"的外国人聚居区，入宋以后虽然"蕃坊"之名仍然继续沿用，但在民间称呼中变成了"蕃巷"或"蕃人巷"。《方舆胜览》中即云"诸蕃有黑白二种，皆居泉州，号"蕃人巷"，每岁以大舶浮海往来，致象犀、玳瑁、珠玑、玻璃、玛瑙、异香、胡椒之属"。③

既然有"黑白二种"，可见在蕃人巷中居住的蕃客种族比较复杂。他们从属于各个国家，包括"其国最远，番舶罕到"的南毗国，"时罗巴、智力干父子，其种类也，今居泉之城南"④。蕃客也非常富有，林之奇《拙斋文集》曾记："负南海征蕃舶之州三，泉其一也。泉之征舶通互市于海外者，其国以十数，三佛齐其一也。三佛齐之海贾以富豪宅生于泉者，其人以十数。"⑤

蕃客在此兴建佛寺，"雍熙间（公元984～988年）有僧啰护哪航海而至，自言天竺国人，番商以其胡僧，竞持金缯珍宝以施，僧一不有，买隙地建佛刹于泉之城南，今宝林院是也。"⑥ 更有甚者，有蕃商在此建设公共墓地，"有番商曰施那帏，大食人也。蹻寓泉南，轻财乐施，有西土气习，作丛冢于城外之东南隅，以掩胡贾之遗骸。"⑦ 林之奇曾作《泉州东坂葬蕃商记》以记载此事：

> 蕃商之墓，……其地占泉之城东东坂，既剪剃其草莱，夷铲其瓦砾，则广为之窀穸之坎，且复栋宇，周以垣墙，严以扃钥。俾凡绝海之蕃商有死于吾地者，举于是葬焉。经始于绍兴之壬午，而卒成乎隆兴之癸未。试郁围（即施那帏）于是举也，能使其椎髻卉服之伍，

---

① 周必大：《文忠集》卷一百九《赐敷文阁直学士中大夫陈弥作辞免差遣知泉州恩命不允诏》，四库全书本。
② 乾隆《泉州府志》卷七十五《拾遗·王延彬》。
③ 祝穆：《方舆胜览》卷二《福建路·泉州》，上海：上海古籍出版社，1986年。
④ 《诸蕃志》卷上《南毗国故临国》，第68页。
⑤ 林之奇：《拙斋文集》卷十五《泉州东坂葬蕃商记》，四库全书本。
⑥ 《诸蕃志》卷上《天竺国》，第86页。
⑦ 《诸蕃志》卷上《大食国》，第91页。

生无所忧死者无所恨矣。持斯术以往，是将大有益乎互市而无一愧乎怀远者也。①

可见，蕃巷内既有豪宅，也有寺院和蕃冢，是一个人员众多而且功能齐全的社区，这也得益于蕃客们的积极支持和热情参与建设。

来华蕃客的数量增大，种族增多，必然带来涉外事宜的繁杂，那么，宋朝的法律怎样调整这些社会关系？

首先需要指出的是，蕃人巷的形成，即与宋朝的法律规定有关。为了防止蕃汉之间发生矛盾和纠纷，同时也为有效管理来华外国人，宋朝在法律上禁止外国人居住在城内，所谓："是化外人法不当城居"，② 而是基本居住在城郊的蕃人巷。宋朝限制蕃商大贾多买田宅、兼并土地或与国人杂居，如宋仁宗景祐二年（公元1035年）十月九日：

> 前广南东路转运使郑载言：广州每年多有蕃客带妻儿过广州居住，今后禁止广州不得卖与物业。③

第二年四月，宋朝再次专门为此下令：

> 广州海南蕃商毋得多市田宅，与华人杂处。④

这样就促成了蕃坊蕃巷的形成和发展。

但是，来华外国人的日益增多、定居时间的长久、与宋人交往的深入，以及汉化程度的提高等种种原因都使他们突破蕃坊的限制，移居到城内，形成了蕃人聚居与蕃汉杂居共同存在的现象。北宋余靖曾称广州"越台之境，胡贾杂居"。⑤《方舆胜览》也称广州"胡贾杂居，俗杂五方"。⑥《桯史》中记载一位在广州居住的蒲姓蕃客的富有："番禺有海獠杂居，其最豪者蒲姓，号白

---

① 《拙斋文集》卷十五《泉州东坡葬蕃商记》。
② 朱熹：《晦庵集》卷九十八《朝奉大夫直秘阁主管建宁府武夷山冲佑观傅公（自得）行状》，上海：上海古籍出版社，1987年。
③ 《宋会要辑稿》刑法二之二十一，第6506页。
④ 《续资治通鉴长编》卷一百一十八，仁宗景祐三年四月辛亥，第2782页。
⑤ 余靖：《武溪集》卷十五《再免知广州表》，北京：商务印书馆，1946页。
⑥ 《方舆胜览》卷三十四《广东路·广州·广东转运提举广南市舶置司》。

番人，本占城之贵人也。……愿留中国以通往来之货……岁益久，定居城中。"① 从中都可以看出蕃商在城内定居与宋人杂居的情况。

不惟广州如此，泉州也类似。北宋末期，郑侠在泉州供职，当时泉州"晋水名州，闽山佳处。封疆阔远，人物庶繁。驿道四通，海商辐辏"，只是"夷夏杂处，权豪比居。诉讼既多，积习仍薄"②。嘉泰三年（公元1203年）陈止斋《辞免知泉州申省状》中也称："温陵（泉州）大邦，甲于闽部，蕃汉杂居。"③ 已见中外杂居之境况。

既然"诉讼既多"，说明蕃商散居城中确实引起一些问题，但是当地官员因为朝廷鼓励海外贸易的政策，并不严格管理。如上述广州的蒲姓蕃客：

> 屋室稍侈靡逾禁。使者方务招徕，以阜国计，且以其非吾国人，不之问。故其宏丽奇伟，益张而大，富盛甲一时。④

更有官员收受蕃商贿赂，对贾胡在郡庠之前建楼的事情甚至都不予禁止。朱熹曾记载：

> 有贾胡建层楼于郡庠之前，士子以为病，言之郡。贾赀巨万，上下俱受赂，莫肯谁何。乃群诉于部使者，请以属公（傅自得），使者为下其书，公曰：是化外人法不当城居，立戒兵官即日撤之，而后以当撤报，使者亦不说，然以公理直不敢问也。⑤

虽然因为傅公的坚决主张，蕃商之楼得以拆除，但是，从此事中足可以了解宋代蕃商在城内居住、采置物业的状况及其与宋朝法律的某些抵触。

宋时蕃商在中国经常居留的地方，除了广州、泉州，杭州也有人留居，其宋时居留地处于何方无从考稽，但元朝穆斯林居留在今清泰门内，自荐桥至其西文锦坊之间，这或许是因袭宋时而形成的。此外，海南岛有蕃商聚居的番浦、番村，开封也有犹太人侨居。这种蕃人聚居和蕃汉杂居的现象构成了宋代社会的一个特点。而宋代大多数官员对蕃汉杂居现象的处理虽然有时不是严格

---

① 《桯史》卷十一《番禺海獠》，第125页。
② 郑侠：《西塘集》卷八《代谢仆射相公》，四库全书本。
③ 陈傅良：《止斋集》卷二十七《辞免知泉州申省状》，四库全书本。
④ 《桯史》卷十一《番禺海獠》，第125页。
⑤ 《晦庵集》卷九十八《朝奉大夫直秘阁主管建宁府武夷山冲佑观傅公（自得）行状》。

按国家法律，却是顺应历史发展的权宜之计，这也说明宋代外国人在华所享有的居住权是逐步扩大的。

而且，蕃商在华侨居，衣食都很自由，日常生活仍然基本保持其本国习俗。"蕃人衣装与华异，""蕃人不衣裈裤，喜地坐。"① 宋朝政府明令臣民服饰不得仿效四夷，否则"杖一百，许人告，令众五日"，对在华蕃商也如此规定。《仪制令》中有

    诸服饰不得效四夷。其蕃商住中国者，准此。若暂往来者，听身从本俗。②

令中明确规定蕃商暂时往来于宋朝境内者，任其依照本俗着装。但是对长期定居于中国的蕃商，令中规定不甚明确，不能确定其"不得效四夷"是不能模仿其他外国人服饰还是必须着装如宋人。从史籍对来华外国人鲜明特色的不断记载来看，蕃客服饰大概还是保持其本民族风格的。不过，对于宋朝政府任命的蕃长则"巾袍履笏如华人"③，其风俗已经逐渐改易如同宋朝臣民。

蕃客"饮食与华同，或云其先波巡尝事瞿昙氏受戒，勿食猪肉，至今蕃人但不食猪肉而已。又曰汝必欲食，当自杀自食，意谓使其割己肉自啖，至今蕃人非手刃六畜则不食，若鱼鳖则不问生死皆食。"④ 这实为信仰伊斯兰教的大食人的生活习惯，大概因为宋代大食人在来华外国人中占绝大多数，所以著者竟以大食人的风俗作为所有蕃人的风俗了。《桯史》中所记的番禺海獠的饮食习惯也颇让人惊叹而独具特色："旦辄会食，不置匕箸，用金银为巨槽，合鲑炙、粱米为一，洒以蔷露，散以冰脑。坐者皆置右手于褥下不用，……群以左手攫取，饱而涤之，复入于堂以谢。……以合荐酒馔烧羊以谢大僚，……龙麝扑鼻，奇味不知名，皆可食，迥无同槽故态。羊亦珍，皮色如黄金，酒醇而甘，几与崖蜜无辨。独好作河鱼疾，以脑多而性寒故也。"⑤ 虽有奢侈之嫌，但可看出此蕃商仍保持其原来的饮食习惯。另外，广州蕃坊的波斯妇人也还保持着食槟榔的习惯。

蕃人的娱乐也保持了本国的习俗。"广州蕃坊见蕃人赌象棋，并无车马之

---

① 《萍州可谈》卷二，第19页。
② 《庆元条法事类》卷三《失题·服饰器物》。
③ 《萍州可谈》卷二，第19页。
④ 《萍州可谈》卷二，第19页。
⑤ 《桯史》卷十一《番禺海獠》，第126页。

制，只以象牙犀角沉檀香数块于棋局上两两相移，亦自有节度胜败。"① 但是，宋朝的《仪制令》对蕃乐却有规定：

> 诸以杂言为词曲及蕃乐紊乱正声者，亦禁之，其蕃商住中国者，准此。②

可见，蕃商之间可以自娱自乐，但是涉及到国家礼仪时，如果蕃人的音乐紊乱了宋朝音声的正统，则会被禁止。

蕃客们还栽种本国的花木，如素馨花。"素馨花来自西域，枝干袅娜似茉莉而小，……制龙涎香须素馨花，广中素馨惟蕃巷种者尤香，龙涎以得蕃巷花为正云。"③ 可见蕃客在华的活动也丰富了中国的物种，对中国的经济文化产生了很大的影响。

除了衣食住行之外，宋朝《军防令》中对化外人的姓名问题曾稍有提及。《庆元条法事类》记载：

> 诸军姓名犯国家名讳者，所辖官司点检改易。其愿归姓及更名者，非化外及强恶人，听各注籍。节级以上给公凭，禁军将校仍申枢密院。（厢军申尚书本部。）④

此条法令针对军队中有犯国家名讳的兵级姓名而言，如愿归姓更名可以听凭注册，但是化外人及强恶人除外。如果是化外人遇到此类情况如何处理？宋朝律令并没有明确规定。不过，宋代入伍的化外人不多，而且蕃客在宋定居活动，一般并不更名改姓，而是将其原名汉译而已，如本文曾提到的蒲押陁黎、蒲希密、施那帏等，都是实例。只有在华留学、入仕的少数从事文化事业的蕃客才有可能起用汉名。所以，这条法令并不会影响蕃客的日常习惯，他们在法律允许范围内仍可以自由往来、居住，随意生活。

---

① 《萍州可谈》卷二，第20页。
② 《庆元条法事类》卷八十《杂门·杂犯》。
③ 陈元龙：《格致镜原》卷七十二《花类·素馨花》，扬州：江苏广陵古籍刻印社，1989年。
④ 《庆元条法事类》卷三《失题·名讳》。

第二节 关于宗教信仰及就学的法律

侨居宋朝的外国人在宗教信仰方面，也和衣食一样自由。他们大多数仍保持着本民族的信仰，并在侨居地修建庙宇，如泉州的清净寺、怀圣寺；广州的怀圣寺、明州的回回堂等，以方便自己进行宗教活动。

宋代在中国传播的宗教，因为来华外商国家和民族的不同而多种多样，有伊斯兰教、摩尼教、景教等，随着蕃商的居住与活动而在广州、泉州、杭州等港口城市广泛传播。由于宋代大食人在来华蕃商中占绝大多数，所以伊斯兰教也成为最盛行的外来宗教。

岳珂在《桯史》中曾记载广州蕃商进行礼拜的情形："獠性尚鬼而好洁，平居终日，相与膜拜祈福。有堂焉，以祀名，如中国之佛，而实无像设，称谓聱牙，亦莫能晓，竟不知何神也。堂中有碑，高袤数丈，上皆刻异书如篆籀，是为像主，拜者皆向之。"① 从中可知蕃商所崇拜的形象和形式。

而且，在此礼拜堂后"有窣堵波，高入云表，式度不比它塔，环以甓，为大址。紊而增之，外圜而加灰饰，望之如银笔。下有一门，拾级以上，由其中而圜转焉如旋螺，外不复见其梯磴。每数十级启一窦，岁四五月，舶将来，群獠入于塔，出于窦，嗢哳号嘑，以祈南风，亦辄有验。绝顶有金鸡甚巨，以代相轮"。② 这种塔的样式独具特色，而蕃商们在船舶将来之际进行的活动则说明了在华外国人将宗教信仰与贸易活动紧密结合，信仰无疑是其进行海外贸易时保障身心安全的巨大安慰。

除了伊斯兰教，摩尼教、印度教、景教等都在宋朝境内得到广泛的或一定的流传。其中摩尼教的传播范围比较广，因为该教崇尚光明，所以传入中国后又称"明教"。唐代摩尼教传入时流行于福建、两浙一带，北宋时则已流布到淮西、江东、江西等地。同时，来宋贸易的商人也把印度教、景教带到了中国，泉州既有印度教的石刻，也有作为景教遗物的十字石刻。

蕃客最初不是专程来传教的，而是经商的同时把外来宗教带到了宋朝，而且最初的信徒也只是这些蕃商。但是，随着时间的流转和宗教信仰的传播，宋朝民间也有了广泛的崇拜者，而且有时成为民间反政府的有力组织工具，如方

---

① 《桯史》卷十一《番禺海獠》，第125页。
② 《桯史》卷十一《番禺海獠》，第126页。

腊起义就利用了明教的号召作用。因此，宋朝政府下令禁止摩尼教的传播，但却屡禁不止。

不过，宋朝政府的禁教只是针对本国民间信徒，对外来蕃客并无要求，因此蕃商在华仍可以信仰自由。而且，有的宗教如伊斯兰教不仅活力绵远，成为中外交流与融合的纽带，而且促进了一个新的民族——回族的形成。

与宗教信仰相联系，对宋朝灿烂文化的向往，是除经济繁荣之外吸引来华蕃客的另一个重要因素。高丽等国都派遣留学生入宋国子监学习，同时，在贸易重地的广州和泉州，民间的蕃商子弟也可以入学学习宋朝先进文化。

神宗熙宁（公元 1068～1077 年）年间，程师孟知广州时，"广控蛮粤而无藩垣扞御之备，公至则请作西城，广逾十二里，由是广人有自安之计，大修学校，日引诸生讲解，负笈而来者相踵，诸蕃子弟皆愿入学"①。此时，吸收蕃商子弟入学的仍是州学。

到大观政和（公元 1107～1118 年）之间，"天下大治，四方向风，广州泉南请建蕃学"②。这时的蕃学则是专门为蕃商子弟设立的学校，供其学习宋朝文化知识。这一要求得到了宋廷的许可，特选择优秀人才为蕃学教授。蕃学的建立满足了蕃商子弟的求学愿望，同时也促进了中外文化交流。

事实证明，蕃学的建立确实取得了良好的效果。大观二年（公元 1108 年）三月三十日，前摄贺州州学教授曾鼎旦言："切见广州蕃学渐已就绪，欲乞朝廷择南州之纯秀练习土俗者，付以教导之职，磨以岁月之久，将见诸蕃之遣子弟仰承乐育者，相望于五服之南矣。"③ 可见接受教育的诸蕃子弟之多及其对宋朝的心悦诚服。

第三节　涉外婚姻与继承法律

一、涉外婚姻法

北宋初期，对外蕃人与汉人的婚姻权法律上有所限制。《宋刑统》卷八对"共化外人婚姻"条的记载继承了《唐律疏议》的内容，与化外人"共为婚姻

---

① 龚明之：《中吴纪闻》卷三《程光禄》，北京：中华书局，1985 年，第 33 页。
② 蔡絛：《铁围山丛谈》卷二，北京：中华书局，1983 年，第 27 页。
③ 《宋会要辑稿》崇儒二之十二，第 2193 页。

者流二千里,……未成者,各减三等",即"减流三等,得徒二年"。而且"诸蕃人所娶得汉妇女为妻妾,并不得将还蕃内"。"蕃人入朝,听住之者,得娶妻妾,若将还蕃内,以违敕科之。"① 蕃人在宋,仍可以娶汉妇女为妻,只是不能带归其本国。

相对于西北边境,侨居在广南、福建的蕃商的婚姻权有所扩大。他们中的很多人仍是在本民族内通婚,如"泉南有巨贾南蕃回回佛莲者,……其家富甚,凡发海舶八十艘,"而他就是泉州外商"蒲氏之婿也"②。但是,很多蕃商也渐渐与宋人结姻,尤为著名者,一次贩运象牙、犀角等商品总价值之大使广州市舶司所储本钱都不够博买的大食商人蒲亚里,"既至广州,有右武大夫曾纳利其财,以妹嫁之,亚里因留不归"。但是,市舶司全依靠蕃商来往贸易,蒲亚里在宋婚娶而不再贸易,自然与宋廷意志相悖,所以高宗"今委南夫劝诱亚里归国,往来干运蕃货"③。

蒲亚里所娶为宋朝官员之妹,更有甚者,有蕃商与皇族宗室之女联姻。

> 哲宗元祐间,广州蕃坊刘姓人娶宗女,官至左班殿直。刘死,宗女无子,其家争分财产,遣人挝登闻院鼓,朝廷方悟宗女嫁夷种,因禁止,三代须一代有官,乃得娶宗女。④

从中可知,宋朝允许蕃商与皇家宗室通婚,只是增加了附加条件,即规定外国人来华后,居住时间未及三代人,则不得和宗室通婚,已及三代的,其中一代必须在华做官,才可以和宗室通婚。

但是,与《唐律疏议》和《宋刑统》的规定一样,蕃商所娶中国妻子及所生子孙,还是不能携带回国:

> 诸蕃商娶中国人为妻及雇为人力女使,将入蕃者徒一年,将国中所生子孙入蕃者减一等。⑤

---

① 《宋刑统》卷八《卫禁律》,"共化外人交易婚姻"条,北京:中华书局,1984年,第140页。
② 周密:《癸辛杂识》续集卷下《佛莲家赀》,北京:中华书局,1991年。
③ 《宋会要辑稿》职官四四之二十,第3373页。
④ 《萍州可谈》卷二,第22页。
⑤ 《庆元条法事类》卷七十八《蛮夷门·蛮夷出入》。

此处已经明确规定了具体的惩罚，将中国妻妾带归本国，将处一年徒刑，将在宋朝境内所生子孙带回本国，则减一等，杖一百。

宋代蕃商与华人通婚已是比较普遍的现象，既然宋朝允许在一定条件下与宗室通婚，推而论之，外商在华与宋朝官员之家及民间通婚，则是法律所允许的。所以从本质上讲，两宋时期外国人在中国享有广泛的婚姻权。

二、财产保护和遗产继承法

两宋之时，诸族人归顺，加上来华贸易的舶商络绎不绝，甚至有的长居中国达五世之久，家赀数百万。对新归顺蕃族和久居中国的蕃商财产，宋代律令是加以保护的。

《庆元条法事类》中曾有对新归顺蕃族财物保护的敕令：

> 诸新归顺蕃族熟户，而辄乞取其财物者，徒二年，二贯，徒三年，十贯加一等，至一百贯者，斩；若无故勾呼追扰者，徒二年，禁留拘系，加一等，三日以上，又加一等，因致逃叛，流二千里。其归顺满三年者，有犯依常法。①

"熟户"当指宋朝原来的州民以及归顺多年后的蕃族，据"归顺满三年者有犯依常法"来看，归顺三年后，蕃族即成为熟户，与原州民无异。熟户如果向新归顺蕃族勒索财物，则处二年徒刑，达二贯即徒三年，之后每多十贯加一等处罚，到一百贯则斩首，可见处罚之严格，也体现了宋朝对归顺蕃族的保护。

因为来华外国人中蕃商占绝大多数，而且他们都是经营大宗贸易，家资丰厚，因此对蕃商财产的保护在宋朝法律中显得更为重要，律令也更为繁多。

首先，赵宋王朝维护在华蕃人的正当利益，尽可能防止官吏利用职权擅自收蕃商货物，或者对他们勒索、骚扰，注意对舶货的抽解事宜。太平兴国（公元976~984年）初，宋廷即诏令官吏"私与蕃国人贸易者，计直满百钱以上论罪，十五贯以上黥面流海岛，过此送阙下"②，并于淳化五年（公元994年）重申其禁。至道元年（公元995年）六月，太宗下诏：

---

① 《庆元条法事类》卷七十八《蛮夷门·归明附籍约束》。
② 《宋史》卷一百八十六《食货下八·互市舶法》，第4559页。

>>> 第四章 宋朝涉外民事法律

市舶司监官及知州通判等今后不得收买蕃商杂货及违禁物色，如违当重置之法。先是，南海官员及经过使臣多请托市舶官，如传语蕃长，所买香药多亏价直。至是右正言冯拯奏其事，故有是诏。①

这是禁止宋朝官吏通过市舶司官员和蕃长低价购买蕃商货物，而致使蕃商受损。徽宗政和（公元1111～1118年）中，更有官员强买蕃使货物而不付钱，被宋朝法律部门惩治。宋廷从此严肃吏治，任命清正廉洁官员管理蕃使入贡之事，

横州士曹蔡蒙休押伴其使（大食国使）入都，沿道故滞留，强市其香药不偿直。事闻，诏提点刑狱置狱推治，因诏自今蕃夷入贡，并选承务郎以上清干官押伴，按程而行，无故不得过一日，乞取贾市者论以自盗云。②

虽然宋朝对官员购买蕃商货物之事三令五申，但仍不免有此类事件不断发生，南宋宁宗开禧三年（公元1207年）正月七日：

前知南雄州聂周臣言，泉、广各置舶司以通蕃商，比年蕃船抵岸，既有抽解，合许从便货卖。今所隶官司，择其精者，售以低价，诸司官属复相嘱托，名曰和买。获利既薄，怨望愈深，所以比年蕃船颇疏，征税暗损。乞申饬泉、广市舶司照条抽解和买入官外，其余物货不得毫发拘留，巧作名色，违法抑买。如违，许蕃商越诉。犯者计赃坐罪。仍令比近监司专一觉察，从之。③

此条法令仍是针对官员低价购买蕃商货物而言，除了规定官员不得违法低价购买之外，还给予了蕃商越诉权。官员如果实有犯罪则要受到惩罚，可知此次立法力度之大。

除了官员低价购买、强买蕃商货物，仍有官员偷盗蕃国进奉人钱物者，宋朝对此类官员依照"监主自盗"法论处。

---

① 《宋会要辑稿补编》卷一万七千五百五十二《市舶》，全国图书馆文献微缩复制中心，1988年，第639页。
② 《宋史》卷四百九十《外国传·大食》，第14121页。
③ 《宋会要辑稿》职官四四之三三，第3380页。

大理寺言，京城内监临主守自盗及盗所监临财物，依一司敕，计赃更不加等，盗蕃国进奉人钱物者准此，以上轻者依海行敕律加等法，从之。①

《宋刑统》"监主自盗"法云："诸监临主守自盗，及盗所监临财物者，加凡盗二等，三十匹绞。""盗蕃国进奉人钱物者准此"，即"加凡盗二等"，因规定"计赃更不加等"，则"一尺杖八十，一匹加一等，一匹一尺杖九十，五匹徒二年，五匹加一等，……三十匹绞"。② 惩罚不谓不严厉。

其次，宋朝对牙人的不法行为所造成的蕃商的利益损害，也予以补偿。牙人，即中外贸易的居间人、中介。《开庆四明续志》曾记载日本商人所携带黄金被牙人所藏匿之事。"照得倭商每岁大项博易，惟是倭板、硫黄，颇为国计之助，外此则有倭金，商人携带各不能数两，未免深藏密匿，求售于人。盖其所贩倭板、硫黄之属，多其国主贵臣之物，独此乃倭商自已之物，殊为可念。"到明州贸易的日本商人本身常只携带质轻价贵的少量黄金。黄金的进口并不受禁止，商人只须依例纳税即可。市舶司委牙人监税，而有不法牙侩为图利益，谎称黄金贸易"官司有厉禁"，诱迫日商托其代销，"密行货卖"，从中盘剥。更有"奸牙辄为所匿，且胁以本朝法令之严，倭商竟不敢吐气，常怀憾而去"。为此，宋朝政府放弃了每年上万缗的黄金抽解税，明州市舶司在每次倭船到岸时：

免抽博金子，如岁额不可阙，则当以最高年分所抽博之数本司代为偿纳。③

如此一来，朝廷以失"万余缗十七界之利"而得"远人向化之心"，激发了日本商人的贸易热情，因此"施行所损无毫厘"。

此外，对于在海上遭遇风波的船舶，宋朝除了给予生活上的帮助外，对其货物还特立"防守、盗纵、诈冒断罪法"予以保护，等待蕃商亲属来认领。元符二年（公元1099年）五月十二日，户部言："蕃舶为风飘着沿海州界，

---

① 《续资治通鉴长编》卷五百，哲宗元符元年七月戊辰，第11916页。
② 《宋刑统》卷十九《贼盗律》，"监主自盗"条，第304页。
③ 梅应发、刘锡同：《开庆四明续志》卷八《蠲免抽博倭金》，台北：台湾成文出版社，1983年。

若损败及舶主不在，官为拯救，录货物，许其亲属召保认还。及立防守、盗纵、诈冒断罪法，从之。"①

涉及蕃商财产的另一个重要问题是其遗产继承问题。

宋初，《宋刑统》"户婚律"中就特别编入"死商钱物（诸蕃人及波斯附）"一门，说明了蕃商遗产继承问题在宋朝的突出和重要，也说明了宋朝立法的进步。《宋刑统》中的规定如下：

> [准] 唐大和八年八月二十三日敕节文，当司应州郡死商，及波斯、蕃客资财货物等，谨具条流如后：
> ……
> 死波斯及诸蕃人资财货物等，伏请依诸商客例，如有父母、嫡妻、男女、亲女、亲兄弟元相随，并请给还。如无上件至亲，所有钱物等并请官收，更不牒本贯追勘亲族。
>
> 右户部奏请，自今以后，诸州郡应有波斯及诸蕃人身死，若无父母、嫡妻、男及亲兄弟元相随，其钱物等便请勘责官收。如是商客及外界人身死，如无上件亲族相随，即量事破钱物霍瘗，明立碑记，便牒本贯追访。如有父母、嫡妻、男及在室女，即任收认。如是亲兄弟、亲侄男不同居，并女已出嫁，兼乞养男女，并不在给还限。在室亲姊妹，亦请依前例三分内给一分。如死商有妻无男女者，亦请三分给一分。敕旨宜依。
>
> [准] 周显德五年七月七日敕条，……其蕃人、波斯身死财物，如灼然有同居亲的骨肉在中国者，并可给付。其在本土者，虽来识认，不在给付。②

宋朝政府准用唐朝大和八年（公元834年）和后周显德五年（公元958年）敕条的内容，波斯及诸蕃人在中国身故，其财物可以交付其原相随来中国的父母、嫡妻、男、亲女、亲兄弟。如无以上亲属，所有财物由官府收管，更不牒本贯追勘亲族，其在本土的亲族虽来认领，亦不给还。不过，根据宋朝的国情发展，在遇到蕃商遗产问题时，除了仍然使用上述原则，实际处理方法较之唐代和后周仍有较大的变化和发展。一是规定外国人死后，享有继承权的亲属比

---

① 《宋会要辑稿》职官四四之八，第3367页。
② 《宋刑统》卷十二《户婚律》，"死商钱物（诸蕃人及波斯附）"条，第199页。

113

前代增多，即包括蕃人的父母、嫡妻（如无子女，只能继承三分之一）、亲男及在室女、同居的亲侄子、在室姐妹（三分之一）。二是享有继承权的有效时间与唐不同，宋代没有明确的年限规定，蕃人死后，为其明立碑记，便牒本贯追访，若后来有属于规定之列的亲属提出继承要求，则其继承可以随时生效。宋朝的规定更加明确了涉外继承人的范围、继承顺序、财产的具体分配及处理原则，体现了本国法律的尊严和司法主权，也更好地保护了外国人在华的合法权益。

随着时间的发展，在中国居住的蕃客越来越多，居住时间也越来越长，有的甚至长达五世之久，宋朝政府又对此类蕃客的遗产做出了规定。徽宗政和四年（公元1114年）五月十八日诏令：

> 诸国蕃客到中国居住已经五世，其财产依海行无合承分人，及不经遗嘱者，并依户绝法，并入市舶司拘管。①

即诸国蕃客来中国居住凡经五世者，遗产则官管，如无继承人或遗嘱，即依户绝法加以处分，仍入市舶司保管。市舶司之所以保管财产，盖欲俟亡人之子女或近亲来而认领处分，这也是对外商财产的一种保护。规定五世的用意，一为蕃商居留宋朝时间确实长久，再者，也与中国传统观念中五世亲尽有关。不过，证诸实际，宋代蕃商在中国居住即使未经五世，死后若无亲近家属，其遗产也按照户绝法处理。

上述规定只有在蕃商生前未立遗嘱时才能生效。若蕃商生前立有遗嘱，宋朝依法予以保护。在实际生活中，宋朝对外商遗产的处理除依法予以保护外，还根据不同情况以灵活方式处理。《龙川略志》曾记"辨人告户绝事"："广州商有投于户部者，曰蕃商辛押陁罗者，居广州数十年矣，家赀数百万缗。本获一童奴，过海遂养为子，陁罗近岁还蕃，为其国主所诛，所养子遂主其家，今有二人在京师，各持数千缗，皆养子所遣也，此于法为户绝，谨以告李公择，既而为留状，而适在告，郎官谓予曰：陁罗家赀如此，不可失也。"之后，苏辙指出原告的三个不合法之处并使之伏法，因此保护了蕃商的遗产。②

不久居宋朝的蕃客，如客死于中国，其遗产一般依唐时及宋初之惯例，官府为之没收。《攻媿集》中记载南宋崇献敬王之事，"真里富国大商死于（明

---

① 《宋会要辑稿》职官四四之九，第3368页。
② 《龙川略志》卷五《辨人告户绝事》，第19页。

州）城下，囊赍巨万，吏请没入。王（知明州赵圭）曰：'远人不幸至此，忍因以为利乎？'为具棺敛，属其徒护丧以归。明年金人致谢曰：'吾国贵近亡没，尚籍其家。今见中国仁政，不胜感慕，遂除籍没之例矣。'来者且言，"死商之家尽捐所归之赀，建三浮屠，绘王像以祈寿。岛夷传闻，无不感悦，至今其国人以琛贡至，犹问王安否。"① 蕃商家属对崇献敬王不没其财产的感激之情可以反映出，对暂居中国且无亲属相随的蕃商遗产，官吏将之没收，殆为常事。但是，随着宋代对外开放的更加广泛深入，一些封疆大吏在对外国人的财产继承权方面的处理，较之宋初的法律规定更显宽厚，蕃商的遗产也得到了更好的保护和更加合理的分配。

---

① 楼钥：《攻媿集》卷八十六《皇伯祖太师崇宪靖王行状》，北京：中华书局，1985年。

115

第五章

宋朝涉外经济法律

外国普通民众入宋经商与宋朝商民出海贸易一起推动了宋朝海外贸易的发展,使其扩展到欧、亚、非三大洲,取得了在中国封建社会史上空前的重大成就。

宋代海外贸易的发展是与朝廷的立法指导思想分不开的。立国后不久,雍熙四年(公元987年)五月,宋太宗即"遣内侍八人赍敕书金帛,分四纲,各往海南诸蕃国,勾招进奉,博买香药、犀、牙、真珠、龙脑,每纲遣空名诏书三道,于所至所赐之"。[①] 以后的真宗、仁宗、神宗、高宗、孝宗更采取积极措施,招诱安抚奖励海外商人。仁宗天圣六年(公元1028年)即因"广州近年蕃舶罕至",诏令广州知州与转运司筹划招诱安抚海外商人的办法。[②] 宋高宗认为"市舶之利,颇助国用,宜循旧法,以招徕远人,阜通货贿"[③]。孝宗也于隆庆二年七月二十五日发布诏令,要求各州县"推明神宗皇帝立法之意,使商贾懋迁,以助国用"[④]。这些诏令及其所反映的立法思想为海外贸易的不断发展提供了保障。因此,宋朝政府对蕃商入宋贸易制定的法律在宋代涉外法律中非常具有代表性。

第一节 贸易与税收法律

宋朝继承了《唐律疏议》中有关中外贸易的交易方式、市场管理、禁行私商等规定,更在元丰年间制定了"广州市舶条法",并通过颁布各种单行法

[①] 《宋会要辑稿》职官四四之一,第3364页。
[②] 《宋会要辑稿》职官四四之四,第3365页。
[③] 《宋会要辑稿》职官四四之二四,第3375页。
[④] 《宋会要辑稿》职官四四之二七,第3377页。

令和编敕作为补充形式，从而使宋朝对蕃商入宋贸易制定的法律更加完备。其主要内容如下：

（一）关于对外商征税的法律

宋为增加国家财政收入，以法规定了"抽解"制度。进口船舶所载货物都须先由市舶司抽解，《萍州可谈》记曰："凡舶至，帅漕与市舶监官莅阅其货而征之，谓之抽解。……舶至，未经抽解敢私取物货者，虽一毫皆没其余货，科罪有差，故商人莫敢犯。"① 抽，抽分，即从舶商货物的总数中抽取若干分作为国家的收入；解，发解中央。抽解即由抽分起发上供之义，转而单谓征税之义，实际上是宋廷依法征收的一种市舶税，而采取了实物的形式。那么，宋朝征收舶货的税率是多少？前后有无什么样的变化？

太宗时期，宋朝税率大体为十分之一：

> （太平兴国初）大抵海舶至，十先征其一，其价直酌蕃货轻重，而差给之。②

淳化年间稍有变化：

> 止斋陈氏曰：是时市舶虽始置司，而不以为利。淳化二年，始立抽解二分，然利殊薄。③

宋仁宗时，税率又一度降为十分之一，其时，仁宗

> 诏杭、明、广三州置市舶司，海舶至者，视所载十算其一而市其三。④

而范仲淹亦记：

> （王丝）充广南东路转运按察使兼本路安抚，提举市舶司，凡蕃

---

① 《萍州可谈》卷二，第17页。
② 《宋会要辑稿》职官四四之一，第3364页。
③ 《文献通考》卷二十《市籴考一·均输市易和买》。
④ 《文献通考》卷二十《市籴考一·均输市易和买》。

117

货之来，十税其一，必择诸精者，……公令精粗兼取。①

可见宋初税率基本保持在百分之十左右，而且舶货不分粗细，统一征收市舶税。

　　其后，大抵绍圣元符年间，宋朝把船货依其是否贵重分为粗细两色，按不同比例征税，即《萍州可谈》所云：

　　　　以十分为率，真珠、龙脑凡细色抽一分，瑇瑁、苏木凡粗色抽三分。②

南宋播迁后，因要向金输帛纳币，财政支出日趋增多，抽解率比北宋大为增高。高宗绍兴前期，细色物货的抽解率大抵是十分之二，而且还曾分类采用不同的抽解比例：

　　　　抽解旧法，十五取一，其后，十取其一，又其后择其良者诸如犀象，十分抽二分，又博买四分，真珠十分抽一分，又博买六分之类。③

而到绍兴十四年（公元1144年），部分细色物货抽税率一度增高到十分之四，舶商叫苦不迭。为了改变外商因税率太高不肯涉洋前来的状况，高宗绍兴十七年十一月四日，下诏：

　　　　三路市舶司今后蕃商贩到龙脑、沉香、丁香、白豆蔻四色，并依旧抽解一分，余数依旧法施行。先是，绍兴十四年，一时措置抽解四分，以市舶司言，蕃商陈诉抽解太重，故降是旨。④

至孝宗隆兴年间，一直保持抽解一分的比率。

　　南宋后期，为了应付国内外日趋紧张的局势，财政支出又现局促，宋廷再

---

① 范仲淹：《范文正集》卷十四《权三司盐铁判官尚书兵部员外郎王君墓表》，四库全书本。
② 《萍州可谈》卷二，第17页。
③ 《宋会要辑稿》职官四四之二七，第3377页。
④ 《宋会要辑稿》职官四四之二五，第3376页。

度提高抽解比例。据罗浚《宝庆四明志》所记宝庆二年（公元 1226 年）之事：

> 契勘舶务旧法，应商舶贩到物货内，细色五分抽一分，粗色物货七分半抽一分，①

已比原来的抽解率提高了一倍，再次损伤了舶商来华的积极性。宋廷再度颁布法令予以调整，规定：日本、高丽商船，不分粗细，"纲首、杂事十九分抽一分，余船客十五分抽一分，起发上供"，南海及诸蕃国的船舶则以旧年例，十分抽一分。② 这样，抽分的办法就更加复杂了，高丽、日本蕃舶和南海商舶采取了不同的标准。

可见，南宋对舶货的征税率，仍没有统一的规定。南宋统治者既希望通过提高税率来增加财政收入，又不想抛弃北宋一直以来奉行的积极发展海外贸易的方针和政策。

（二）关于对舶货禁榷、收买和出卖的法律

宋朝政府除向舶商征收实物税外，还立禁榷与博买之法。禁榷，即对某些物货完全由政府专买专卖，不许民间私相交易。而对某些物货，在抽解之外，再由政府按规定的价格收购若干，其他剩余的物货由蕃商自由出卖，称为"博买"，或"官市"、"和买"。

首先，宋朝的禁榷制度，确立于太宗太平兴国元年（公元 976 年），当时对所有进口物货一律采取禁榷制度。

> 太平兴国初，京师置榷易院，乃诏，诸蕃国香药宝货，至广州、交趾、泉州、两浙，非出于官库者，不得私相交易。③

更在当年五月具体立法：

> 敢与蕃客贸易计其直满一百文以上，量科其罪。过十五千以上黥面配海岛。过此数者，押送赴阙。妇人犯者，配充针工。淳化五年

---

① 罗濬：《宝庆四明志》卷六《叙赋下·市舶》，台北：台湾成文出版社，1983 年。
② 《宝庆四明志》卷六《叙赋下·市舶》。
③ 《宋会要辑稿》职官四四之一，第 3364 页。

(公元995年）二月又申其禁，四贯以上徒一年。递加二十贯以上，黥面配本地充役兵。①

对此，《宋史·食货志》也有记载：

> 太平兴国初，私与蕃国人贸易者，计直满百钱以上论罪，十五贯以上黥面流海岛，过此送阙下。淳化五年申其禁，至四贯以上徒一年，稍加至二十贯以上，黥面配本州为役兵。②

即禁止宋朝臣民与蕃客即外人直接贸易。

后来，随着海外贸易的展开，宋廷对禁榷之物有所松动。因此在禁止中外私相交易后又诏：

> 民间药石之具，恐或致阙，自今唯珠贝、玳瑁、犀牙、镔铁、鼊皮、珊瑚、玛瑙、乳香禁榷外，他药官市之余，听市货与民。③

也就是，宋朝规定了八种禁榷物品。太平兴国七年（公元982年），又放开了一部分药物，许人们买卖，《会要》云：

> 七年闰十二月诏，闻在京及诸州府人民或少药物食用，今以下项香药，止禁榷广南、漳、泉等州舶船上，不得侵越州府界，紊乱条法，如违，依条断遣。其在京并诸处，即依旧官场出卖，及许人兴贩。④

且列举禁榷物八种、放通行药物三十七种，"后紫矿亦禁榷"。真宗时又有所增加：

> 大中祥符二年八月九日，诏杭、广、明州市舶司，自今蕃商贵鍮石至者，官为收市，斤给钱五百，以初立禁科也。时三司定直，斤钱

---

① 《宋会要辑稿》职官四四之一，第3364页。
② 《宋史》卷一百八十六《食货下八·互市舶法》，第4559页。
③ 《宋会要辑稿》职官四四之一，第3364页。
④ 《宋会要辑稿》职官四四之二，第3364页。

二百，诏特增其数。①

"初立禁科"即禁榷之货，最初之八种，如今加紫矿、鍮石（即锌矿石），共十种。但禁榷货物的多少并非固定，尤其南宋，时有变化。

其次，宋廷对舶货的收买率，不仅一直颇高而且也常有变动。

淳化二年（公元991年）四月太宗下诏：

> 广州市舶，每岁商人舶船，官尽增常价买之，良苦相杂，官益少利。自今除禁榷货外，他货择良者止市其半，如时价给之，粗恶者恣其卖勿禁。②

说明自淳化二年后，宋廷博买范围主要限于象牙、宝珠等珍贵物货。《萍州可谈》云："抽外，官市各有差，然后商人得为己物。象牙重及三十斤并乳香抽外尽官市，盖榷货也。"③ 可见，禁榷之物，如象牙、乳香之类，除抽解外，要尽数博买。

"择良者止市其半"，则说明了宋朝对有利商品的收买率大概为百分之五十，这与孝宗隆兴二年八月十三日，两浙市舶司所言"又其后择其良者诸如犀象，十分抽二分，又博买四分，真珠十分抽一分，又博买六分之类"④，收买率略同。

《宝庆四明志》载胡矩札子言明州抽解收买之情形：

> 窃见旧例，抽解之时，各人物货分作一十五分，舶务抽一分起发上供，纲首抽一分为船脚糜费，本府又抽三分低价和买，两倅厅各抽一分低价和买，共已取其七分，至给还客旅之时，止有其八，则几于五分取其二分，故客旅宁冒犯法禁透漏，不肯将出抽解。⑤

此为两浙市舶司废止后，明州留置市舶务时之事，旧例必为前事，可知抽解收买之率。

---

① 《宋会要辑稿》职官四四之三，第3365页。
② 《宋会要辑稿》职官四四之二，第3364页。
③ 《萍州可谈》卷二，第17页。
④ 《宋会要辑稿》职官四四之二七，第3377页。
⑤ 《宝庆四明志》卷六《叙赋下·市舶》。

121

宋初只是以良窳区别舶货，后因课税之差异及运送之是否方便等因素，遂分细色与粗色。细色即容量轻巧而价贵者；粗色即容量大而价贱者。细色货物税率较高，市舶司所收买的大多属于此类。《宋会要》绍兴三年（公元1133年）七月一日诏云：

> 广南东路提举市舶官，今后遵守祖宗旧制，将中国有用之物，如乳香药物及民间常使香货，并多数博买，内乳香一色，客算尤广，所差官自当体国，招诱博买。①

《萍州可谈》中也只提到象牙及乳香，可见当时乳香是最有用的。其实政府务须多买的并不限于宋初所定的榷货，而是国家认为有用的物货。同年十二月十七日户部上奏云：

> 勘会三路市舶，除依条抽解外，蕃商贩到乳香一色，及牛皮筋骨堪造军器之物，自当尽行博买，其余物货若不权宜立定所起发窠名，切虑枉费脚乘。②

后列选定发送行在及在本处变卖货物的名称。可见当时博买的乳香及牛皮筋骨等制造军器之物是为有用之物，其余则为市舶司视为可在当地变卖的有利物货。

既然是博买，必有一定的支付手段，那么市舶司收买舶货通过什么样的方式呢？宋朝政府规定要"如时价给之"，《宋史·食货志》载市舶司：

> 以金银、缗钱、铅锡、杂色帛、瓷器，市香药、犀象、珊瑚、琥珀、珠琲、镔铁、毻皮、玳瑁、玛瑙、车渠、水精、蕃布、乌樠、苏木等物。③

可见，市舶司博买禁榷货及其他细色的官本为金、银、缗、钱、铅、锡、杂色帛、瓷器等。元丰六年密州范锷云"况本州及四县常平库钱不下数十万缗，

---

① 《宋会要辑稿》职官四四之一七，第3372页。
② 《宋会要辑稿》职官四四之一七，第3372页。
③ 《宋史》卷一百八十六《食货下八·互市舶法》，第4558页。

乞借为官本，限五年拨还"，吴居厚覆奏也有"欲稍出钱帛，议其取舍之便，考其赢缩之归"①。足见宋朝虽屡有铜钱出界之禁，但市舶司收买舶货的本钱仍然主要为钱帛，尤其是钱。

但是，《萍州可谈》又云："凡官市价微，又准他货与之多折阅，故商人病之。"②说明宋朝收市不仅价钱定得很低，而且有时将一些官府库存滞销的货物折价抵算，使得舶商不得不想出各种办法逃避，"商人有象牙稍大者必截为三斤以下，规免官市。"③宁宗开禧元年（公元1205年）八月，提辖行在榷货务都茶场赵善谧上言：

> 泉、广招买乳香，缘舶司阙乏，不随时支还本钱，或官吏除尅，致有规避博买，诈作飘风，前来明、秀、江阴舶司，巧作他物抽解，收税私卖，挽夺国课。乞下广、福市舶司多方招诱，申给度牒，变卖给还价钱。仍下明、秀、江阴三市舶遇蕃船回舶，乳香到岸，尽数博买，不得容令私卖，从之。④

可见，宋朝政府将博买舶货视作"国课"，是国家财政收入的重要组成部分，因此十分重视。宋朝曾不断下诏督促市舶司及有关朝廷官员不准克扣、挪用博买钱本，并制定"殿最赏罚条格"强化官员的职责。

抽解收买之物货，宋朝政府又如何处理呢？一般先暂保管于市舶司库，经一定时间后，其中的一部分要起发送纳中央官库，称为纲运上供，即按照一定的数量分成若干纲，由中央差使臣押送入京，上交宫廷或中央有关机构。在设置提举市舶司专官以后，纲运送纳事务，也归市舶司掌管。

除了纲运上供，剩余不堪上供之一般或粗重的货物则通过两种办法处理，一是由本州府将各种货物分类打包出卖，称"依时价打套出卖"；二是允许商人向官府纳钱，然后到市舶司领取货物，在本地或到别处出卖。

依照元丰市舶法，蕃国进奉物货，均于市舶司出卖，而抽解的货物，如粗重不易起发，也于市舶司出卖。徽宗崇宁四年（公元1105年）五月二十日，诏曰：

---

① 《续资治通鉴长编》卷三百四十一，神宗元丰六年十一月戊午，第8199页。
② 《萍州可谈》卷二，第17页。
③ 《萍州可谈》卷二，第17页。
④ 《宋会要辑稿》职官四四之三三，第3380页。

> 每年蕃船到岸应买到物货，合行出卖，并将在市实直价例，依市易法，通融收息，不得过二分。从广南提举市舶司请也。①

可见市舶司将收买到的舶货按高价出卖，获取利益。此后，闽广二司因纲运物货太多，枉费脚乘亏损官钱而建议将大部分物货在本地出卖，得到允许。

> 高宗建炎元年（公元1127年）闽广二司粗色货云：十月二十三日，承议郎李则言：闽广市舶旧法，置场抽解，分为粗细二色，般运入京，其余粗重难起发之物，本州打套出卖。自大观以来，乃置库收受，务广帑藏，张大数目，其弊非一。旧系细色纲，只是真珠龙脑之类，每一纲五千两，其余如犀牙、紫矿、乳香、檀香之类，尽系粗色纲，每纲一万斤。凡起一纲，差衙前一名管押，支脚乘赡家钱，约计一百余贯。大观以后，犀牙、紫矿之类，皆变作细色，则是旧日一纲，分为之十二纲，多费官中脚乘赡家钱三千余贯。乞将前项抽解粗色，并令本州，依时价打套出卖，尽作见钱桩管，许诸客人，就行在中，纳见钱，赍执兑便关子，前来本州支请，诏依旧余依所乞。②

而对某些照例应该发往京城的珍贵蕃货，有时因数量太大，所需本钱太多，也会因便将其中一部分就地搭息出卖。绍兴元年（公元1131年）十一月二十六日，提举广南路市舶张书言言：

> 契勘大食人使蒲亚里所进大象牙二百九株、大犀三十五株，在广州市舶库收管。缘前件象牙各系五七十斤以上，依市舶条例，每斤价钱二贯六百文九十四陌，约用本钱五万余贯文省。欲望详酌，如数目稍多，行在难以变转，即乞指挥起发一半，令本司委官秤估，将一半就便搭息出卖，取钱添同给还蒲亚里本钱。诏令张书言拣选大象牙一百株，并犀二十五株，起发赴行在，准备解笏造带，宣赐臣僚使用。余依。③

---

① 《宋会要辑稿》职官四四之九，第3368页。
② 《宋会要辑稿》职官四四之一一，第3369页。
③ 《宋会要辑稿》职官四四之一三，第3370页。

至绍兴三年（公元1133年）十二月十七日，三路市舶司制定了送纳行在的货名及在本处变卖而将价钱解送行在之货名，规定金、银、珍珠等130余种货物要运往首都，其余蔷薇水、芦荟等90余种货物在本处变卖。① 绍兴六年（公元1136年）以圣旨定之，至十一年十一月，因起发过多复有更定，增加了在当地出卖的货物种类。②

舶货除了在抽解博买当地由市舶司出卖以外，存入京城中央官库的也可以出卖，由商人纳钱购买。《宋史·张逊传》记载：

> 太平兴国初，补左班殿直。从征太原还，迁文思副使，再迁香药库使。岭南平后，交趾岁入贡，通关市。并海商人遂浮舶贩易外国物，阇婆、三佛齐、渤泥、占城诸国亦岁至朝贡，由是犀象、香药、珍异充溢府库。逊请于京置榷易署，稍增其价，听商入金帛市之，恣其贩鬻，岁可获钱五十万缗，以济经费。太宗允之，一岁中果得三十万缗。自是岁有增羡，至五十万。③

"榷易署"在《宋史·职官志》和《文献通考》中均无记载，但记有"榷货务"执掌为"折博斛斗、金帛之属"④，因为南宋市舶重要的禁榷物乳香也于榷货务出卖，所以舶货的专卖，也应在榷货务进行。

（三）关于蕃商贩卖舶货的法律

经过抽分和博买后，蕃商从海外贩来的剩余舶货才"得为己物"，可在当地（办理抽分手续的市舶司所在地）或其他地方出卖。凡在本路出卖者，官府不许再行收税。若运到外地出售，仍须经市舶司核准，发给公凭后，才能前往。

神宗熙宁七年（公元1074年）正月一日诏：

> ……诸泉、福缘海州有南蕃海南物货船到，并取公据验认，如已经抽买，有税务给到回引，即许通行。若无照证及买得未经抽买物货，即押赴随近市舶司勘验施行。诸客人买到抽解下物货，并于市舶

---

① 《宋会要辑稿》职官四四之一八，第3372页。
② 《宋会要辑稿》职官四四之二一，第3374页。
③ 《宋史》卷二百六十八《张逊传》，第9222页。
④ 《宋史》卷一百六十五《职官五·太府寺》，第3908页。

司请公凭引目，许往外州货卖，如不出引目，许人告，依偷税法。①

公凭引目、回引、公据，皆允许贩卖之凭证，内记物货名目及数量。此诏令即申明公凭引目的重要性，必须持有证明物货已经抽解的回引才能通行，而且若往市舶司所在地之外的州县贩卖，也必须在市舶司申请公凭才能成行。

公凭引目的申请必须在市舶司进行，元丰五年（公元1082年）十二月二十一日，广西转运副使吴潜言："雷化发船之地，与琼岛相对，今令倒下广州请引，约五千里，不便，欲乞广西沿海一带州县，如土人客人，以船载米穀牛酒黄鱼，及非市舶司抽解之物，并更不下广州请引，诏孙迥相度于市舶法有无妨碍。"② 虽然结果如何不得而知，而且此处所说并非须经抽解的货物，但可以证明，海舶贩卖的物货，当时都必须于市舶司请引，这是确定无疑的。

南宋时期，孝宗再次重申了经抽解物货不出州界不许再收税的法令：

> 隆兴元年（公元1163年）十二月十三日，臣僚言：舶船物货，已经抽解，不许再行收税，系是旧法，缘近来州郡密令场务，勒商人，将抽解余物重税，却致冒法透漏，所失倍多，宜行约束，庶官私无亏，兴贩益广。户部看详，在法应抽解物，不出州界货卖，更行收税者，以违制论，不以去官赦降原减，欲下广州、福建、两浙转运司，并市舶司，钤束所属州县场务，遵守见行条法指挥施行，从之。③

既然"系是旧法"，则是通行已久。乾道二年（公元1166年）五月十四日，两浙路市舶司又就公凭引目上所书文字稍欠严密致使商人被阻之事上言：

> 建炎三年四月四日指挥，应贩市舶香药给引付人户，遇经过收税去处，依此批鉴，免两州商税，当来失写物货二字，致被税务阻节，乞于香药字下添入物货二字。诏依，仍令人户于出给文引内，从实开坐所贩名件数目，赍执前去。④

---

① 《宋会要辑稿》职官四四之六，第3366页。
② 《宋会要辑稿》职官四四之七，第3367页。
③ 《宋会要辑稿》职官四四之二六，第3376页。
④ 《宋会要辑稿》职官四四之二八，第3377页。

<<< 第五章 宋朝涉外经济法律

上述法令当是对中外商人都适用，但当时海上贸易隆盛，到广州通商的大食蕃客与日俱增，而且欲推广商利于内地者也渐多，蕃客愿往他州兴贩问题日渐突出。于是哲宗崇宁三年（公元1104年），对此问题特加规定：

> 崇宁三年五月二十八日诏，应蕃国及土生蕃客愿往他州或东京贩易物货者，仰经提举市舶司陈状，本司勘验诣实，给与公凭，前路照会，经过官司常切觉察，不得夹带禁物及奸细之人，其余应有关防约束事件，令本路市舶司相度，申尚书省。先是，广南路提举市舶司言，自来海外诸国蕃客将宝货渡海赴广州市舶务抽解，与民间交易，听其往还，许其居止，今来大食诸国蕃客乞往诸州及东京买卖，未有条约，故有是诏。①

规定除须携带公凭外，不得夹带禁物及奸细，比本国公民多了一份出于国家安全方面的考虑。其公凭之给与，仍归市舶司掌管。

（四）关于对蕃舶招徕、宴设、优待与救助的法律

宋朝自建立伊始，就非常重视市舶之利，太宗时已有招徕蕃国之事。其后各代君主均以发展海外贸易为国策，自然十分注意对蕃舶之招徕与接待。元丰五年（公元1082年）十月十七日，广东转运副使兼提举市舶司孙迥言：

> 南蕃纲首，持三佛齐詹毕国主及主管国事国主之女唐字书，寄臣熟龙脑二百二十七两，布十三匹。臣昨奉委，推行市舶法，臣以海舶法敝，商旅轻于冒禁，每召贾胡，示以条约，晓之以来远之意，今幸刑戮不加，而来者相继。前件书物等，臣不敢受，乞估直入官，委本库，买绫帛物等，候冬舶回，报谢之，所贵通异域之情，来海外之货，从之。②

"示以条约，晓之以来远之意"，正是吸引蕃商的重要因素，而"来海外之货"则是招徕的根本目的，二者均为市舶司之要务。

为鼓励海外贸易，每当舶商来往之时，市舶司往往依例设宴慰劳，谓之

---

① 《宋会要辑稿》职官四四之八，第3367页。
② 《宋会要辑稿》职官四四之六，第3366页。

"犒设"或"设蕃"。朱彧曾记:"余在广州,尝因犒设,蕃人大集府中。"①据建炎二年(公元1128年)七月八日诏:

> 两浙路市舶司,以降指挥,减省冗费,每遇海商住舶,依旧例支送酒食,罢每年燕犒。……广南、福建路市舶司准此。②

可知,从前除支送酒食外,又有燕犒,而此时为减省冗费而罢废宴犒。但是,为了吸引海商前来贸易兴利,不久之后,广州就以"所费不多"却能很好地表达招徕外夷以致柔远的意图为由,于绍兴二年(公元1132年)首先复旧。

> 高宗绍兴二年六月二十一日广南东路经略安抚提举市舶司言,广州自祖宗以来兴置市舶,收课入倍于他州,每年发舶月分,支破官钱,管设津遣,其蕃汉纲首作头梢公等人,各令与坐,无不得其欢心,非特营办课利,盖欲招徕外夷以致柔远之意。旧来或遇发船众多,及进贡之国并至,量增添钱数,亦不满二百余贯,费用不多,所说者众。今准建炎二年七月敕,备坐前提举两浙市舶吴说札子,每年燕犒,诸州所费不下三千余贯,委是枉费。缘吴说即不曾取会本路设蕃所费数目,例蒙指挥寝罢,窃虑无以招怀远人,有违祖宗故事,欲乞依旧犒设,从之。③

绍兴十四年(公元1144年),泉州亦依广州之制而恢复宴设蕃商的旧例,

> 九月六日,提举福建路市舶楼璹言,臣昨任广南市舶司,每年于十月内,依例支破官钱三百贯文,排办筵宴,系本司提举官,同守臣犒设诸国蕃商等。今来福建市舶司,每年止量支钱,委市舶监官,备办宴设,委是礼意,与广南不同,欲乞依广南市舶司体例,每年于遣发蕃舶之际,宴设诸国蕃商,以示朝廷招徕远人之意,从之。④

犒宴之外,市舶司每年还要举行一定的祭祀海神、祈风仪式以安抚蕃商。

---

① 《萍州可谈》卷二,第20页。
② 《宋会要辑稿》职官四四之一二,第3369页。
③ 《宋会要辑稿》职官四四之一四,第3370页。
④ 《宋会要辑稿》职官四四之二四,第3375页。

由于航海技术的相对局限，蕃商仍把航海安全寄托在神灵庇佑上。为了使蕃舶如期到来，市舶司及当地守土之臣都要举行祭祀仪式以吸引蕃舶前来。祭祀祈风仪式一年两次，即夏四月、五月蕃舶就西南季风回港之时和冬十月、十一月海舶就东北信风出港之际。而市舶司宴设蕃商也在每年遣发蕃舶之际，因此学者猜测，"市舶官员和守臣冬初举行祈北风仪式同宴设各国蕃商可能是同一天进行，在祈风仪式完毕后犒宴蕃商"①。

蕃商到宋朝不仅可以得到盛情的接待和宴请，而且招诱舶商来华贸易达到一定数额的外商及市舶纲首，宋朝直接授予官职，体现了宋朝对有作为的蕃商的优待。绍兴六年（公元1136年）宋廷规定：

> 诸市舶纲首能招诱舶舟、抽解物货、累价及五万贯十万贯者，补官有差。②

八月二十三日，提举福建路市舶司即上言：

> 大食蕃国蒲罗辛造船一支，般载乳香投泉州市舶，计抽解价钱三十万贯。委是勤劳，理当优异。诏蒲罗辛特补承信郎，仍赐公服履笏，仍开谕以朝廷存恤远人优异推赏之意，候回本国，令说喻蕃商广行般贩乳香前来，如数目增多，依此推恩。余人除犒设外，更与支给银采。③

承信郎，从九品官。除蒲罗辛授官赐服以外，其他人也得到宴请和赏赐。十二月十三日又有蕃舶纲首蔡景芳特与补承信郎。"以福建路提举市舶司言，景芳招诱贩到物货，自建炎元年至绍兴四年收净利钱九十八万余贯，乞推恩故也。"④ 可见宋朝对"纳税大户"的奖励是不遗余力的。

绍兴二十七年（公元1157年）之前，宋朝曾因恐蕃商得到授官后便不再经营海上贸易，而停止对蕃商的官职授予。六月一日，宰执进呈户部措置广南铜钱出界事，上曰："广南市舶司，递年有蕃商息钱，如及额，许补官，此祖宗旧制。前两年有陈乞推恩人，朝廷不与，恐缘此蕃商不至，今后可与依旧例

---

① 陈高华、吴泰：《宋元时期的海外贸易》，天津：天津人民出版社，1981年，第98页。
② 《宋史》卷一百八十五《食货下七·香》，第4537页。
③ 《宋会要辑稿》蕃夷四之九四，第7760页。
④ 《宋会要辑稿》职官四四之一九，第3373页。

推恩，即非创立法制。"① 可知此后仍依"祖宗旧制"，允许对蕃商继续补官。

而宋朝对于蕃商的优待还不止于此。由于宋廷规定对进贡的蕃舶沿途地方官要予以招待，而且其所带货物可以免沿途商税，因此很多蕃商以朝贡进奉为名来华行通商贸易之实。对此，宋朝虽有所察觉但也予以某些优待。如天禧元年（公元1017年）六月三司言：

> 大食国蕃客麻思利等回，收买到诸物色，乞免缘路商税。今看详麻思利等将博买到真珠等，合经明州市舶司抽解外，赴阙进卖。今却作进奉名目，直来上京。其缘路商税不令放免。诏：特蠲其半。②

麻思利等博买物货却作进奉名目上京，被明州市舶司揭穿。尽管如此，出于对蕃客的柔远心态，仍将其商税减免一半，如果是真进奉，则抽解及沿路商税均可免。仁宗天圣四年（公元1026年）十月，日本太宰府进奉使周良史到明州，

> 明州言：市舶司牒，日本国太宰府进奉使周良史状，奉本府都督之命，将土产物色进奉，本州看详，即无本处章表，未敢发遣上京，欲令明州，只作本州意度，谕周良史，缘无本国表章，难以申奏朝廷，所进奉物色，如肯留下，即约度价例回答，如不肯留下，即却给付，晓示令回，从之。③

此次日本进奉使因无其本国表章，明显也是借进奉名目而欲获免税之利。明州市舶司的处理办法则是，如果对方愿意留下"进奉"物品则依价回赐，如不愿留下则全部返还，令其回国。两种办法都不曾言及抽解之事，可见，对进奉人员，无论真假，宋朝政府都予以优待。

但是此种以进奉名目经商的行为与宋朝发展海外贸易的法律政策不符，因此宋朝君主也曾征询过对应方法。曾巩曾记载陈世卿知广州时之事：

> 外国来献，多人徒，以食县官，而往往皆射利于中国也。天子问

---

① 《宋会要辑稿》职官四四之二五，第3376页。
② 《宋会要辑稿》职官四四之三，第3365页。
③ 《宋会要辑稿》职官四四之四，第3365页。

公所以纲理之者，公以谓：以国之小大，裁其使员授官之多少，通其
公献而征其私货，可以息弊止烦。从之。①

"通其公献而征其私货"，即对进贡之物免税而对私带之货征税，正是宋朝对待此类"进奉"蕃客的办法。陈世卿于大中祥符九年（公元1016年）九月卒于广州，而所谓"通其公献而征其私货"，大概为祥符年间之事。事实确实如此，可在《续资治通鉴长编》的记载中得到证实：

真宗大中祥符九年七月庚戌，知广州陈世卿言，海外蕃国贡方物
至广州者，自今犀象、珠贝、拣香、异宝听赍赴阙。其余辇载重物，
望令悉纳州帑，估直闻奏。非贡奉物，悉收其税算。……缘赐与所得
贸市杂物，则免税算，自余私物不在此例，从之。②

可知自此时起，私带之货，特予以课税。元丰三年后进奉物货，一律在市舶司所在地出卖，不必起发京师。徽宗宣和四年五月九日曾有诏："应诸蕃国进奉物，依元丰法，更不起发，就本处出卖。倘敢违戾，市舶司官以自盗论。"③与出卖价值相对应，对使人仍有回赐。

此外，对于在海上遭遇风波的船舶，神宗熙宁七年（公元1074年）正月曾有诏令："诸舶船遇风信不便，飘至逐州界，速申所在官司城下，委知州，余委通判或职官，与本县令佐躬亲点检，除不系禁物，税讫给付外，其系禁物即封堵，差人押赴随近市舶司勾收抽买。"④ 此诏大概是针对中外所有船舶而言。若船舶因风漂至州界，当地官员要亲自检查，如果所载不是禁榷物则征税之后给还，如果是禁榷物，则派人押赴附近市舶司抽解货物。

关于因风漂流而来之外国人，宋朝都给予抚恤，提供食宿。熙宁九年（公元1076年），秀州华亭县高丽商贾二十人"因乘船遇风，飘泊海岸，……诏秀州：'如参验实非奸细，即居以官舍，给食，候有本国使人，入朝取旨。'其后王徽使至，因赐帛遣归"⑤。

---

① 曾巩：《元丰类稿》卷四十七《秘书少监赠吏部尚书陈公神道碑铭》，北京：商务印书馆，1937年。
② 《续资治通鉴长编》卷八十七，真宗大中祥符九年七月庚戌，第1998页。
③ 《宋会要辑稿》职官四四之一一，第3369页。
④ 《宋会要辑稿》职官四四之五，第3366页。
⑤ 《续资治通鉴长编》卷二百七十七，神宗熙宁九年九月乙卯，第6781页。

曾巩有"存恤外国人，请著为令"札子，所说为耽罗国人崔举，漂流至泉州界，因来明州候船回国，曾巩对其进行照顾之事。

> 臣昨任明州日，有高丽国界托罗（即耽罗）国人崔举等，因风失船飘流至泉州界，得捕鱼船援救全渡，从此随捕鱼船同力采捕，得鱼自给。后于泉州自陈，愿来明州，候有便船，却归本国。泉州给与沿路口券，差人押来。臣寻为置酒食犒设，送在僧寺安泊，逐日给与食物，仍五日一次别设酒食，具状奏闻。臣奏未到之间，先据泉州奏到奉圣旨，令于系官屋舍安泊，常切照管，则臣存恤举等，颇合朝廷之意。自后更与各置衣装，同天节日亦令冠带得预宴设。窃以海外蛮夷遭罹祸乱，漂溺流转远失乡土，得自托于中国，中国礼义所出，宜厚加抚存，令不失所。泉州初但给与口券，差人徒步押来，恐朝廷矜恤之恩有所未称，检皇佑一路编敕，亦只有给与口食指挥。今来圣旨，令于系官屋舍安泊，常切照管，事理不同，缘今来所降圣旨，未有著令，欲乞今后高丽等国人船，因风势不便，或有飘失到沿海诸州县，并令置酒食犒设，送系官屋舍安泊，逐日给与食物，仍数日一次别设酒食，阙衣服者，官为置造，道路随水陆给借鞍马舟船，具析奏闻，其欲归本国者，取禀朝旨，所贵远人得知朝廷仁恩待遇之意取进止。①

曾巩知明州，乃为熙宁年间之事，从中可以看出，宋朝对遭遇海难的蕃客规定给予粮食救助及安排房舍居住。曾巩不仅如此，而且别赠酒食衣服，令其参加节日宴会，并请求朝廷今后对此类人不仅给酒食、房屋、衣服，还要借其鞍马舟船，以让远人体会朝廷的仁恩待遇，神宗从其请。

本着这种怀柔远人的指导思想，南宋时期曾多次开仓救助日本遇难船民。淳熙三年，"风泊日本舟至明州，众皆不得食，行乞至临安府者，复百余人，诏人日给钱五十文，米二升，俟其国舟至日遣归。十年，日本七十三人复飘至秀州华亭县，给常平义仓钱米以振之。绍熙四年，泰州及秀州华亭县复有倭人为风所泊而至者，诏勿取其货，出常平米振给而遣之。庆元六年至平江府，嘉泰二年至定海县，诏并给钱米遣归国。"②

---

① 《元丰类稿》卷三二《札子·存恤外国人请著为令》。
② 《宋史》卷四百九十一《日本国传》，第14137页。

宋朝对遇难蕃客除了给予生活上的帮助外，还保护其财产，对其货物全部归还，并特立"防守、盗纵、诈冒断罪法"予以保护。元符二年（公元1099年）五月十二日，户部言：

> 蕃舶为风飘着沿海州界，若损败及舶主不在，官为拯救，录货物，许其亲属召保认还。及立防守、盗纵、诈冒断罪法，从之。①

政和四年（公元1114年），钱塘江一艘海船倾覆，滨江居民盗取船中财物。宋政府"令杭州研穷根究"，"并拟修下条诸州，船因风水损失或靠阁，收救未毕而乘急取财物者，并依水火惊扰之际公取法"②，再次立法保护蕃舶财产。

而船舶因风雨招致损坏时，宋廷依法免征其税：

> 宋孝宗乾道三年（公元1167年）四月，下诏："广南、两浙市舶司所发舟还，因风水不便、船破樯坏者，即不得抽解。"③

第二节 禁止钱银出界法律

宋代涉外经济法律中，蕃商入宋贸易管理法是主要内容，目的即是为了吸收"外资"增加财政收入，盖为"入"；而另一方面，还有防止资金的"出"，也就是钱银的外流，双向管理才能取得效果。那么，宋朝对钱银的外流问题、对涉及此事的外商又做了哪些法律规定？有没有取得实际的效果？

北宋时，货币以铜、铁为本位，开封府等十三路专用铜钱，陕西河东两路铜钱与铁钱兼用，川蜀四路专用铁钱。铜钱出界之禁令，在宋初未经略江南时早已行之。关于铜钱外溢江南、塞外及南蕃诸国，太祖即有禁令，"铜钱阑出江南、塞外及南蕃诸国，差定其法，至二贯者徒一年，五贯以上弃市，募告者赏之。江南钱不得至江北"④。

平蜀之后，当地仍用铁钱。开宝年间禁止铜钱进入两川，太平兴国四年才

---

① 《宋会要辑稿》职官四四之八，第3367页。
② 《宋会要辑稿》食货五十之五，第5659页。
③ 《宋史》卷一百八十六《食货下八·互市舶法》，第4566页。
④ 《宋史》卷一百八十《食货下二·钱币》，第4375页。

解除禁令，而商贾又争相以铜钱入川界与民互市，因此铜钱价值极高，铜钱一可得铁钱十四。广南、江南平复以后，也如川蜀法，权且使用旧钱，太平兴国二年，因为江南使用铁钱于民不便，所以解除铜钱渡江之禁令。

同时，"西北边内属戎人，多赍货帛于秦、阶州易铜钱出塞，销铸为器。乃诏吏民阑出铜钱百已上论罪，至五贯以上送阙下"①，重申铜钱阑出禁令。至庆历初年，规定则更加严格："阑出铜钱，视旧法第加其罪，钱千，为首者抵死。"② 在旧法基础上更递加罪责，阑出铜钱至一千则即处死。

不过，神宗熙宁七年曾解除钱禁，"自熙宁七年颁行新敕，删去旧条，削除钱禁，以此边关重车而出，海舶饱载而回，闻沿边州军钱出外界，但每贯收税钱而已。"可知，铜钱大量出界，而"钱本中国宝货，今乃与四夷共用"，并且"自废罢铜禁，民间销毁无复可办"，所以遭到臣僚反对。"元丰八年，哲宗嗣位，复申钱币阑出之禁。"③

至南宋高宗绍兴年间，就"铜钱金银出界"专门制定了敕令：

> 诸以铜钱出中国界者，徒三年，五百文流二千里，五百文加一等。徒罪配三千里，从者配二千里；流罪配广南，从者配三千里；三贯配远恶州，从者配广南；五贯绞，从者配远恶州。知情引领、停藏、负载人减犯人罪一等，仍各依从者配法。以上并奏裁，各不以赦降原减。④

携带铜钱出中国界，处三年徒刑，钱至五百文则流放二千里，以五百文为准递加罪责，而且，即使徒刑也要配发三千里之外，钱至五贯者即处绞刑，并且不能因为朝廷的大赦恩泽而减免罪刑。

具体到以铜钱与蕃商交易，亦有明确规定：

> 诸以铜钱与蕃商博易者，徒二年，五百文加一等，过徒三年一贯加一等。徒罪配二千里，从者配千里；流罪配三千里，从者配二千里；五贯配广南，从者配三千里；十贯配远恶州，从者配广南。知情引领、停藏、负载人减犯人罪一等，仍依从者配法。以上并化外人有

---

① 《宋史》卷一百八十《食货下二·钱币》，第4377页。
② 《宋史》卷一百八十《食货下二·钱币》，第4380页。
③ 《宋史》卷一百八十《食货下二·钱币》，第4384页。
④ 《庆元条法事类》卷二十九《榷禁门·铜钱金银出界》。

犯者，并奏裁，各不以赦降原减。许徒伴及诸色人捕，除依格支赏外，随行钱物并给捕人，其犯人并知情引领、停藏、负载人名下家产并籍没入官。①

即，凡是以铜钱与蕃商交易者，处徒刑两年，每多五百文加一等罪刑，过徒三年以后每多一贯加一等。徒刑亦须发配二千里。如犯罪者为化外人，须上奏裁决，以上处罚都不能因大赦减免。许人捕，并且随行钱物给捕人充赏，犯人的家产则须没收充公。此等处治虽比"以铜钱出中国界"稍轻，但也非常严厉。

除了对犯禁之人有所规定，对市舶司当职官吏等的失职行为也有一定条例：

> 诸不觉察钱铜出中国界或以铜钱与蕃商博易者，市舶司当职官吏、巡捕官、巡防人以违制论。州知、通，县令、丞，镇寨官并经由透漏去处巡捕官、巡防人杖一百。故纵者，与犯人同罪，至死，减一等。

至绍兴十一年（公元1141年）十一月二十三日，关于市舶官员对铜钱出界的检查、复查程序、违法行为的处罚办法等，更制定了具体的条法：

> 臣僚言：广东福建路转运司，遇舶船起发，差本司属员一员，临时点检，仍差不干碍官一员觉察，至海口，俟其放洋，方得回归。如所委官，或纵容般载铜钱，并乞显罚以为慢令之戒，诏下刑部立法。刑部立到法，诸舶船起发，（贩蕃及外蕃进奉人使回蕃船同）所属先报转运司，差不干碍官一员，躬亲点检，不得夹带铜钱出中国界，仍差通判一员（谓不干预市舶事者，差独员或差委清强官）覆视，候其船放洋，方得回归。诸舶船起发，（贩蕃及外蕃进奉人使回蕃船同）所委点检官、覆视官同，容纵夹带铜钱出中国界首者，依知情、引领、停藏、负载人法（失觉察者减三等）。即覆视官，不候其船放洋而辄回者，徒一年，从之。②

---

① 《庆元条法事类》卷二十九《榷禁门·铜钱金银出界》。
② 《宋会要辑稿》职官四四之二三，第3375页。

一般违法物品出口的禁止，由市舶司监管。但单以市舶司监察往往有舞弊之虞，因此铜钱溢出之禁令，由转运司负责执行。

关于钱银流出之禁令，之后也屡次颁布，"自置市舶于浙、于闽、于广，舶商往来，钱宝所由以泄，是以自临安出门，下江海，皆有禁。"① 证诸史实，确实如此，尤其是播迁之后，南宋朝廷对"将带铜钱过淮"、"藏带金银过淮及过北界"、"铜钱下海"、"钱银过江北"都有明确法令规定。乾道九年（公元1173年）五月十八日敕：

> 将带铜钱过淮，比附以铜钱出中国界条法断罪、推赏。仍令淮、江帅漕司、沿江、淮州县并榷场官常且觉察。如州县并榷场官违戾，仰帅、漕司举劾，申奏朝廷，重行停降。若帅、漕司失于觉察举劾，或因人告首及别事彰露，亦与州县并榷场官一等科罪。

乾道九年九月三日敕：

> 藏带金银过淮及过北界，其犯人及知情引领、停藏、负载人并透漏不觉察地分合干官吏，并以所藏带金银估计价直，依铜钱出中国界条格断罪、推赏。所是榷场官吏不觉察者，比附市舶司当职官吏不觉察铜钱出中国界或以铜钱与蕃商博易断罪施行。

关于钱银过江北，乾道九年八月十五日敕：

> 今后如有藏带银两铜钱至缘边州军榷场及沿淮地分，已装载下船，捉获，虽未离岸，并依已渡法，许人告捕，人（钱？）一半充赏，一半没官。②

虽然三令五申，严禁钱银外流，但是，铜钱透漏出界仍很严重，以致南宋有钱荒之患。尤其是出海船舶，其输出量之大和一去不返造成的彻底流失，使宋朝君臣上下深以为患。淳祐四年（公元1244年），右谏议大夫刘晋之即言：

---

① 《宋史》卷一百八十《食货下二·钱币》，第4396页。
② 《庆元条法事类》卷二十九《榷禁门·铜钱金银出界》。

"巨家停积，犹可以发泄，铜器鉟销，犹可以止遏，唯一入海舟，往而不返。"① 而且，市舶司往往也私自发船运载钱银出海交易，如嘉定元年三省言："自来有市舶处，不许私发番船。绍兴末，臣僚言：泉广二舶司及西、南二泉司，遣舟回易，悉载金钱。四司既自犯法，郡县巡尉其能谁何？至于淮、楚屯兵，月费五千万，见缗居其半，南北贸易缗钱之入敌境者，不知其几。"② 这更让宋朝政府难以实际贯彻铜钱外流之禁。

尽管如此，宋朝还是不断下令严禁。《庆元条法事类》中即有关于"铜钱下海"之敕令：

> 诸将铜钱入海船者，杖八十，一贯杖一百；三贯杖一百，编管五百里；五贯徒一年，从者杖一百；七贯徒二年，从者徒一年；十贯流二千里，从者徒三年。知情引领、停藏、负载人依从者法。若化外有犯者，并奏裁，不以赦降原减。许徒伴及诸色人捕，其随行钱物，并全给捕人。③

淳熙九年（公元1182年），"诏广、泉、明、秀漏泄铜钱，坐其守臣。"④ 端平元年（公元1234年），"以胆铜所铸之钱不耐久，旧钱之精致者泄于海舶，申严下海之禁。"⑤ 淳祐四年（公元1244年），"复申严漏泄之禁。……十年，复申严下海之禁。"⑥

严肃铜钱以海路外流的禁令的同时，宋朝对蕃商也有明令。上述"铜钱入海"条中对违禁蕃商的处理方法已有规定，即须上奏裁决，允许诸人将其逮捕并将随行钱物全部给捕人，而且，对其处罚不能藉大赦减免。淳熙五年（公元1178年）五月十八日又降敕：

> 今后如有蕃商海船等船往来兴贩，夹带铜钱五百文，随行离岸五里，便依出界条法。⑦

---

① 《宋史》卷一百八十《食货下二·钱币》，第4399页。
② 《宋史》卷一百八十《食货下二·钱币》，第4396页。
③ 《庆元条法事类》卷二十九《禁榷门·铜钱下海》。
④ 《宋史》卷一百八十《食货下二·钱币》，第4396页。
⑤ 《宋史》卷一百八十《食货下二·钱币》，第4398页。
⑥ 《宋史》卷一百八十《食货下二·钱币》，第4399页。
⑦ 《庆元条法事类》卷二十九《榷禁门·铜钱金银出界》。

也就是说，蕃商往来贸易，只要夹带铜钱五百文，离岸五里，即按照"铜钱金银出界"条法，流放二千里，并以五百文为准递加罪责。

虽然有此种种禁令，但铜及铜钱的外流，并未因此而止。《宋史·汪大猷传》曾记三佛齐铸铜瓦之事："三佛齐请铸铜瓦三万，诏泉、广二州守臣督造付之。大猷奏：'法，铜不下海。中国方禁销铜，奈何为其所役？'卒不与。"① 此事被着力强调反映出，虽然汪大猷最终并未将铜付与三佛齐，但铜的外流现象实属比较普遍。另据淳祐八年（公元 1248 年）监察御史陈求鲁之言："……然不思患在于钱之荒，而不在于钱之积。……蕃舶巨艘，形若山岳，乘风驾浪，深入遐陬。贩于中国者皆浮靡无用之异物，而泄于外夷者乃国家富贵之操柄。所得几何，所失者不可胜计矣。"② 可知因购买香、药、象、犀之类珍奇异物造成了严重钱荒。终宋之世，铜钱大量外流现象始终存在。

---

① 《宋史》卷四百《汪大猷传》，第 12145 页。
② 《宋史》卷一百八十《食货下二·钱币》，第 4399 页。

第六章

宋朝涉外刑事与诉讼法律

宋初,《宋刑统》继承了《唐律疏议》中关于"化外人相犯"的原则：

> 诸化外人同类自相犯者,各依本俗法。异类相犯者,以法律论。
> 疏议曰：化外人谓蕃夷之国,别立君长者。各有风俗,制法不同。其有同类自相犯者,须问本国之制,依其俗法断之。异类相犯者,若高丽之与百济相犯之类,皆以国家法律论定刑名。①

为了更好地调动外商来华的积极性,同时也为方便对外商的管理,宋王朝一方面赋予外商一定的自治权,如以蕃官为长管理本国事务,另一方面,宋王朝又在对蕃长的任命及刑事案件的管辖上充分地行使国家主权。但是,随着形势的变化、涉外诉讼问题的增多,宋朝的法律规定有没有产生变化?如果有,又发生了哪些变化呢?

可以说,在北宋前期,蕃人之间比较轻的案例,一般还是按照"化外人相犯"原则,交付蕃坊的蕃长按其本国法律惩治。不过,时移世易,随着外国人在华时间的长久和日益普遍,宋代官吏处理在华外国人刑事案件时所采用的标准已经和《宋刑统》的"化外人相犯"原则不甚相同。朱彧在《萍州可谈》中记载：

> 广州蕃坊,海外诸国人聚居,置蕃长一人。……蕃人有罪,诣广州鞫实,送蕃坊行遣。缚之木梯上以藤杖挞之,自踵至顶每藤杖三下折大杖一下。盖蕃人不衣裈裤,喜地坐,以杖臀为苦,反不畏杖脊。

---

① 《宋刑统》卷六《名例律》,"化外人相犯"条,第97页。

徒以上罪，则广州决断。①

可知，蕃坊内部的外国人犯罪，不再是以其本国俗法断之，而是按其所犯罪行的轻重来作为处罚标准。以徒刑为界限，徒以下罪由蕃坊内部蕃长裁决，实行以夷治夷的处理办法；徒以上罪则不分国别，统一由广州决断。而刑名的确定则由广州鞫实，可见宋朝拥有处理外国人犯罪行为的绝对权力。

在实际案件的审理中，宋代官吏的行为也确实体现了这种变化。王涣之任广州知州时：

> 蕃客杀奴，市舶使据旧比，止送其长杖笞。涣之不可，论如法。②

王涣之没有按照旧例，将蕃客交给蕃长按其本国法律处理，而是按照宋朝法令论处。

广州之外，其他各地的涉外法适用原则与广州基本相近。比如泉州，汪大猷知泉州时：

> 故事蕃商与人争斗，非伤折罪，皆以牛赎。大猷曰："安有中国用岛夷俗者，苟在吾境，当用吾法。"③

泉州的罪行轻重以"伤折"为准，伤折以下即按照蕃人习惯以牛赎罪，而汪大猷则主张对外国人犯罪要一律按照中国法律判决。此处的"与人争斗"应为与宋人争斗，有《攻媿集》中记载为证：

> 蕃商杂处民间，而旧法与郡人争斗，非至折伤，皆用其国俗，以牛赎罪，寖亦难制。公号于众曰："安有中国而用蕃俗者，苟至吾前，当依法治之。"始有所惮，无敢斗者。④

而蕃商与郡人的争斗，按照"化外人相犯"条应属"异类相犯"，当以宋律为

---

① 《萍州可谈》卷二，第19页。
② 《宋史》卷三百四十七《王涣之传》，第11001页。
③ 《宋史》卷四百《汪大猷传》，第12145页。
④ 《攻媿集》卷八十八《敷文阁学士宣奉大夫致仕赠特进汪公行状》。

第六章 宋朝涉外刑事与诉讼法律

准处治。但是，此前的旧法，则是非至伤折用蕃国俗法论断。可见，此前的涉外法适用原则是倾向于蕃商的，宋代地方官吏对蕃客的管理体现了很多怀柔的因素。不过，汪大猷统一法治的做法则以当时的现状为基础，加强了宋朝的司法主权。

另外有些官吏，则是本着仁慈宽容的原则主张统一法治，如张昷之：

徙广南东路转运使，夷人有犯，其酋长得自治而多惨酷，请一以汉法从事。"①

可见，张昷之是因为蕃长对犯罪蕃人的惩治过于残酷，而主张以宋朝法律处理案件。另据《宋史·苏缄传》记载：苏缄"调广州南海主簿。州领蕃舶，每商至，则择官阅实其赀，商皆豪家大姓，习以客礼见主者，缄以选往，商樊氏辄升阶就席，缄诘而杖之。樊诉于州，州召责缄，缄曰：'主簿虽卑，邑官也，商虽富，部民也，邑官杖部民，有何不可？'州不能诘。"②

苏缄力主宋朝官吏对蕃商部民的管辖权，对蕃商违反宋朝礼法之事严厉惩罚，也体现了蕃商在宋朝官员眼中已与本国子民无甚差异，宋朝礼法也应适用于外国来华商人。

除了当地官吏的主张，宋朝政府也曾在统一法治方面作过努力，制定蕃商犯罪决罚条。真宗大中祥符二年十一月甲子，"广州蕃商凑集，遣内侍赵敦信驰驿抚问犒设之。即诏知州马亮等定蕃商犯罪决罚条，亮等请应大舶主及因进奉曾受朝命者有罪责保奏裁，自余悉论如律，从之。"③ 只是，此次立法效果不大，除了对一些巨商和曾被宋廷任官的进奉使犯罪须上奏皇帝裁决之外，其他蕃商仍按照原先宋律的规定处罚。此时距离宋朝开国还不是很远，本着鼓励海外贸易的原则，这些规定仍是站在对蕃商有利、宽容的角度制定的。

虽然不断有官员呼吁统一法治，宋朝政府也曾对此做出尝试，但是，直到南宋前期，史籍中仍未见宋朝政府因此而修改以前的有关的规定的记载。这种法律上分治的情形仍未改变，宋政府基本上始终维持着分治的状况。

宋朝在涉外诉讼法方面的另一个进步是宋朝给外商以越诉权。政和六年，大食国进奉物品，由于广东司严曹事蔡蒙休押伴，蔡氏半路故意滞留，强行买

---

① 《宋史》卷三百三《张昷之传》，第 10033 页。
② 《宋史》卷四百四十六《苏缄传》，第 13156 页。
③ 《续资治通鉴长编》卷七十二，真宗大中祥符二年十一月甲子，第 1642 页。

去香药，却不还价钱，蕃商上诉。宋徽宗下令提刑司审理惩罚，以自盗罪徒二年。① 此处蕃商因上诉朝廷而保护了自己的利益。至南宋宁宗开禧三年（公元1207年），宋朝政府则明确规定了蕃商的越诉权：

> 正月七日，前知南雄州聂周臣言，泉、广各置舶司以通蕃商，比年蕃船抵岸，既有抽解，合许从便货卖。今所隶官司，择其精者，售以低价，诸司官属复相嘱托，名曰和买。获利既薄，怨望愈深，所以比年蕃船颇疏，征税暗损。乞申饬泉、广市舶司照条抽解和买入官外，其余物货不得毫发拘留，巧作名色，违法抑买。如违，许蕃商越诉。犯者计赃坐罪。仍令比近监司专一觉察，从之。②

我国唐宋以来，封建法律一般严禁越诉。宋朝把越诉权赋予外商，一方面表明了当时封建官员侵夺外商货物现象的普遍，另一方面也表明了宋朝对依法维护外商合法权益的高度重视。

宋朝涉外法律适用原则上的分治办法，以及赋予蕃商的越诉权，实际上都反映了宋政府对外商的优待和政策的宽松，是宋政府奉行以礼怀柔远人、招徕外商来华贸易政策的具体表现形式。

---

① 《宋史》卷四百九十《外国传·大食》，第14121页。
② 《宋会要辑稿》职官四四之三三，第3380页。

第七章

宋朝涉外法律渊源、特点及性质

前述内容立足考证，对宋朝政府针对外国官方人士和普通民众在宋朝境内的活动分别制定的法律条文进行了考述。本章内容将立足分析，旨在从宋朝涉外法律的渊源、性质等方面进行研究，解释宋朝涉外法律的特征，揭示宋朝社会的发展规律。

第一节 宋朝涉外法律渊源

本书所谓的宋代涉外法律，是宋朝对于来华外国人的各项活动制定的法律，是具有涉外因素的国内法律，因此其结构、形式等与宋朝整个法律体系是一致的，是宋朝法律体系中的一个分支。探讨宋朝涉外法律的结构仍需将其放在宋朝整个法律体系中。

所谓法律渊源，即法律的表现形式。宋代的法律渊源包括律、敕、例等，它们的产生、发展及其相互之间的消长关系，充分体现了宋朝涉外法律的形式特征。

首先，宋朝法律渊源经历了律敕并行到以敕代律的过程。与前代相比，进行经常性的编敕无疑是宋代最主要也最具特色的立法活动。自汉至唐，支配中国刑法的一直是律。宋朝初建，即远绍唐律，近承周律，在后周《显德刑统》的基础上折中损益，制定了《宋建隆重详定刑统》，简称《宋刑统》，作为基本法典。《宋刑统》专属刑事法规，凡和刑名无关的敕令都不编入，而另行同时编敕。即编修官把从刑统中削出来的令、式、宣敕等分别审查，编成新敕，与刑统并颁天下，因此，宋初律与敕的界限比较清楚，而且形成了律敕并行的局面。

律作为基本法典具有稳定性，一旦确定下来很少变动。而所谓敕，是皇帝在特定时间针对特定的人或事临时发布的诏令，所以具有很强的灵活变通性。

为适应急剧变化的政治经济关系和加强皇权的需要,在律有未备或需要对律作伸缩性解释时,即采用敕的形式来解决。因此建隆编敕之后,宋朝历代编敕逐渐增加,调整范围不断扩大。仁宗时的天圣、庆历、嘉祐编敕还附有刑名,且其所附刑名的敕文条数甚至超过了刑统法条的总数,并有优先适用的效力,其结果必然导致官民重敕轻律、以敕代律。

神宗变法图强,"以律不足以周事情,凡律所不载者一断以敕,乃更其目曰敕、令、格、式,而律恒存乎敕之外"①,从而改变律令格式的编修方式而创立了统编敕令格式的体例,并昭示了敕的价值及补法的功能,大大提高了敕的地位。如此一来,传统的律的效力被削弱,因为首先,敕本身每每是作为"诏"被颁布行世,而"诏"又是皇权在法制上的表现形式;其次,当敕积累到一定程度后,即根据实际情况选择可以长期适用的敕文整理成编敕这种形式颁行,所以敕就具备了超越成律之上的通用效力。因此在司法实践中,虽然依律断案是法定的要求,规定只有律所不载者才适用敕令格式,但实际上敕才是最根本的依据,人们接受的是编敕这种新刑法。朱子云:"今世断狱只是敕,敕中无,方用律"②。律仅仅作为传统的刑法而存在。

宋朝的涉外法律也充分体现了敕在实际应用中的作用。我们所援引的宋代涉外法律的内容,几乎都以诏令或敕的形式出现,尤其是庆历、熙宁、元丰、元祐等编敕为我们研究宋代涉外法律提供了依据,而《宋会要》中的大量涉外法律内容都是皇帝的诏令。因此,敕无疑是研究宋朝涉外法律的重要渊源。

其次,在宋代还出现了一个新的倾向,即在敕外尚有断例。无论是律还是敕,表示的都是刑罚的原则,所以是法。而断例则是法在实际上如何被适用的具体实例。因为律、敕无论如何完备也不能包罗万象,作为适用的原则,结果仍不免产生很大的差异,因此对一些疑案的判决,最后多按照天子的旨意处置。因此当时即使不再另外颁敕,天子所作的判决对以后的同类案件判决所具有的约束力也是充分而自然的。如此一来,断例就成为可以作为断罪量刑依据的判例,与敕的效力同等。由于便于司法官援引,例由最初的一案一例的临时性援引,发展为常行的制度。而要将例提升为具有普遍约束力的法律形式,也需经过编纂的程序,因此从庆历朝起开始编例,经神宗、哲宗、徽宗、南宋高宗、孝宗、宁宗各朝,共编有七部断例。

由于朝廷亲自编纂断例,使得在判决上引用断例的风气愈来愈盛,由初期

---

① 《宋史》卷一百九十九《刑法一》,第4963页。
② 黎靖德编:《朱子语类》卷一百二十八《本朝二·法制》,北京:中华书局,1986年。

的"法所不载,然后用例"发展到"引例破法"、①"一切以例从事"。② 于是淳熙元年（公元1174年）十月孝宗下诏纠正这种过分做法："今之有司既问法之当否,又问例之有无。法既当然而例或无之,则事皆沮而不行。……诏有司应事有在法灼然可行而未有此例者,不得以无例废法。"③ 但法终究是抽象的,而例则是具体的,实际进行判决时,重视判例是不可避免的倾向。三年后的淳熙四年,宋廷又重新编了新的断例,追加了淳熙新编特旨断例420件,"令提刑司断案,别无疑虑依条申省取旨裁断外,如有情犯可疑合引例拟断事件,具申尚书省参照施行"④。断例由中央政府编纂后被皇帝赋予权威,在判决有所疑惑时作为参考依据并因此而具有法律效力,具有一定的社会进步性。在很多涉外问题上,宋朝政府或官僚援引的法律也是前朝或同类事件的先例。因此例同样是宋朝涉外法律的一个表现形式。

编敕、断例等体例的产生和发展,是宋代皇权加强在法制上的表现,又是宋代立法不囿于旧律、司法不囿于旧制、因时制宜的法制特点的表现。涉外法律作为宋朝法律体系中的一个部门,正是体现了这样的特点。有宋一代,虽然律的地位在实际应用中不断下降,但作为必须遵守的原则被无条件保存下来,与具有灵活变通特性的编敕、断例有机结合,从而既保持了律等常法的继承性和稳定性,又有效地解决了现实中不断出现的新问题。

第二节　宋朝涉外法律的特点

从宋朝政府针对外国人来华制定的具体法律内容中,也可以看出宋代涉外法律的实质特征。

其一,宋代涉外法律中民事、经济法律尤其发达。

通过以上对于宋朝涉外法律渊源的分析,可以看出,律、敕、令及断例等法律渊源都是研究宋代涉外民事、经济法律的重要依据。其中,《宋刑统》虽基本沿用《唐律疏议》的条文,但作为民事法律的《户婚律》、《杂律》等篇中的《户绝资产》、《典卖质当论竞物业》、《婚田入务》、《公私债负》、《得阑遗物》等条,均在唐律基础上有所突破和发展。而敕文、断例等关于民事、经济方面的规定更详尽

---

① 《宋史》卷一百九十九《刑法一》,第4964页。
② 《宋史》卷一百九十九《刑法一》,第4965页。
③ 《文献通考》卷一百六十七《刑考六·刑制》。
④ 《宋会要辑稿》刑法一之五一,第6487页。

完善地补充了律的疏略或者空白。而且，宋代民事法律涉及户口、物权、债法、婚姻、家庭、继承等各方面，经济法律又包括手工业管理、市场交易管理、禁榷专卖、海外贸易、货币、赋税等各项法规，可谓内容丰富，范围广泛。

其中，作为在中国史上颇具特色的宋代继承法，对不同的继承方式如宗祧继承、爵位继承、财产继承中的法定继承、遗嘱继承及对特殊人群如寡妇、户绝、死商遗产的继承都作了明确规定。虽然维护土地私有及传统的家长制仍是其立法原则，但它在某些场合给以女子一定的财产继承权、平等对待非婚生子和庶子、保护孤幼财产继承权的检校制度等都体现了宋代继承法的历史进步性。宋代经济法律的突出特色则是其市场管理法规、专卖法制及对外贸易法律的发展。尤其是宋朝政府在对盐、茶、酒、矾、舶来品等的专卖过程中，逐渐放开从生产到流通中的某些环节交由民间去做。因此专卖律法需要调整的社会关系变得更加复杂广泛，专卖法的内容也更加丰富完善，以至有学者认为"随着政府经营范围的逐渐缩小，专卖日益完善为一类独立的法律规范，……完善的专卖法是北宋时期才开始形成的。"①

学者们通常认为，中国封建社会的法律特色之一就是民刑不分、重刑轻民，那么为什么唯独宋朝法律在民事、经济方面要相对发达呢？这还是要从宋朝整个社会发展的氛围来寻找原因。

结束了五代十国的分裂与藩镇割据局面而建立起来的宋王朝，立国之初便以加强中央集权为基本国策，在削弱地方势力的同时建立起庞大的官僚机构，因此财政开支巨大。而有宋一代又始终受到北方辽、夏、金的侵扰，由于宋朝全力驭内，不得不对外采取守势，以输币、输帛求和，无疑又增加了宋朝的财政负担。所有这些因素都促使宋朝统治者格外注重发展本已比较发达的社会经济，尤其是商品货币经济。因此，宋代的城市及市场、禁榷与专卖、海外贸易等都得到了极大的发展。商品经济的发展变化导致宋代社会的义利观发生了很大转变。人们不再"贵义贱利"或者"讳言财利"，官员士人言利争利，甚至宋神宗也宣称"政事之先，理财为急"②。同时，宋朝又是一个少有的讲法重法的时代。因此，社会经济条件和思想意识形态领域的变化、民事法律关系的复杂必然要求相应的法律来调整，而国家的统一、中央集权的强化，使制定、颁布、实施适应社会发展的法律规范有了稳固的基础和实现的条件。所以，宋朝政府制定了比以往朝代更为周密的民事、经济法律制度，使这一方面的法律空前发达。

---

① 张建国：《略论北宋的专卖法制》，《法学研究》第 19 卷第 2 期。
② 《宋史》卷一百八十六《食货志下八·均输》，第 4558 页。

那么，宋代的涉外法律是否也体现了这个特点呢？实际上，宋朝统治者高度重视法律在促进海外贸易活动中的积极保障作用，不仅通过制定市舶条法此类专门法律，还根据实际情况不断制定和调整各种单行法令来加强对海外贸易的管理，从而使管理机构的设置、商船出海及回港手续、货物的抽解博买、对外商的招徕、对有关人员的奖励与惩处等各方面都有了明确的规定。

正是由于宋代经济的发达，尤其是宋朝统治者注重发展海外贸易，招徕外商前来，因此宋代的外国人尤其是民间商人来华现象才如此突出。既然有众多外国人来华，必然需要制定相应的法律来解决具体问题，由此产生了关于外国人居住、生活习俗、宗教信仰、教育、婚姻、遗产继承等各方面比较完备的法律。尤其是关于蕃商遗产继承的问题，《宋刑统·户婚律》中特别编入"死商钱物（诸蕃人及波斯附）"一门，新立了有关法律规范。这些法规明确了资产客体、继承人范围、继承顺序、财产的具体分法及各种情况下的处理原则，将民事关系中复杂的继承制度有条不紊地确认下来，其详尽的程度不仅为前代所不及，而且肯定于一朝律典中，这在中国封建法制史上是空前的。同时，对死商钱物的勘问核实程序的规定见诸于法典也属首次。这条法律规定既体现了中国法律的尊严和司法主权，又保护了外国人在华的合法权益，充分反映了宋朝涉外法的重大发展，也巩固和加强了宋朝与诸国的友好关系。由此可见，宋朝政府在当时复杂多变的政治外交形势下，对于繁杂的外事及民族关系及其反映的众多民事、经济问题，都制定了完备的法律，足以证明其民事、经济法律的发达。

其二，虽然宋代涉外民事、经济法律比较发达，但是仍然存在民事、经济法律刑法化的问题，因此仍属于公法的范畴。

通常认为，公法与私法的概念及分类最早由古罗马五大法学家之一的乌尔比安提出。在他看来，公法是与罗马国家政体及公务有关的法律，而私法是与个人利益有关的法律。一般地说，公法主要指刑法、组织法、行政法等法律，在性质上是主要体现和维护国家利益的刑法化法律文化，具有鲜明的国家化色彩。而有关所有权、债权、婚姻、家庭、继承、海商等民商法律则属于私法范畴，是重点突出个人利益的民法法律文化，呈现出浓郁的个人化特质。

据此观察宋代法律，可见宋代官制法和刑法系统完整、体制发达，而且处处渗透于涉外法律之中，从而体现了较为明显的公法性质。

首先，我们看到的宋朝相关涉外法律都被纳入"职官"法规之中。

宋代制定了细密周详的职官法规。其官职品位分类、职权等级、选拔考核、任用标准、俸禄待遇，乃至奖惩、致仕、荫补种种，无论是实质性的还是程序性的规定都十分周密，其森严便于中央专制，其优厚可令百官自足。这些法律内容的详备,为前朝所不及。更重要的是,宋朝政府注重对官制文献典籍的厘定编修,所以后人才能知其详备。就宋代涉外法律而言,外国朝贡人员入境后的题奏上报、衣食照应及护送进京、官员不得购买蕃商货物之事,以及对久居宋朝的蕃客的遗产继承等问题的规定都被归类于职官法规。对外来舶货的征税、禁榷、收买和出卖、对蕃舶之招徕、宴设、优待与救助及蕃商贩卖舶货等问题的法律规定更是作为市舶司的管辖内容而被记录在《宋会要》的"职官"类中。而且,关于宋朝政府赋予蕃商的越诉权,其实质只是为了禁止官员低价购买蕃商货物而采取的措施,其结果也是对违反规定的官员"计赃坐罪"。由此可见,我们现在看到的关于宋代的涉外民事、经济、诉讼法律在宋朝只是其官制法律的一部分。

形成这种现象的原因,很大程度上还要归因于中国传统封建社会形成的君主——官僚——士民的三级管理体制,国家并非治民而是治官,再由官僚治理民众,国家只是通过对官僚的管理实现对民众的间接统治。因此,不难理解中国古代社会官制法的发达,以及国家对民事、经济的管理法律归类于官制法的原因,因为这些法律不过是官僚和官僚机构履行职责的手段而已。

其次,宋代的涉外民事、经济法律在整个法律体系中所占比例很小而且不独立。

诚然,争财曰讼,争罪曰狱,民刑观念原自有别,而且,宋代涉外法律中的民事、经济规范尤其繁杂,涉及海外贸易、居住、婚姻、财产保管、继承等众多方面。但是,相对国家整个法律体系而言,其分量却是有限。这并非因为民商类纠纷少,而是因为大量的民商纠纷不必动用国法。如在广州蕃坊,蕃人有罪,"徒以上罪,则广州决断"[1],即以徒刑为界限,徒以下罪也就是较轻的犯罪由蕃坊内部蕃长根据其本族习惯法裁决,徒罪以上属于违法事重的才由宋朝国法处理。而此类纠纷一经国法处理,其性质也就完全转变为刑事。这不仅体现了中国固有的"息讼"观念,事态不严重就尽量听凭习惯法调节,不必动用律条,而且说明了民事法律的不独立,常被视为刑事关系而纳于刑法体系,而对蕃人有罪的笼统记载本身即已说明了民刑法律的不分。

再次,宋代涉外民事、经济法律规范还表现出了刑法化的特点。

在这些法律对财产关系、贸易关系等的调整过程中,对于其中的违法违制现象规定的法律后果都毫无例外是刑罚。如太平兴国初规定:"私与蕃国人贸易

---

[1] 《萍州可谈》卷二,第19页。

者，计直满百钱以上论罪，十五贯以上黥面流海岛，过此送阙下。"① 又或者以铜钱与蕃商博易之人，"徒二年，五百文加一等，过徒三年一贯加一等。徒罪配二千里，从者配千里；流罪配三千里，从者配二千里；五贯配广南，从者配三千里；十贯配远恶州，从者配广南。以上并化外人有犯者，并奏裁，各不以赦降原减。"② 此类属于经济贸易的问题，法律并没有制定相应的经济或民事责任，而是统一表现为刑罚。因为在宋代社会，私人纠纷或经济行为并不只涉及私人利益，所以民事、经济行为与犯罪行为一样，所承担的法律责任都是刑事责任；民事、经济犯罪也与刑事违法犯罪一样，只是较轻而已，所产生的法律后果均是刑罚制裁，因此在诉讼上就表现为刑事兼带民事的结果。宋代涉外法律依然表现了这种中国传统法律调整方式的单一性及法律责任的统一性。

由此可知，简单地断言中国古代没有民事法律规范是没有根据的。宋代不仅存在民事经济法规而且非常发达，但却不存在严格意义上的作为独立法律部门的民法。宋代法律仍然表现出明显的公法性质。

其三，宋代涉外法律还体现了儒家传统思想的影响。

虽然宋代始终处于少数民族政权的侵扰之中，未能统一全国，但宋朝统治者依然吸收了古代先贤树立的天下观，确立了"厚往薄来"的"怀柔远人"的方式，这些外交原则也在其涉外法律中明显表现出来。宋朝对待朝贡国家的热情接待、优厚待遇、对蕃族内部事务的宽容和蕃人利益的保护，尤其是对民间外国来华人在居住、婚姻、信仰、教育等方面的尊重、对其财产的保护以及对他们的招徕、优待和救助，无不体现了宋朝对外来民族的怀柔。虽然宋朝鼓励海外贸易有财政方面的考虑，也确实更加注重经济利益，但宋朝对外商的主动招徕和热心鼓励，以及由此产生的宋代外交及贸易范围的扩大却也体现了宋朝作为大国心怀天下的风度。儒家思想对中国古代传统法律的影响，在形式上表现为"明德慎罚"、"出礼入刑"、"德主刑辅"的礼治主义、德治主义色彩及"法自君出"、"朕即法律"等人治化特色，而通过涉外法律体现出来的，则是儒家思想的这种天下观。

第三节　宋朝涉外法律的性质

宋代涉外法律的性质问题，即外国学者曾提出的外国人在中国传统法律体

---

① 《宋史》卷一百八十六《食货下八·互市舶法》，第4559页。
② 《庆元条法事类》卷二十九《榷禁门·铜钱金银出界》。

149

系中享有一定的治外法权问题。对这一问题，笔者认为，宋代来华外国人并不享有治外法权。

首先，我们认为，治外法权是近代以来才形成的概念，以丧失国家主权为特征，与宋朝政府赋予蕃坊的一定的自治权在性质、内容、作用上是完全不同的，不能混为一谈。鸦片战争后，帝国主义国家强迫中国订立不平等条约，取得在中国驻军、划定租界、享有领事裁判权等特权，从而使中国丧失主权。但宋代中国政府与周边国家和地区没有近代意义上的国际法概念，亦无代表他国利益的使馆常驻，没有大使和领事，更无所谓"领事裁判权"，因此也不会有在中国取得领事裁判权的侨民无论在租界内外成为被告，都不受当地中国法庭管辖这样的事情发生，犹如"国中之国"的租界与蕃坊是完全无法比拟的。所以，宋代外国人在华是完全不会享有治外法权的。

其次，根据史实，宋代外国人来华居住在蕃坊内，可以按照自己原来的风俗习惯生活，自由享受充分的民事权利，俨然形成一个独立的社区。宋代依然沿用唐代的管理模式，即通过设置"蕃长司"来实现。蕃长司的首领即蕃长由侨民从有声望的来华外国人中选举，但必须由宋朝政府任命才能充任。因此，他同时是以宋朝行政长官的身份，对蕃坊的公务和商业贸易进行管理。社区的管理人员由外国人担任，说明蕃坊具有一定的自治权，但这种自治权的范围仅限于社区生活和事务本身。而且，这种对社区事务的管理是中国政府赋予他们的权利。

再次，在出现纠纷时，宋初继承了唐朝的"化外人相犯"原则，由蕃长负责处理蕃人之间的诉讼事务，即采用属人法（本国法）的原则；而不同国家的外国人及外国人与宋人之间的诉讼则由宋朝政府依照宋朝法律论处，即"法院地法"。这种属人主义与属地主义的结合，既尊重了外国人所属国家的法律，又从审判的角度维护了宋朝的司法主权。

之后，随着外国人住华时间的长久和蕃汉之间差距的缩小，宋朝政府对外人的民事活动更加宽容，甚至允许蕃汉杂居，但司法主权在宋朝却得到了加强。一方面，宋朝政府对蕃人之间的纠纷渐渐加强执法力度，不仅对蕃长处理蕃人罪行的范围有了限制，即以"徒"刑为界限，"徒"以下罪由蕃坊内部蕃长裁决，"徒"以上罪则不分国别，统由宋朝政府决断。而且，什么样的罪行应处以徒刑，由宋朝政府鞫实，因此，蕃长的自治权利有所限制。另一方面，随着司法主权的不断加强，宋朝官员又不断呼吁统一法治，完全按照宋朝法律处理涉外事务。虽然统一法治最终未能实现，却可以看出宋代蕃坊是没有什么治外法权可言的。

第八章

唐宋涉外法律之比较

唐宋两代，同属对外交往繁荣、涉外法律成熟发达的朝代。探讨唐宋两个封建王朝涉外法律的演变并对其进行比较，不仅可以看出两朝涉外法律的传承性和变化性，而且还可以通过这种传承和变化来探讨中国封建社会中期涉外法律的特点及其所反映的唐宋社会本身的一些特征。

第一节 外国官方来华人士入境及在境内活动法律之比较

从7世纪到9世纪，唐代文明是人类文明的巅峰，"它世界性的文化光芒从太平洋之滨一直投射到中亚细亚"[①]。唐朝社会的繁荣及其对外开放的政策，吸引了无以计数的外国人来华，形成了万国朝贡的盛世景象。宋代中国同样文化发达、经济进步，与之发生直接或间接外交来往的海外国家即多达50余国，外国使节也纷纷来到中国。因此，两朝对外交使节的入境、出境及在境内活动的管理法律具有一定的可比性。

首先，从唐宋王朝外国使节所享有的权利方面进行比较。

唐朝将朝贡制度作为加强与海外国家政治关系的国策，宋王朝也确立了专切招徕远人的政策，因此两朝外国使节都职贡不绝。唐宋王朝对各国使节都予以热情接待、授以官职，并本着厚往薄来的原则予以丰厚的回赐。因此，在外交使节形式上享受的权利方面，唐宋王朝实无多大差别。

但是，唐宋王朝对待外交使节实质上还是存在一定的不同。这种不同在于唐朝对于外使或蕃官本着信任的原则，不拘一格赋予他们充分的政治权利。而

[①] [美]刘子健：《中国转向内在——两宋之际的文化内向》，南京：江苏人民出版社，2002年，第1页。

151

宋朝虽然采取"来则不拒，去则不追"的宽容政策，但在实际上对外使却是严加防范。

唐朝始终是以一种大国的文明风度，对各种外来蕃客的活动予以充分的信任。比如，对于出使方外册封诸国等任务，唐朝曾有敕规定："应差册立诸国使，并须选择汉官，不得差蕃官去。"① 但是，实际操作中对这一限制的执行却不严格，蕃官充使的现象还是非常普遍。如"开元二十一年，命太仆卿员外置同正员金思兰使于新罗。思兰本新罗之行人，恭而有礼，因留宿卫，及是委以出疆之任，且便之也。"② 即新罗人金思兰曾以唐朝官员身份出使新罗。他如新罗质子金士信上奏"臣本国朝天二百余载，尝差质子宿卫阙庭。每有天使临蕃，即充副使，转通圣旨，下告国中。今在城宿卫质子，臣次当行之"。③ 而波斯人阿罗憾亦曾被唐差为拂菻国诸蕃招慰大使，并于拂菻国立碑。因此，唐朝虽然因为国势的强大而使诸蕃国畏威，在朝贡制度上存在一定的强制性，如各国有时不得不输送质子宿卫并自然形成了固定制度，但是唐朝并没有将这种强制转化为歧视和压制，而是巧妙地将纳质这一消极手段化为了加强双方情谊的积极手段。

不只是对质子宿卫，唐朝对待其他外国来华人员的方式也处处体现了这样的信任态度。如蕃胡将领、酋长、首领等都可以被授予官职,而且这些人在朝中所占比例极大，有时甚至与朝官各居一半，他们还可以带弓箭在唐朝皇帝旁边打猎。这种信任尤其体现在军事上。出身高句丽的将军高仙芝，唐朝君主任其身处种族成分复杂的河西、朔方军中，带领边军东征西战，直至成为地方最高军事长官——河西节度使。平卢淄青节度观察使李正己也是高句丽人。他与其子李纳、其孙李师古、李师道，对平卢军进行了长达半世纪的统治。唐朝统治者并没有因为他们是来华外国人而不愿让他们领导对外战争或统治战略要地，唐朝对他们授予的官职是实实在在拥有实权的，这充分体现了唐朝统治者不拘一格、用人不疑的气魄。

宋朝政府对来华外国人的法令则处处显出了防范意识。同唐朝一样，宋朝对蕃官差出也作了限制，但这一法令得到严格执行，并且对违法者规定了"杖八十"的处罚。不仅如此，总管、钤辖司公事等拥有实权的职务，也不得交于归附蕃官。蕃官调任时，也必须由人护送至新任，以避免可能出现的叛国

---

① 《唐会要》卷五十九《主客员外郎》，第1028页。
② 《唐会要》卷九十五《新罗》，第1712页。
③ 《全唐文》卷一千《金士信·请充本国副使奏》，第10358页。

或逃亡等情况。同时，宋朝禁止外国使节搭乘宋朝商船前来，对于来朝使节的护送、差遣等任务，也规定不能雇与蕃使同国籍的本蕃人，而且在使节的往来道路上，与蕃使同籍的归明人还要回避。宋朝对使节在国内的买卖行为也作了规定，不能买马等战略物资及熟铁等可以制造军器之物。可以说，宋朝政府尽可能避免外来使节与在华蕃人及本朝出海商民的一切私人交往，以保证帝国的信息不被外泄，对战略物资及堪造军器物品严格管辖，以保证自身的军事力量。

那么，为什么会出现这样的差异呢？可以说，这些都是唐宋王朝所处的国际和国内环境在外交上的具体反映。

唐朝经济繁荣、政治稳定统一，文治武功均达极盛，而周边及海外国家相对弱小，因此唐王朝有实力要求诸蕃国入唐朝贡、输送质子宿卫，在一定程度上，这也是诸国保持本国独立和自身发展的一种途径。而宋代的国际国内形势则发生了极大的变化，周边政权的强大和其本身的积弱使之始终不能像唐朝那样在政治军事方面成为主导。实际上，作为中国封建社会鼎盛时期的两个朝代，唐宋两朝对外国来华人员的管理法律都体现出一种世界性关怀，对使节等外来人员的待遇都非常优厚。但是国情的差异使唐朝可以强制各国前来朝贡并输送质子宿卫，同时有能力在外交活动中显示出大度；而宋朝却不能对各国作出各种强制性要求，在宽容的同时却又不得不处处谨小慎微。

其次，从唐宋王朝对外国朝贡及朝贡贸易制定的法律方面进行比较。

在唐代，外国使节到达边境后，只要持有真实正确的鱼符就能进入唐朝境内并受到礼遇。虽然因为外国来朝使节团多数非常庞大，唐朝政府难于应付，不得不规定鸿胪寺要核准进京人数，亦曾下令控制来朝使节人数，但是来唐外使仍然络绎不绝，以至三五十人的使团在唐朝看来属于平常，有时数年滞留唐朝境内的使者竟达数十百人。从中可见，唐朝的强盛国势及其宏大气度允许万服来朝，而且这种盛世景象是唐朝统治者期望看到的。

因为朝贡本身具有政治外交与贸易的双重性质，伴随外国朝贡使节而来的还有大量作为贡献之物的土特产，中国封建政府则要对其进行丰厚的赏赐作为回报，从而形成了独具特色的朝贡贸易。在唐朝，鸿胪寺要根据诸国所献物品的品种、数目进行估价，以确定回报蕃客的轻重。唐朝政府一向奉行大一统原则，把四夷怀服视为国家的荣耀，在经济交往中则本着不与蛮夷争利的出发点，奉行"厚往薄来"、"怀柔远人"的政策，因此往往回报蕃国以远远超过贡献价值的数目。这样一来，外国人来华朝贡更加络绎不绝。

相比之下，宋朝因为全国领土的金瓯有缺和四分五裂，无法形成唐朝那样开放、进取的博大气度，因而对诸蕃朝贡的接受也显得局促不安。宋朝将对外交往的主要精力都放在处理与辽、夏、金的关系上，而与他国的政治关系往往受制于国内外的局势变化。尤其是与其地理相近、战略意义重要的国家如高丽等国，他们的外交往来即因与辽、金政权的和战时局而断绝或亲密，两国断交期间，朝贡使节自然也无从存在。对于其他辽远的国家，宋朝则将与他们的外交关系的重点放在了贸易往来上，将政治交往缩小到最低限度。

在此基础上，宋朝对诸国的朝贡进行了诸多限制。一方面，宋朝因为一直未能收复燕云地区，不能重开陆上丝绸之路，于是只好将对外交往的目标和窗口转向大海。宋初即知谕海外各国"今后只自广州路入贡，更不得于西蕃出入"①，对入境地点作了限制。另一方面，宋朝还对外国朝贡的规模和贡期进行了限制，规定了使团的具体人数和朝贡频率。

宋朝对使节朝贡限制的同时也就限制了朝贡贸易。宋代对海外国家的朝贡贸易的基本原则和具体规定大体沿袭唐代，也是实行"厚往薄来"的政策。而且在某些特定阶段，如与高丽关系密切之时，出于战略需要，甚至改变以往根据贡献多少进行回赐的方针，不管多少都以"万缣"为定数。此外，进贡的货物还可以免除沿途的商税，因此所费尤多。而宋代因为国势的局促，并没有充当宗主国的实力与雄心，所以限制朝贡贸易，而将对外交往的重点放在民间的海外贸易上。同时，为了保证民间海外贸易的发展，宋朝政府更对朝贡贸易加以限制，所以针对某些借进奉名目经商的蕃客，宋朝也不再对其私带之货予以免税的优惠，而采取"通其公献而征其私货"的对策。元丰三年以后限制措施更加严密，朝贡物货也一律在市舶司所在地出卖，不再起发运送到京师。

总而言之，与海外诸国建立宗藩关系，是中国封建社会各朝与诸蕃各国政治关系的传统模式。宋朝统治者远续古代传统的同时，更继承了唐朝的涉外法律和原则，相似之处自不待言，只是宋朝的特殊国情决定了它对诸蕃朝贡的接受方式。随之产生的结果便是，唐朝政府因为各国朝贡活动的繁多和朝贡贸易政策对蕃国的吸引，对诸国的朝贡贸易具有强烈的推动力，宋朝则除了在特定时期对特定国家的具体招徕政策以外，大多数时间里不仅缺乏这种推动力，而且往往还有所限制。但是，这种从官方朝贡向民间贸易的下移，不能不说是宋朝针对具体情况因时制宜，其外交政策和措施反而更具有一定的灵活性。

再次，从外交使节在唐宋王朝的等级和身份方面进行比较。

---

① 《宋会要辑稿》蕃夷七之二二，第7850页。

唐朝对外交使节的等级划分非常重视。在实际操作中,这种等级区分得非常具体,各个等级之间的差别也非常明显。它决定了外国人来华朝见唐朝君主或唐国主赐宴时的座次班位,以及他们能够享受到的待遇与廪食供应。而宋朝因为来华朝贡的外国使节的相对减少,等级分化相对简单。

尤其值得注意的是,入唐使节称为朝贡使,作为蕃国的使者来华朝贡进奉以示忠诚。而在宋代,辽、金、元等政权的来华使节则被称作为国信使,而且根据时局的变化和周边国家战略地位的不同,高丽和交趾的使节也被升为国信使。

与之相应,唐宋王朝出使诸国的使节名称也发生了变化。史载:"唐使外国谓之入蕃使"①,如新罗、尸罗逸多等海外国家遣使入唐朝贡,唐朝即遣使携带玺书、敕书出使诸国;当突厥、南诏等政权首领逝世,唐朝也遣使入蕃吊祭等。这些活动都说明唐朝是以宗主国的身份出使蕃国,是一种上对下的外交活动。

而"宋使外国谓之国信使"②。自太祖开宝八年遣西上阁门使郝崇信出使辽朝,之后信使不绝,并有生辰使、国母正旦使、国主正旦使等名目,岁以为常。金朝建立后与宋朝的交往仍沿袭辽朝旧制。"宋人与辽金南北通问,各设国信使,使至,俱置客省司、四方馆使,引进有官,押燕有伴,其后使事不一,于即位、上尊号、生辰、正旦则遣使贺;于国恤则遣使告哀、吊慰、祭奠、进遗留礼物;又有告庆、谕成、报聘、报谢、报谕、祈请、申请、详问等目,大半多用词臣。"③

既称"国信",那么宋朝就是将辽、金等政权当作与己平等的国家来对待,而丧失了唐朝在蕃国中的宗主国地位。《钦定续通典》中曾记载:"宋与契丹约为兄弟,凡信使往来如古诸侯交聘,非蕃国比。其通金也亦用契丹故事,暨建炎南渡,奉表称臣,讫于金亡,未尝一日正敌国之礼也。史臣所书自多隐讳,然则南北通书等于蕃国聘使岂实录哉?"④ 可见,宋朝与诸国尤其是辽、金、元等政权的外交关系已非唐朝与蕃国的宗藩关系可比,宋朝与周边国家之间不再是上对下,而是一种由于实力均衡形成的对等关系。

---

① 《明集礼》卷三二《宾礼三·遣使·总序》,四库全书本。
② 《明集礼》卷三二《宾礼三·遣使·总序》。
③ 《钦定日下旧闻考》卷三七《京城总记一》,引《思陵录》,四库全书本。
④ 《钦定续通典》卷七十《礼·天子受诸侯遣使来聘》,四库全书本。

第二节　涉外民事法律之比较

一、侨居法律

唐宋两代通过民间途径来华的外国人都为数众多，不过来源却有所差异。

唐代海陆两路的对外交往都有很大的发展，但由于安史之乱以前唐朝政治和经济中心都在北方，特别是作为最大的政治中心和消费中心的首都处于关中，因此更有利于西北陆路交通的发展。唐代形成的七条"入四夷之路与关戍"，有四条属于西北陆路。从陆路来到长安的西域胡人常数以万计，如贞观初入居长安的近万家突厥降人、安史之乱以后麇聚长安的回鹘人以及冒充回鹘之名杂居唐境内的昭武九姓胡等。当然，懋迁往来于广州、扬州等地的波斯商胡和前来传播宗教的僧徒信士，人数也很是惊人，尤其是安史之乱以后更有所增加。但是，总的来说，西域胡人在唐朝民间来华外国人中仍占大多数。

至宋代，这种情形有所变化。因为西北之路为辽、夏、金所阻断，蕃人入贡只能自广州入境。加上宋朝鼓励海外贸易，民间来华外国人中大多数是东亚、东南亚、印度半岛、波斯湾沿岸以及非洲东海岸等国的商人，尤其是大食人又在其中占绝大多数，而从北方、西北来到宋朝的，则多数是从辽、金等政权归附宋朝的归明人、归朝人。

那么，就外国普通民众在唐宋王朝的定居权问题，两朝政府的法律有怎样的传承性与差异性？

首先，唐代形成了蕃坊这一对后世影响颇为深远的外国人侨居模式，并在宋代得到了继承和发展。

外国人进入中国境内居住的历史由来已久。国家的相对繁荣、政治的稳定、国际贸易和交通的发展，都是吸引外国商人、传教士甚至难民等前来定居的因素。西晋时期，在中国北部和东北部的主要城市中，就有重要的外国商人聚居区，如敦煌就是通向中国的大门，也是一个胡汉人口杂居的商业中心。经过两个多世纪的融合，加上晋朝的允许和鼓励，至公元4世纪初，移进中原北部和西北地区的外族部落人口数量已相当可观。在公元299年的文献中，定居在长安地区的外来人口数量估计在 50 万左右，大约占总人口的一半。[①] 魏晋时期，洛阳因为北魏对外族外域实行的亲善开放政策、四通八达的水陆交通网络、发达的文化，吸引了各国各族的僧侣、商贾和学者纷纷到来，成为当之无愧的国际都市。在城南的永桥市附近，设有四夷馆分别安置东、南、西、北四方外族归附人员或胡商贩客等暂住人口。居留满三年者，分别赐宅慕化、归正、慕义和归德四里，称为四夷里。可以说，四夷馆、四夷里的设立是唐宋蕃客聚居于蕃坊的雏形。

在唐代，昭武九姓胡主要聚居于长安和洛阳。他们以类相聚，围绕着兴利的市场和信仰寄托的祆祠，比邻而居，生活在长安西市附近和洛阳南市附近的相同或相近的坊里中。虽有聚居之实，而无"蕃坊"之名。

"蕃坊"一词明确被提出是在广州的外国侨民社区中。广州作为汉末就已形成的中西交通要地，尤其是在安史之乱后得到更大的发展，从而聚集了大量的侨民，尤其是蕃商，因为民族的亲近性而聚居。为避免华夷杂处引起的纠纷，唐政府规定外国人必须居于广州城外专门的街区，不得与当地人混居，即为蕃坊。蕃坊内的来华外国人可以信奉原来的宗教并由本族人担任教职，按照原来的生活习惯生活，穿着本族服饰，并可按照本族习惯进行火葬等等。

到了宋代，鼓励海外贸易政策的实施，使得外国人尤其是商人来华现象比唐朝更为突出，宋朝继承并发展了唐朝的蕃坊制度。这种发展表现在蕃坊所在城市的增多、蕃坊内居住人口种族的众多、蕃坊内设施的健全、宋代法律对蕃客的适用以及蕃坊名称因习俗的改变等等方面。

宋代广州仍是来华外国人的主要聚居地。之后泉州海外贸易异军突起，成为外国人聚居的另一个重要地区。另外，杭州、海南等地也有蕃坊、蕃浦的存在。蕃坊内所居外来种族非常复杂，不仅有白种人，还有非洲来的黑人。蕃客积极参与蕃坊的建设，坊内不仅有蕃商的豪宅，更有人在此兴建佛寺甚至建设公共墓地。广州、泉州地方政府还专门为蕃商子弟设立蕃学，供其学习宋朝文化知识。这些都使得社区的功能更加齐全。随着习俗的变化，宋人对城市社区的称呼由唐代的"坊"变成了"巷"，因此蕃坊的名称在宋代民间成为"蕃巷"或"蕃人巷"。

同唐朝一样，宋朝政府为了防止蕃汉之间发生矛盾和纠纷，同时为了有效管理来华外国人，在法律上也是禁止外国人居住在城内与汉人混居，并抑制蕃

[①] 参见《晋书》卷五六《江统传》，"徙戎论"，北京：中华书局，1974年，第1529页。

商多买田宅和土地。但是，随着来华外国人定居时间的长久、经济实力的扩大，他们便突破蕃坊的限制，移居到城内，并兴建了大量豪宅。而当地官员因为朝廷鼓励海外贸易的政策，或者收受蕃商贿赂，对此并不严格管理，因此形成了蕃人聚居与蕃汉杂居共同存在的现象。

不过，虽然唐代蕃坊内的来华外国人可以按照自己原来的风俗习惯生活，自由享受充分的民事权利，而宋代蕃坊内居民享有的权利更加扩展，俨然形成一个独立的社区，但这并不能说明来华外国人享有治外法权，这个问题前文已经专门讨论过。

另有一点值得注意的是，唐代的昭武九姓胡聚居于长安西市和洛阳南市附近的坊里，也就是说，他们是居住于城里的。虽然因为多个蕃胡之家的相对集中形成了聚居，但就城市的整个环境来看，仍是与唐人混居的。然而，对于广州的蕃商来说，唐朝政府规定他们必须居于城外的蕃坊，不得与汉人杂居。这就说明从西北陆路来华的胡人在唐朝的地位是比较高的。当然，这与他们在唐朝的经济和军事上所起的重要作用是分不开的，但也从一个侧面说明了唐朝将对外经略的重点放在了西北方向上，对西域胡人的管理宽松而对海上来华蕃商却比较严格。

而宋朝却将对外交往的重点放在了东南海路上，它更重视海外贸易带来的经济利益，因此不再严格执行蕃商必须居于城外蕃坊的法令，而是顺应了蕃汉杂居的潮流，对蕃商的活动给予了更多的宽容。但是，对来自西北少数民族政权的归明人却严格管理，规定他们不能在京都及沿边州县来往居住，还要防范他们的出入和逃亡。这就明显表现出唐宋对外经略重点的不同，是两个王朝的政治、军事、外交在民事法律上的表现。

不过，宋朝统治者对蕃客的鼓励和宽容，不仅是发展海外贸易的国策使然，也是宋代怀柔远人的一种表现。而这种鼓励和宽容并非毫无意义，外国来华人员的增多以及他们对宋代社会的体认，给宋朝带来的不仅是物资的丰富，更有对社会文化和生活的深远影响。而蕃客们对社区生活的支持和参与，在今天看来，更加促进了宋代的城市建设，从而使得宋代中国成为名符其实的充满异域风情的国际都会。

二、涉外婚姻法律

蕃汉通婚在唐代受到一定的法律限制，《唐律疏议》云："（私与化外人）

共为婚姻者，流二千里。未成者，减三等。"① 即中国人不得越度缘边塞与异族通婚，违者，流二千里；婚姻未成，则减三等处罚，徒二年。但是，此条法令的执行并不是很严格，因为贞观二年（公元628年）六月十六日敕："诸蕃使人所娶得汉妇女为妾者，并不得将还蕃。"② "如是蕃人入朝听住之者，得娶妻妾，若将还蕃内，以违敕科之。"③ 可见，蕃人经允许居住中国内，可以娶汉女为妻妾，只是不得将其带回蕃内，否则以违反敕令论处。安史之乱以后，这种异族通婚尤其是胡客娶汉女为妻的现象更加普遍，而且对蕃胡将娶得的唐朝妇女带还蕃外的禁令，事实上也并没有严格执行。

而涉外婚姻在宋代的北方和南方同样得到了不同的对待。由于宋代民族矛盾尖锐，因此在民族关系复杂的西北边疆地区，禁止汉族州民与边境内已归化的少数民族通婚。而侨居在广南、福建等地的蕃商婚姻权却有所扩大，很多蕃商渐渐与宋人结姻。虽然蕃商所娶中国妻子及所生子孙，还是不能携带回国，但蕃商与宋朝妇女通婚的范围却大大增加，有的大商巨贾所娶的汉女还是宋朝官员的妹妹。更有甚者，有蕃商与皇族宗室之女联姻。对此，宋朝原则上表示允许，只是增加了附加条件，即规定外国人来华居住时间已及三代而且其中一代必须在华做官，才可以和宗室通婚。

可以看出，在唐宋社会，蕃汉之间依然存在界限。但政府允许通婚，同时却禁止携带所生子孙回国，这在一定程度上也可看作封建政府力求增加人口并限制人口外流的措施。

另一方面，来华外国人和什么样的人联姻，不仅表明了他们对所处社会的认同，而且表明了唐宋主流社会对他们的接纳程度。唐代官方外国来华人员中曾有与唐朝官员之家婚娶的事例，如高句丽泉氏家族，投向唐朝后被纳入重要军事系统，作为原高句丽的贵族，也只是到了第四代，才与唐朝官员之女通婚。而宋代的来华商人即可与官员之家联姻，而且只要在宋朝境内居住三代并有一代为官，还可以与皇室宗族通婚，可见宋朝社会与蕃商已经彼此认同，来华外国人在两宋时期的中国享有非常广泛的婚姻权。

三、涉外继承法律

唐代对涉外遗产继承的处理方法经过了一系列的变化，最初，元和十二年

---

① 《唐律疏议》卷八《卫禁》，"越度缘边关塞条"，第192页。
② 《唐会要》卷一百《杂录》，第1796页。
③ 《唐律疏议》卷八《卫禁》，"越度缘边关塞条"，第194页。

(公元817年)前,在唐商胡遗产先由官府收藏,妻、子家属认领的期限为三个月,逾期则没收为官有,后来在孔戣的建议下取消了三个月的有效时间限制。① 此后唐朝对涉外遗产继承的原则是:"死商客及外界人身死,应有资财货物等,检勘从前敕旨,内有父母、嫡妻、男、亲侄男、在室女,并合给付。如有在室姊妹,三分内给一分。如无上件亲族,所有钱物等并合官收。死波斯及诸蕃人资财货物等,伏请依诸商客例,如有父母、嫡妻、男女、亲女、亲兄弟元相随,并请给还。如无上件至亲,所有钱物等并请官收,更不牒本贯追勘亲族。"② 也就是,必须有父母、嫡妻、男、亲女、亲兄弟跟随,才可以由其家人亲属收管。如果没有相随的上述至亲,则钱物一律没收。不仅继承主体的范围比国人之间有所缩小,而且剥夺了不随行亲属的继承权。

宋代除了仍然遵守上述原则,实际处理方法较之唐代有了较大的变化和发展。不仅增加了涉外遗产继承主体的范围(包括父母、嫡妻、亲男、在室女、同居的亲侄子、在室姐妹),明确了财产的具体分配原则(如无子女的嫡妻和在室姐妹只能继承三分之一),而且没有明确的有效时间限制。针对某些在中国居住时间长达五世、没有继承人或遗嘱的蕃商,其遗产即依户绝法加以处分,由市舶司负责保管。对暂居中国且无亲属相随的蕃商遗产,原则上官吏也要将之没收,但是在实际处理过程中,一些官员则根据情况给予了较之法律更加宽厚的处理,从而更好地保护了外国人在华的合法权益。

唐朝政府对蕃胡商贾的遗产处理方法虽然曾单独予以规定,但并没有在《唐律疏议》中得到体现,唐代对涉外遗产继承处理的相关规定是被《宋刑统》作为参考原则记载下来的。而《宋刑统》特别编入"死商钱物"一门,不仅说明了蕃商遗产继承问题在宋朝的突出和重要,也说明了宋朝立法的进步,其具体处理原则也更加合理与宽容。

第三节 涉外经济法律之比较

对于外国人来华贸易的管理法律,唐朝因为自身经济的高度发展和国家的加强管理而趋于规范化,而宋朝则由于政治军事形势的变化而独具时代特色。

唐代的涉外经济脉络可以说是海陆两路同时存在、西北与东南同时发展,

---

① 《全唐文》卷五百六十三《正议大夫尚书左丞孔公墓志铭》,第5702页。
② 《宋刑统》卷十二《户婚律》,"死商钱物"条,第199页。

因此，唐朝设立互市监，管理与西域各国与少数民族的丝路贸易，派遣市舶使管理东部和南部的海上贸易。

唐朝政府鼓励商胡在唐境内的贸易，但只允许在官方开放的互市点进行交易，并由互市监官司人员负责管理互市的开闭、胡汉之间的交易、市场秩序和度量衡的平准等等。对不经互市而私自交易的蕃汉双方，唐朝政府惩罚严厉，并且对需求量很大的丝绸制品和具有军事意义的贵金属物品严加限制，禁止携带出关和进行贸易。这些都反映出唐代边关贸易的性质，它为王朝政治和军事目的所提供的服务要大于其本身的经济意义。

造成边境互市这种性质的根源即在于，至少在明代以前，中国封建社会各朝的外来威胁主要还是来自于北方游牧民族势力，因此不得不严加防范。而东亚、东南亚、印度洋各个独立存在的国家却相对弱小，需要从中国封建政府获得政治和经济的支持。因此，唐宋政府对东南海上贸易所关注的大体只是经济利益，这就是唐中期尤其安史之乱以后广州海外贸易兴起的一个重要原因。宋代西北丝绸之路的阻塞和永无止境的财政危机，更使得海外贸易成为宋朝涉外经济中的唯一和政府收入的最大来源。

唐代对蕃舶只征收"下碇税"（吨位税），即所谓的"纳舶脚"。虽然税率不能确定，但唐朝曾三令五申市舶官员不得对蕃商征收苛税。之后要收买被列为禁榷之货的珍异物品以用来专卖或供宫廷之用。这部分货物，唐朝是用近于市场价格两倍的高价购买，此外的货物则自由贸易。这些都说明唐朝对海外贸易更多的还是以保护外商权益为原则，其法律是开明和宽松的，体现了其怀柔远人的精神。

宋代海外贸易的发展，不仅体现在中国船舶在东南亚的海路上占据了统治地位，彻底改变了唐代前期活跃在印度洋至中国航线上的主要是波斯和阿拉伯商船的现象，而且体现在外国人来华贸易的人数增多、规模扩大和宋朝政府对海外来华贸易的有效管理。虽然终宋之世，宋代的海外贸易管理法都没有最终确定，但随着宋朝政府的不断调整，宋代对海外贸易还是形成了从征税、收买到运送、保管、出卖、对蕃船的救助、招徕等一系列的法规，保证了蕃舶来华贸易的正常运行。

与唐朝相比，宋朝对海外贸易的管理，更多的是出于经济利益方面的考虑。例如，市舶司对蕃舶的征税，常因国内的财政危机而提高，对细色物货有时甚至达到百分之四十的高税率，而当蕃商叫苦不肯前来时，宋朝政府又会降低税率以吸引蕃舶来华贸易；宋朝对蕃货的博买率很高，价钱却定得很低，甚至有时用一些官府库存滞销的货物折价抵算，而纲运上供以后，剩余一般或粗重的货物市舶司则按高价出卖，获取利益，这与唐朝以两倍价格收市形成了强烈的对比；对某些借进贡之名行贸易之实的蕃商，宋朝政府规定对进贡之物免税而对私带之货征税。所有这些，都表明宋朝政府对海外贸易所带来的经济利益的重视。因为对市舶之利的重视，宋朝自上而下都非常注重对蕃舶的招徕、宴设、优待与救助，注重对蕃商利益的保护。这在体现宋朝作为大国对蕃国怀柔的同时，还是可以认为是经济利益使然，正所谓"晓之以来远之意"的根本目的在于"来海外之货"。

在宋代的海外贸易管理法中，政府的干预和控制因素非常明显。唐朝海外贸易法中包括优待来华的外商、惩治干扰贸易的官员等，但始终没有对海外贸易实行限制。宋朝政府虽然积极鼓励海外贸易的发展，但却力图通过不断制定并调整市舶条法、干预港口布局和地位等手段对海外贸易进行控制，① 以便最大限度地获取市舶利益。

宋代海外贸易管理法的这些特点又是和宋朝的政治外交形势密切相关的。南北对峙的局面、辽夏金的侵扰、政府的积贫积弱，使得"天下根本在河北"的同时，不得不"天下根本仰给东南"，即西北三路是宋朝的国家安全重心，而东南则为经济和财赋重心。危急存亡的忧患使宋朝不能像唐朝那样树立崇高的国际威望，但摆脱重义轻利陈规的约束，发展海外贸易，促进民间社会的发展，却不能不说是对唐代的张扬气度的一种收敛，也更适合中国封建社会文化的沉淀。而从上层建筑到经济基础的重视程度的转变，从贵族集团到市民阶层的下移，也使宋代社会开创了很多先例。如南宋后期，政府不计内外、上下、农商的嫌疑，率先拔擢泉州蕃舶海商集团首领蒲寿庚任职，即开一代风气之先。

第四节　从唐宋涉外法律之比较看唐宋社会变化

正因为唐宋之间的这种连续和差异，才使得以唐宋这个时段来研究历史充满趣味与吸引力。这种研究观念至今占据主流地位，从而引发了唐宋转型或称唐宋变革问题的探讨。

唐宋之际的变化，一直受到中外学者的高度重视。尤其以日本学者内藤湖

---

① 黄纯艳：《宋代海外贸易》第一章，北京：社会科学文献出版社，2003年。

南提出的"唐代是中世的结束,而宋代则是近世的开始"① 为典型,他以政治上的君主独裁、人民地位、官吏任用法、朋党性质、经济生活、文化的变化等各种现象为标准,说明唐宋之际是中国文化经济巨变的时代。另外,也有学者从华夷观念、正统论等思想观念层面对这个问题进行过讨论。近年来,唐宋的转型问题再次引起了学者们的普遍关注,尤其是美国学者包弼德《斯文:唐宋思想的转型》②、刘子键《中国转向内在——两宋之际的文化内向》③ 等专著的出版使这个问题的研究上升到了新的层面。其后,张其凡、林文勋、葛金芳、张广达、葛兆光、李华瑞、张国刚、柳立言等海内外众多学者都对这一学说做了进一步探讨和补充。④

2010年,李华瑞主编《"唐宋变革"论的由来与发展》一书,从学术史的角度对唐宋变革的"由来与发展"、概念、问题、范式的理解和解释等给以了适当的梳理,同时纪念"唐宋变革论"从其提出至今走过的100年历程,成为今后深入研究的一个新的起点平台。⑤ 书中李华瑞所著《"唐宋变革"论的由来与发展》一文作为代绪论,首先梳理了唐宋之际社会变革讨论的两条线索:一是南宋以来中国学者对唐宋之际历史变动的认识;一是20世纪初叶日本学者内藤湖南先生提出宋代是中国近世开始而后演化成为"唐宋变革"论。在此基础上,讨论了中外学者对"唐宋变革"论的质疑和修正以及"唐宋变革"论对国内宋史研究的影响。本书包括12篇文章,主要就唐宋变革视野下的宋代社会史、军政变革、政治制度、赋役制度、流通经济、文学艺术、文化史、经济史等方面的研究做了较为详尽的评述,其中不乏对法律变革问题

---

① [日]内藤湖南:《概括的唐宋时代观》,收于《日本学者研究中国史论著选译》第一卷,北京:中华书局,1992年。
② [美]包弼德:《斯文:唐宋思想的转型》,南京:江苏人民出版社,2001年。
③ [美]刘子键:《中国转向内在——两宋之际的文化内向》,南京:江苏人民出版社,2002年。
④ 张其凡:《关于"唐宋变革期"学说的介绍与思考》,《暨南学报》2001年第1期,第124~131页;林文勋:《唐宋历史观与唐宋史研究的开拓》,《21世纪中国历史学展望》,北京:中国社会科学出版社,2003年,第159~176页;葛金芳:《唐宋变革期研究》,武汉:湖北人民出版社,2004年;葛兆光:《宋代"中国"意识的凸显——关于近世民族主义思想的一个远源》,《文史哲》2004年第1期;张广达:《内藤湖南的唐宋变革说及其影响》,《唐研究》第11卷,北京:北京大学出版社,2005年,第5~72页;李华瑞:《关于唐宋变革论的两点思考》,收入卢向前主编《唐宋变革论》,合肥:黄山书社,2006年,第1~20页;张国刚:《论"唐宋变革"的时代特征》,《江汉论坛》2006年第3期,第89~93页;柳立言:《何谓"唐宋变革"》,《宋代的家庭和法律》,上海:上海古籍出版社,2008年,第3~42页。
⑤ 李华瑞主编:《"唐宋变革"论的由来与发展》,天津:天津古籍出版社,2010年。

的研究。贾文龙所著《唐宋法律变革问题研究述评》一文，即分别从唐宋变革观与中国法制史、唐宋时期皇权与法律关系的变革、唐宋时期官吏与法律关系的变革、唐宋时期民众与法律关系的变革四方面对学界研究状况进行了述评，并认为唐宋变革的各个领域各有规律，其发生和定型时间均有所不同。

而戴建国所著《唐宋变革时期的法律与社会》，则是研究唐宋变革背景下的法律问题的专著。通过探讨唐宋时期法律形式与法典编纂方式的演变以及由此反映出的社会关系的变化，得出了唐宋变革的下限在北宋后期的结论。①

涉外法律，仅仅作为唐宋政府法律体系的一个分支，而法律本身在封建社会并不独立，以这样一个旁支作为标准的论证，似乎难以驾驭唐宋社会的转型问题，但仍可用来考察唐宋对外理念的变化和唐宋社会发展的基本趋势。

张广达先生曾经指出："唐代之所以生气蓬勃、富有生机，一是唐代的社会和文化能条贯、折衷前此数百年的遗产，二是能兼容并包地摄取外来的各种文化营养。"② 所以盛唐文化对内拥有磅礴雄伟、不拘一格的宏大气度，对外展示不胫而走、惠泽四方的兴旺发达景象。它是既鼓励进来也鼓励出去的，它表现了唐文化对外来文化的自信心和吸引力。

唐朝的对外开放政策吸引了大量的使节、商人和军人等来到唐代中国，他们在唐朝可以享受各种优厚的待遇，自由参加各种活动，并被唐朝授予官职，发挥自己的特殊才能。波斯商人也可以在蕃坊定居，选举自己的首领，并拥有一定的自治权。而且唐朝的这种开放又是比较彻底的，在政治上和军事上是唯才是举，唯贤是用，而不分民族、国籍乃至昔日死敌、手下败将也可能委以重任。所有的来华外国人都可以按照原来的风俗生活，信仰原来的宗教，保持自身的民族与种族特色。唐朝也允许各种外国宗教思想传入中国，当时佛教在唐朝初期的影响已经达到顶峰，其他如景教，在唐朝也被允许翻译和宣传，并且建筑了波斯寺，数十年之内就达到"法流十道，寺满百城"的兴盛局面。在对外贸易上，唐朝在诸港设置市舶使，对外来商船只收吨位税，不收商货税。唐朝的这些表现都表明"唐代人觉得中国就是整个天下，并不是把四夷很放在心上，敞开家门，觉得是'海纳百川'、'天下共主'的气度，日本使臣和僧侣到中国来，回国时总携带大批书籍，唐并不认为泄露国家机密，反而认为是'以夏变夷'。"③

---

① 戴建国：《唐宋变革时期的法律与社会》，上海：上海古籍出版社，2010年。
② 张广达：《唐代的中外文化汇聚和晚清的中西文化冲突》，收入《释中国》第一卷，上海：上海文艺出版社，1998年，第78页。
③ 葛兆光：《宋代"中国"意识的凸显——关于近世民族主义思想的一个远源》。

但是，这种开放是建立在唐朝的文治武功之上的。唐朝通过武力征伐取得了对周边国家和民族的宗主权，政治强盛的同时经济发达，在当时的世界上只有中东穆斯林阿拉伯人的帝国能与之相匹敌。因此，唐朝有能力强制要求并吸引诸国朝贡及其随之而来的朝贡贸易。这种情况在安史之乱以后发生了变化，盛唐文化开始走向衰退。唐武宗会昌灭佛一举，就表明唐朝已失去了极盛时期的那种对外来文化的自信心和吸引力。以后便是内部的黄巢起义，外部的北方胡族骚乱，致使对外关系处于停滞状态。

延续到宋代，因为北面受阻，西北边境长期不宁，宋朝自身积贫积弱，始终不能统一中原领土，所以海路成为宋朝与海外国家文化交流的主要通道，与外部的政治外交来往则明显减少。其交流途径，单从东亚邻国来说，唐代在文化交流过程中占主导地位的官方使节也让位于民间商人和僧侣。[①] 所以，在外交事务上，宋朝限制使节朝贡规模、规定朝贡频率、限制朝贡贸易，而且对来华外国人不得不怀有一种深深的警惕，不再像唐朝那样积极引进和放心任用，而是怀着戒惧的心态对他们进行防范。

但是，对从民间途径来华的外国普通民众，尤其是进行海外贸易的外国商人，宋朝针对他们制定和援引的法律，无论是民事方面还是诉讼方面，都在唐朝涉外法的基础上有所发展。无论在居住、婚姻还是遗产继承上宋代涉外法律都更加宽容，而且更加注重保护他们的利益。尤其是对外商的贸易活动，宋朝政府制定的法律更加完备，因为对外贸易在很大程度上支撑了宋朝的国家财政。

正是因为宋朝商业和贸易的空前发展、商人的日益富裕，尤其是海外贸易对国家财政的支撑作用，导致了官方对贸易及商人所持态度的根本转变。虽然以农为本和以农业为财政收入主要来源的传统原则在法律上并没有改变，但是对贸易税的日益依赖、从中唐开始的国家专卖法律的强化与扩大，都证明了商业在社会中地位的提高。而且，以往那种对商人的传统的敌视态度开始不像以前那样坚定不移了，甚至禁止商人之子担任公职和在京师学堂就读的严格规定也略有放松，蕃学的建立和蕃商蒲寿庚的授官以及蕃商同官员之家和宗室的通婚就是例子。但是，另一方面，如果说唐前期的商人在法律上的身份与地位表现为政治上受歧视、劣待，经济上相对宽容的话，那么宋代商人的政治性待遇有了提高，但经济上却受到了更多的压榨。这些都从一个侧面说明了唐宋时期

---

① 陈尚胜：《宋朝和丽日两国的民间交往与汉文化传播——高丽和日本接受宋朝文化的初步比较》，北京语言大学《中国文化研究》2004 年第 4 期。

是中国社会的一个巨大转折时期,唐宋社会确实存在很多变化。

总而言之,唐朝在对外交往和思想文化理念上是开放的,这可以从唐朝对官方外国人来华制定的法律中得以证明,而宋朝在这个方面却是内敛、内向的。但对来华的外国普通民众,唐朝虽然存在不少关涉婚姻、继承、田土、钱债以及经济交往等所谓民事、经济法律关系,但是它的视角依然是国家的,旨在实现国家对社会的控制。而宋朝在对民间外国人来华和海外贸易上,却比唐朝显得开放、宽容和进步,这反过来又从一个侧面促进了其官方层面内向的深化,这是一个相反相成的循环过程。

那么,造成这种变化的原因是什么?

首先,国内形势的变化引起了华夷观念的转变。古代中国人的"中国"常常是一个关于文明的观念,而不是一个有着明确国界的政治地理观念,而且始终相信自己是天下的中心,相信天下并没有另一个足以与汉族文明相颉颃的文明。[1] 这种文化优越感使历代封建统治者采取以"德"化育"四夷"、用夏变夷、羁縻怀柔等一系列的民族外交政策,如唐太宗就曾宣布:"自古皆贵中华,贱夷狄,朕独爱之如一"[2]。而且,唐朝统治者对外国人来华大多奉行怀柔远人政策,有时为达到用夏变夷的目的,也采取强迫同化的政策,将蛮夷迁徙纳入地方行政体制的郡县之内,使之成为"编户齐民"。对于外来蕃胡,唐朝士民不是以语言、习俗、体质等方面的差异而是以"文化"(礼仪)作为标准来区分夷夏。唐大中年间进士陈黯即曾因大食人李彦昇进士及第而撰文《华心》,提出:"夫华、夷者,辨在乎心,辨心在察其趣响;有生于中州而行戾乎礼义,是形华而心夷也,生于夷域而行合乎礼义,是形夷而心华也。"[3] 但是,所有这些政策法律都必须以唐朝强盛的文治武功为基础。

宋代中国所缺的恰恰就是这种基础。宋朝文化堪称繁荣,却不能保证国家领土的完整与安全。宋代虽是统一国家,但燕云十六州被契丹占有,西北方的西夏与宋对抗,之后又有金与宋对峙,宋朝不得不以对辽、金纳岁币换取和平。宋辽之间常用南北朝或兄弟之国相称,而且双方遣送的使节也由宗藩关系下的入蕃、朝贡使变成了平等性质的国信使。此时东亚的国际秩序,与唐代只有唐称君主、周边诸国为册封藩国的时代大不一样了。与宋朝平等的国家的出现使朝贡体制和华夷观念都发生了变化,用夏变夷不再适用,夷夏之防却越来

---

[1] 葛兆光:《宋代"中国"意识的凸显——关于近世民族主义思想的一个远源》。
[2] 《资治通鉴》卷一百九十八《唐纪十·太宗文武大圣大广孝皇帝下之上》。
[3] 《文苑英华》卷三百六十四《辩论二·华心》,中华书局,1966年。

越严厉，朝贡规模也受到了限制。

但是，也正是因为这种国情的变化，使海外贸易成了宋朝与周边和海外国家交流的方式和国家财政的主要来源。为保证贸易的发展，宋朝统治者采取了招徕民间海外商人来华贸易和对他们实行宽松的政策，建立健全有关涉外的法律法规。因为贸易所带来的财政保障，反过来又使宋朝士民专注于商业和贸易带来的经济利益，相对缩减了政治外交的热情。社会关注角度由官方向民间的下移，也使得宋代思想文化不再张扬，而更趋向于人们的日常生活，渐渐向平静和内敛过渡。宋代在政治和经济上的对外政策本是互相矛盾的，但在其特定的历史条件下，反而相反相成，相得益彰。

其次，从世界文化的角度来看，盛唐时期正处于世界性的文化开放期。被罗马帝国奉为正统的基督教文化，正在崛起的阿拉伯世界的伊斯兰教文化和中国唐文化活跃在世界文化舞台上。景教和伊斯兰教都传入了中国，造成了文化的大交汇，使唐朝统治者从建国之初就"有一种在世界范围内体现国家文明和强盛的荣誉感和涉外意识"[①]。但是，10世纪前后，这三大文化都已经或正在走向衰退或没落，伊斯兰教的繁盛随着9世纪后期阿拔斯朝的衰落而成为过去，基督教的东西两派也于1054年分裂。在这种形势下，文化交往自然非受影响不可，而北方少数民族政权的存在又阻断了部分宋朝与之交流的途径，客观上加深了宋朝社会的封闭和内敛。

再次，唐宋的变化也可以从唐宋的延续上寻找出原因。唐朝对外来文化的吸收只是在自身高度发展的基础上起着锦上添花的作用。唐代的官制、刑法、赋役制等这些本质的东西并没有因为受到外来文化的影响而相应发生任何重大的改变。如佛教的传播在唐朝虽达到顶峰，但就中国文明的全面发展而言，佛教的介入的影响是微乎其微的。它并不像基督教改造了欧洲社会那样，从总体上改造了中国社会。[②] 也就是说，唐代封建社会在吸收外来文化的过程中，表现出一种将外来文化因素认同于自身文化，使其"俯就我范"的倾向。唐朝的大一统决定了唐代对外来文明的并蓄兼收。然而，并蓄兼收的根本目的在于追求大一统的极致。因而，这个时代的文化发展终究没有摆脱从诸般差异中力求一致的束缚。总之，唐代仍然是在差异中求一统，而不是在一统中鼓励发展差异。[③]

[①] 陈尚胜：《中韩关系史论》，济南：齐鲁书社，1997年，第22页。
[②] 《全球通史》第十六章《传统的儒家文明》，第435页。
[③] 张广达：《唐代的中外文化汇聚和晚清的中西文化冲突》。

唐代的这种在吸收外来文化的同时出现的保守倾向被宋朝以及后世的封建社会所强化，宋朝后期出现的对来华外国人的涉外诉讼实行统一法治的要求，也可以说是这种保守在涉外法方面的表现。在强调内省风气的支配下，人们追求明心见性，中国文化的创新精神受到了社会条件的束缚，因而相应地对周边地区也无法发挥更多的作用。

最后要补充说明的是，既然唐宋存在这样的变化和连续，那么，宋朝和后世的封建政权之间又存在怎样的联系呢？通常情况下，学术界认为中国传统的对外关系，包括唐宋时期，是朝贡体制下的对外关系，因此，朝贡贸易是中外之间的主要贸易形式，朝贡和贸易是并行不悖同时存在的，至少唐朝是这样，尤其是安史之乱以前。但是在宋代，朝贡与通商已经发生了分离的倾向，由于宋朝对商税的倚赖和重视，所以对以进奉之名行贸易之实来获取免税特权的蕃商采取了巧妙的对策，即对进奉之货免税而对私带货物予以收税。而且，蕃坊内的蕃商是只通商而不朝贡的。不过这些并没有否定朝贡贸易的存在。这种通商与朝贡的部分分离，是否开启了明代通商不朝贡的先河，并在清代形成了通商体制？因此，我们不仅要关注唐宋之间的转型与连续，还要将视角放远到宋明的联系上。

结 语

之所以研究宋代的涉外法律，不仅因为这宋代的涉外制度与法律比较发达，而且因为其与唐代涉外法律之间具有延续性和差异性。

政治稳定、经济繁荣的局面促使唐朝从立国之初就确立了对周边及海外国家的开放政策，而且这种开放建立在尊重与宽容之上，这些都促进了唐朝的外交繁荣，其涉外制度也因此配套完善。不仅中央三省六部中的有关部门如礼部、户部的金部司、兵部职方郎中、刑部司门郎中、中书省的中书侍郎和通事舍人、门下省的侍中等，在政令、政策、原则上加以决策、指导，制度日趋成熟，而且与九寺二十四司如涉外事务的具体执行部门鸿胪寺等分工协作，加上地方行政的支持，如边州的地方官、国家的门户边关、管理边境和海外贸易的互市监和市舶使等，从中央到地方、从内而外的一系列设置，都使得唐朝的涉外制度完备且高效。

宋朝却因为一直受到北方辽、金、元的侵扰，虽然采取了以和平为主的外交政策，但对海外国家的政治外交往来有所限制。因此虽然沿袭唐代的三省六部制，涉外制度中仍由礼部总管蕃国来朝之礼仪、政令，具体事务由鸿胪寺负责，但是具体职能却比唐朝有所削弱。但是，因为宋朝把涉外往来的重点放在了海外贸易上，所以市舶司制度得到非常大的完善。

唐代官方外国来华人员大体包括使节、流寓、归附唐朝的蕃胡将领或部落首领、留学生及质子宿卫。来华使节等蕃客只要持有鱼符即可进入唐朝境内并受到礼遇，因为唐朝的开放与吸纳，使节团多数非常庞大。而唐朝政府非常重视蕃客的等级确定，并以蕃望高下为原则将诸国大概分为了五个等级。

宋朝的官方外国来华人员中仍是以外国使节为最多。文化的魅力吸引了很多留学生前来，武功的不利却使宋朝的官方来华外国人中没有质子宿卫。宋朝限制外国朝贡规模，等级分化也相对简单。但是，怀柔远人是封建社会对外不变的原则，因此官方外国来华人员在唐宋两朝享受到的待遇都非常优厚，无论在入境港口还是进京途中及在京师都受到热情接待和照应。相比而言，宋朝政府严禁使节搭乘商船入宋,并防止使节与境内蕃客接触,对外使在宋朝境内的行为也做了特别规定,这些谨慎的防范措施实是宋朝的局促国势使然。

唐宋两代民间外国人来华人数极为众多。唐代海陆两路同时并存,但仍以从陆路来到长安的西域胡人为大多数。宋代只有东南海路一条入境路线,民间来华外国人中的大多数是东亚、东南亚、印度半岛等国的商人,尤其是大食商人。

外国普通民众一般聚居于侨民社区蕃坊中,由自己推选的蕃长管理社区日常生活事务。他们可以按照本族习俗生活,信仰原来的宗教,着本族的衣服。但宋代蕃商渐渐突破蕃坊限制,出现了蕃汉杂居现象。不过,外国人在宋朝并不享有治外法权。宋代蕃汉通婚范围有所扩大,甚至可以与官员和宗室之家联姻,体现了宋朝臣民对外国民众更大程度的认可。但出于限制人口外流的考虑,蕃汉婚内所生子孙仍不许携带回国。在涉外遗产继承上,遗产继承人范围有所扩大并取消了时间限制。总体看来,宋朝对外国普通民众的法律是比较宽容的。

对于外国民众的来华经商活动,宋朝在继承唐代涉外经济法律的基础上又有所发展。因为宋朝特别注意对海外贸易的鼓励,所以形成了从征税、收买到运送、保管、出卖、对蕃船的救助、招徕等一系列的法规,保证了蕃舶来华贸易的正常运行。而且,宋朝的这些法律更多的是出于经济利益方面的考虑,并且政府的干预和控制因素非常明显。

对于外国民众的犯罪行为,宋代也沿用了唐律提出的"化外人相犯"的处理原则,同时有所发展,不仅对化外人相犯案件的审理加强了执法力度,而且出现了统一法治的要求。"化外人相犯"原则对后世影响深远,其属人主义和属地主义的结合不仅尊重了外国的法律,而且保证了宋朝的司法主权。

唐宋王朝的涉外法律不仅存在极大的延续性,同时因为唐宋自身的国情及它们所处的国际环境的不同,存在很大差异。唐朝的对外政策和涉外法律在官方和民间两方面都显示了一种开放理念,其宗旨却在于国家对社会的严格控制;而宋朝从官方看来是内敛、内向的,但对民间外国人来华和海外贸易却比唐朝显得开放、宽容和进步。造成这种变化的原因,主要是宋代国际形势的变化,其积贫积弱使之无力像唐朝那样以恢宏的气势吸纳万国的朝贡,而只能通过发展海外贸易与诸国交流并解决财政危机。而且,宋朝的内向也是对唐朝对外开放背后的保守倾向的一种继承和发展,这两个方面又反过来证明了唐宋社会的断裂与连续。同时,宋朝在商税方面的某些法律也提醒我们,不能将研究局限在唐宋时段,而应放远到宋明时期。

附 录

按照宋人的观点，人有内外之分。宋朝境内的中原人是本朝国民，是为"内"，而周边的少数民族则处于"外"。在宋朝，由于特殊的周边局势，原本只是夷狄的民族更有了敌对的关系，因此便产生了一种特殊群体——归明人、归正人。虽然也可以说这一群体具有涉外的性质，但现在主流观点仍是将其视作民族问题。因此，不能将宋朝政府针对归明、归正人制定的法律纳入宋代涉外法律的整体架构中，而将其附录于后。

宋代关于归明人、归正人的法律

宋代因为与北方辽、金等政权的对峙，产生了大量归附宋朝的归明、归朝、归正人。据朱熹的解释，"归正人元是中原人，后陷于蕃而复归中原，盖自邪而归于正也。归明人元不是中原人，是猺洞之人来归中原，盖自暗而归于明也。如西夏人归中国亦谓之归明。"① 可知，归正人本是宋朝人，因各种复杂的原因而成为辽朝或金朝人，而今又回到宋朝；而南方的少数民族或北方的契丹、女真人，如今归附宋朝，则称为归明人。另外也有"归附"、"归朝"、"忠义"等称呼，不过宋人对他们并没有很清楚而严格的划分，所以归明、归正、归朝人均可作为泛称。

对于宋朝的归明人、归正人这一特殊群体，学界多从民族政策角度进行研究。如戴建国着重于宋朝对西南少数民族归明人制定的政策，认为宋朝出于统治的需要，对归明人给予种种优厚的待遇，另一方面对归明人实行严格的控制监督政策。这种双重政策，是宋朝开拓周边地区、巩固边防方针的重要组成部

---

① 《朱子语类》卷一百十一《朱子八·论民》。

分，反映了宋统治阶级对少数民族的羁縻统治思想。① 而侯爱梅则探讨北宋对西夏归明人的政策，认为北宋政府将招抚西夏归明人作为削弱西夏的一种手段，所以不仅在宋夏矛盾激化时大肆招诱夏人，而且在宋夏关系友好时期也暗中接纳归附夏人。招抚归明人的政策虽在一定程度上削弱了西夏，但却加重了北宋的负担。② 也不乏学者从法律角度研究宋朝的民族关系，如谢波也认为北宋出于维护统治的需要，对归明人采用了既优待又限制的双重法律控制措施。同时，指出了北宋对归明人的法律控制的特点，即，受民族关系的影响而富于变化，在变化之中又存在着官方实践与表达相背离的现象。③ 事实上，宋朝政府对归明人、归正人特别重视，从而以各种形式颁布了很多法律规定。

总体来讲，宋朝政府对归明人、归正人都采取了招诱、安抚的政策。因为在古代中国，人口是赋税、劳役、兵役的主要来源。尤其在宋朝，由于北方民族政权的独立存在，双方时有征战，即使和平时期，宋朝仍需向其交纳岁币，因此增加赋税和兵源是宋朝政府不变的任务。不惟宋朝，各政权的统治都需要众多的人口作支撑。所以，争夺劳动力、吸引人口前来是各朝的既定政策。在此政策的基础上，宋朝对归明人、归正人的定居、安置、赋役、授官等各方面都制定了具体的法律，以保证这一政策的实施。

一、对归明人、归正人授田安置的法律

宋朝政府对归明人、归正人采取了招诱安抚政策，其中，招诱往往随着宋朝整个对外政策及与北方政权的关系而有所变更，而安抚却始终不遗余力。

宋初统治者致力于北伐，因此往往"令绥、银、夏等州官吏，招诱没蕃民令归业"④。随着宋朝边境地区政局的稳定及和平局面的出现，宋朝政府一般便不再鼓励招诱蕃部，如仁宗天圣、庆历、皇祐年间都曾下诏"戒边吏自今毋妄纳降者"⑤、"诸路缘边经略司无得招诱西界蕃部"⑥、"陕西沿边毋得诱致生户蕃部献地"⑦。神宗朝再次立志北伐统一中原，对归朝归正人的作用重

---

① 戴建国：《宋朝对西南少数民族归明人的政策》，《云南社会科学》2006 年第 2 期。
② 侯爱梅：《北宋对西夏归明人的政策》，《宁夏社会科学》2006 年第 3 期。
③ 谢波：《北宋对"归明人"的法律控制》，《北方论丛》2009 年第 6 期。
④ 《续资治通鉴长编》卷二十四，太宗太平兴国八年十二月壬午，第 560 页。
⑤ 《续资治通鉴长编》卷一百三，仁宗天圣三年七月辛丑，第 2385 页。
⑥ 《续资治通鉴长编》卷一百五十七，仁宗庆历五年十二月丁巳，第 3812 页。
⑦ 《续资治通鉴长编》卷一百七十一，仁宗皇祐三年十月，第 4111 页。

新重视起来，因此神宗对陕西、河东诸路投顺蕃汉人户，都采取"不以多少，宜令接纳，厚加存恤，审辨奸诈，不令有复归之计"①的政策，而且从新招降到蕃部中"选少壮武勇者"、"简阅团结强壮人，令着生业"，使之"平居不蠹边储，缓急可以御敌"②从军，从而为收复北方失地做准备。南宋时期，因为宋金和议双方不得侵掠土地、容隐逋亡之人，因此宋朝基本上令边州"毋招集流亡"③。尽管招诱政策随时局不断变化，但宋朝政府对归明、归正人却采取了很多安抚措施。从宋朝政府制定的法律来看，主要表现在：

首先，对于归明、归正人，宋廷都给以钱米和土地，使其定居并保障其生活。

从宋初开始，北界及西蕃人归附宋朝，宋朝政府都会赐予衣服缗钱并给田处之。如咸平年间真宗即曾下诏河东转运司："河西戎人归附者，徙内地，给以闲田。"④ 景德年间也曾命令"没蕃汉口归业者，均给资粮"。⑤ 仁宗天圣三年"诏环州蕃部内附者，前后以万计，宜给田土处之"。⑥ 神宗更是对西北诸路归附者不管多少都予以接纳，厚加存抚，并且诏令一应"耕种地土、赈济钱粮、犒赏之物，令宣抚使密戒诸路经度有备，先具可以安存之地以闻"⑦。

宋朝南渡以后，因为北方经济的残破和异族统治的苛扰，南来的归正人更多，而且往往举族前来，如绍兴二年四月，宿州都统吴青等带领人兵老小数千余口渡淮从顺，虹县界统领保义郎王资也将带一行人兵二千余人归复圣化。⑧ 绍兴三十二年四月，蒙县倪震等部领壮夫一千余人并老幼共三千余口也渡淮归附。⑨ 据台湾学者黄宽重先生统计，归正人南来宋朝共掀起过三次大的浪潮。⑩ 对此，高宗认为其"如人子来归，为父母者可却而不受乎？"⑪ 因此仍然继承了北宋的安抚政策，如绍兴五年下旨："百姓有愿耕闲田者，州县即时

---

① 《续资治通鉴长编》卷二百十五，神宗熙宁三年九月，第5244页。
② 《续资治通鉴长编》卷二百二十一，神宗熙宁四年三月，第5374页。
③ 《建炎以来系年要录》卷一百五十二，绍兴十四年七月壬戌，第2444页。
④ 《续资治通鉴长编》卷五十三，真宗咸平五年十月戊寅，第1156页。
⑤ 《续资治通鉴长编》卷五十九，真宗景德二年二月甲午，第1318页。
⑥ 《续资治通鉴长编》卷一百三，仁宗天圣三年七月辛丑，第2385页。
⑦ 《续资治通鉴长编》卷二百十五，神宗熙宁三年九月，第5244页。
⑧ 《宋会要辑稿》兵一五之一，第7017页。
⑨ 《宋会要辑稿》兵一五之十，第7021页。
⑩ 黄宽重：《略论南宋时代的归正人》，收入《南宋史研究集》，台北：（台湾）新文丰出版公司，1985年。
⑪ 《宋会要辑稿》兵一五之六，第7019页。

给付"①；绍兴十年明堂赦文中有"应今后归正之人，仰诸路帅司并加存抚，……军人百姓愿从军者，优补名目，厚支诸给，如不愿从军者，听令自便，仍给与空闲田土，官借牛种耕种"②；绍兴三十二年诏令"沿边州军遇有自北来归之人，置籍抄录姓名，出给公据，使皆着业。其愿为农者，许请官田，立定顷亩，永为己业，贫不能辨（办？）牛种农具者，官给之"③。可见南宋政府对归正人规定的安抚待遇非常优厚，不仅提供田土，而且提供耕种所需的耕牛农具等，发展到后来，提供的土地也已经由暂时性变为永业田。

那么，得到朝廷提供衣食土地，需要办理什么样的手续呢？一般须经归正人提出申请，归正人初过界归附宋朝时，所属官司要写明事因上奏，要求钱米或田土的归明人，需有三名保官，持父母文书、批鉴、用印及保官所保事理，由官司验实录白，保明缴奏。归附七年以后再要求者官司不再受理，即《庆元条法事类》所言：

> 诸叙述归明乞推恩及给田土钱米之类，召保官三员，得收使者，所属取父母元授文书批鉴用印，及保官所保事理并验实录白，保明缴奏。即过七年而方叙述者，官司不得受理。④

其次，对于赐予归正人的田土口粮的数目，宋初没有明确的规定。至神宗朝，睦州对归顺蛮人"给以绝户田，五口者一顷"⑤，此外根据地未开垦又无邻里相助的实际情况而另给半年口粮。后又规定：

> 诸归明人应给田者，以堪耕种田限半年内给，每三口给一顷。（不及三口亦给一顷。如遇灾伤粮食不足者，不限月依乞丐人法，计口给米豆。）愿请他州田者，听。不得诣田所，如有妨占或不堪耕种者，官为验实，别给。即愿召人承佃者，经官自陈，令、佐亲审责状，召有物力（本州县吏人、公人不得承佃。）给付。⑥

---

① 《建炎以来系年要录》卷九十一，绍兴五年七月，第1522页。
② 《宋会要辑稿》兵一五之七，第7020页。
③ 《宋会要辑稿》兵一五之一一，第7022页。
④ 《庆元条法事类》卷七十八《蛮夷门·归明恩赐》。
⑤ 《续资治通鉴长编》卷二百五十九，神宗熙宁八年正月，第6325页。
⑥ 《庆元条法事类》卷七十八《蛮夷门·归明恩赐》。

即归明人家每三口给田一顷，不到三口也给一顷，赐田数量已经比以前有所增加。如果土地被占或无法耕种可以另外再给，但是归明人不得要求增给，即"诸归明人初过界，所属具事因保奏，应给钱米或田土者，不得援例自乞增给。"① 而且，"诸归明人官给田宅，不得典卖"②，即政府赐予的田宅不能典卖。如果归正人辄敢将已前并今后请射到官田典卖与人的话，按照淳熙十三年的规定："卖主及买人一例断罪，命官申奏取旨，其田籍没入官，买人价钱亦不追理，仍许人告。"③ 但是，如果归正人"已死而子孙典卖者，听（子孙，谓归明后所生者。）"④，即被赐田归正人已经死亡而在其归明后所生的子孙要卖田宅，则听凭自愿。

之后，建炎四年（公元1130年）九月进一步规定，对"归朝、归明白身效用无差使人并归朝、归明官效用等身故之家者，老小无依倚人"，即有官身故及无官无依倚人给予钱米养济：

> 大人每口每月支钱八百省，米八斗，内十三岁已下人，各减半，仍每家不得支过五口。

绍兴三年（公元1133年）六月，在每家不得过五口之外，更规定：

> 每州不得过十户，

每季将养济户数，逐家人口等上报枢密院并户部。绍兴六年后对此类归明人的养济不再分南北，无论北界还是广南、荆湖南北路等处，一概支给钱米。⑤

乾道五年（公元1169年），对楚州、淮南诸州愿请田的归正人，孝宗重新规定了授田的数目，而且制定了设立归正人庄的法令：

> 每名给田一顷，五家给（结？）甲，推一名为甲头，就种田之所，随顷顷亩人数（多）寡置为一庄，每种田二名，给借耕牛一头，犁耙镰刀等各一事，每家草屋二间与半草屋一间，各种田一名，借种

---

① 《庆元条法事类》卷七十八《蛮夷门·归明恩赐》。
② 《庆元条法事类》卷七十八《蛮夷门·归明恩赐》。
③ 《宋会要辑稿》兵一六之八，第7032页。
④ 《庆元条法事类》卷七十八《蛮夷门·归明恩赐》。
⑤ 《庆元条法事类》卷七十八《蛮夷门·归明恩赐》。

粮钱一十贯。①

淳熙四年（公元1177年），孝宗再次针对两淮江浙官田土地较多的情况，对归正人的土地、房屋、钱米等供给做出了新的规定：

> 每户给田十二亩，三人以上给二十亩，愿备牛具种粮者，与增一倍，每户给草屋二间，三人以上给三间，人数虽多不得过四间。其合用装具种粮，从本州措置。
>
> 从本州计口先支钱米，大人日支米二升半盐菜钱五十文，小儿减半，候及一年住支。归正官子孙父祖曾任差遣今已亡殁别无廪禄养赡，今所在州军于合给田屋等数上，以十分为率，增给五分。②

可见，南宋政府对归正人提供的安抚条件越来越优越。

再次，政府提供土地钱粮数目的增多及申请安抚的归正人数量的增加，无疑都加重了南宋政府的负担，因此也不得不制定了一些限制性法令。

到淳熙六年（公元1179年），根据利州路转运司的奏报，绍兴三年曾规定的每州不得过十户、每户不得过五口的标准已不能满足日益增多的归明人的陈乞，于是将十户不及五十口之数分拨补填，但是仍不能满足需要，诸州人口现已无阙可填。因为有些归明人接受养济已超过十五年，而且又有子孙长成，自己经营耕种可以养生，于是宋朝规定：

> 元系北界归朝人，不拘年限放行养济外，有元系本朝陷伪归正人，自养济后来已请钱米及二十年之人，委自知、通询究，若有子有孙经营耕种，及已请佃官田非无依倚之家，即行住罢，将实系贫乏之人填阙。③

即归明归朝人不限年月依旧养济，但有子孙经营耕种和请佃官田的归正人，养济时间最长为二十年，从而对某些归正人的安抚养济期限做出了一定的限制。

虽然对归正人的养济做了限制，但绍熙元年（公元1190年）正月福建路

---

① 《宋会要辑稿》兵一五之一九，第7026页。
② 《宋会要辑稿》兵一六之七，第7032页。
③ 《庆元条法事类》卷七十八《蛮夷门·归明恩赐》。

176

安抚司仍然上奏,当十户已足无阙可拨之时,身故之家老幼饥寒交迫张颐待哺,请求对身故之家"不拘户数,即行赡给。其家不满五口者,则计口给之,五口已上则至五口而止。未满二十年且与养济,二十年之后,其子弟各已成立,自能经营而后住支",即对于身故之家,不管州内养济户数是否已满,都予以资助,每家养济人数不得超过五口,以二十年为限。福建路安抚司的请求得到允许,但宋廷同时规定:

虽不以十户为限,仍不出五十口之数。①

二、对归明人、归正人授田免税的法律

北宋时期,对归明归正人的土地一般予以免税三年。如太宗太平兴国八年(公元983年)诏令绥、银、夏等州没蕃民归附,"仍给复三年。"② 真宗时期也是"诏缘边归民给复三年"。③ 大中祥符年间依然坚持"免三年徭役"④ 的法律制度。

南宋时期,对归正人的赋役政策更加宽容。绍兴五年(公元1135年)对归附人民即已执行"所给田免税五年"⑤ 的法令。绍兴十年(公元1140年)也规定对归正之人给予空闲田土,而且"蠲免役税,各令安业"⑥。到绍兴三十二年(公元1162年),宋朝政府则对归正人的土地予以免税十年,如该年五月,高宗诏令自北来归之人赐予田亩"仍免十年差科税赋",七月再次下旨"其请种闲田乞免税役十年,如匠艺之类,亦免徭"⑦,对田租和徭役都予以十年的宽免期限。同年十一月,对海州涟水军归正忠义人,高宗同样下达了"有愿请闲田耕种,系闲荒,宜宽税限,欲自来年为始,放免税租十年"⑧ 的旨令。之后,免税十年的法律被孝宗等帝坚持下来,淳熙四年(公元1177年)四月,孝宗对归正人拨过的田亩"并与免诸般科役租税十年"⑨。南宋对

---

① 《庆元条法事类》卷七十八《蛮夷门·归明恩赐》。
② 《续资治通鉴长编》卷二十四,太宗太平兴国八年十二月壬午,第560页。
③ 《续资治通鉴长编》卷六十二,真宗景德三年正月,第1384页。
④ 《续资治通鉴长编》卷六十八,真宗大中祥符元年三月辛巳,第1530页。
⑤ 《建炎以来系年要录》卷九十一,绍兴五年七月,第1522页。
⑥ 《宋会要辑稿》兵一五之七,第7020页。
⑦ 《宋会要辑稿》兵一五之一一,第7022页。
⑧ 《宋会要辑稿》兵一五之一二,第7022页。
⑨ 《宋会要辑稿》兵一六之一七,第7032页。

归正人的田租徭役免征十年已作为一贯的法律被确定了下来。

此外,宋朝政府对归明归正人还有一些优待措施。如荒歉年代政府可以对他们贷以粮种,也可以根据情况免除这些借贷,熙宁五年(公元1072年)神宗即曾下诏"蠲陕西、河东诸路熟户、蕃部弓箭手见欠贷粮"。① 有时,宋朝政府会赐予归明人租赁房屋钱或修盖房屋钱,② 而如果对归正人未予授田的话,则可以对他们提供官屋免费居住,即《庆元条法事类》所言:"未授田而权与官屋居住者,免赁直。"③ 可见,宋朝政府对归明人归正人制定的法律内容非常全面,体现了其安抚政策的宽厚。

三、对归明归正人授官的法律

除了对归明归朝人提供衣食田宅养济,宋朝政府还对他们授予官职。

首先,宋朝政府对归明归正人授官的现象非常普遍。仁宗宝元元年即"以契丹归明人张惟良为三班奉职,赐名庆,弟惟成为下班殿侍,赐名显。"④ 熙宁四年(公元1071年)神宗也曾因赵余庆等蕃官力战斩捕庆州叛卒有功而迁庄宅副使、蕃部都巡检赵余庆为西京左藏库使,右骐骥副使、蕃部都巡检赵余德为文思使,各赐金带、锦袍,更欲厚赏之。当时文彦博、冯京等人皆认为赏赐蕃官不宜过厚,而王安石却认为:"唐太宗所用黑齿常之之类,皆蕃将也。立贤无方,苟有功于朝廷,恐不应分异蕃汉,且庆州以此两人为扞蔽,厚赐之钱物,使足以役其将吏谍知敌人情状,非特赏功而已。"⑤ 神宗深以为然,不分蕃汉也表明了神宗对授予归正人官职的态度。

但是同时,宋朝政府也要将对归正人授官的权力掌握在自己手中。熙宁九年(公元1076年),熙河路经略司上奏,因为李奇崖有功,所以蕃官赵思忠乞与李奇崖印信,洮西安抚司也请以李奇崖为部落本族同巡检。针对此事,神宗即下诏:"自今蕃官有劳当旌奖,并从经略司保明闻奏,毋得因藉首领保荐,以立私恩。"⑥ 可见,神宗要求对蕃人授官要通过朝廷任命的途径,而要

---

① 《续资治通鉴长编》卷二百二十九,神宗熙宁五年正月,第5577页。
② 《续资治通鉴长编》卷二百四十三,神宗熙宁六年三月;卷二百七十九,神宗熙宁九年十二月,第5925页、第6837页。
③ 《庆元条法事类》卷七十八《蛮夷门·归明恩赐》。
④ 《续资治通鉴长编》卷一百二十二,仁宗宝元元年十月己巳,第2882页。
⑤ 《续资治通鉴长编》卷二百二十一,神宗熙宁四年三月,第5382页。
⑥ 《续资治通鉴长编》卷二百七十五,神宗熙宁九年五月,第6723页。

防范蕃官之间通过推荐保举等产生私人恩情，破坏蕃官对朝廷的向心力。

其次，对于授予归明人官职，宋朝也制定了一些具体的法律条文，如神宗朝曾下诏"归明人增差都监及监当未历一任者，毋得别差句当公事"① 等等，订立了诸如此类对蕃官升迁、调职等的具体规定。

进入南宋，对于南来归正的官吏，南宋朝廷基本坚持"有官者还以官爵，仍加优转"② 的原则予以任用。绍兴三年（公元1133年）二月，对于从伪齐政权前来的归正将帅，高宗下诏："因其所供官色，更不穷治，便以授任。"③ 这一法令也确实得到了执行，绍兴四年从伪齐率众来归的张泽即"应所授伪齐官资并特与补正，更与转一官资，仍添差厘务差遣，优给路费津遣之任"④，即将原官职补正而且升迁一级。之后，对归正士民中的："有官人转一官资与见阙差遣"⑤ 也被确定下来，孝宗即位登极赦书中即专门规定"应归正归明大小使臣校副尉下班祗应，累降指挥添差差遣，窃虑尚有无力参部之人理宜优恤，可令吏部更与添差一次"；"内官员已令添差差遣，候任满日更与添差。"⑥

绍熙三年（公元1192年）七月，光宗下诏，令诸路帅臣广行搜访归朝、归明、归正、忠顺官中谙晓时务、抱负材略者。因此前曾令诸路州军推荐但被荐者却很少，因此光宗降旨"若非癃老疾病及无过犯，许开具姓名、脚色及材略事状，保明闻奏。令枢密院更加审核，量材录用"。归朝、归明、归正、忠顺官子弟中身材强壮，武艺过人者，也可以赴州军自荐，及格者安抚司酌情录用："如身长五尺五寸，射一石力弓、三石力弩，为上等，日支食钱三百文、米三升；身长五尺五寸，射九斗力弓、二石八斗力弩，为次等，日支食钱二百文、米二升。委帅臣躬亲拍试，及格，补充本路安抚司效用，令枢密院间行抽点小字于手背刺'某路安抚司效用'八字，"免诸般杂役及防送差使。仍具各人家状，置籍申枢密院。"⑦ 即将其按身高和臂力分成两个级别，给予不同的待遇，充安抚司效用，并免除其他杂役和差使。

第二年，为防止有人冒充归朝等官子弟入安抚司，宋廷补充规定投充之人必须先由"承节郎以上保官一员保委，索投募人父祖出身文字照验，别无诈

---

① 《续资治通鉴长编》卷二百六十五，神宗熙宁八年六月，第6518页。
② 《宋会要辑稿》兵一五之七，第7020页。
③ 《宋会要辑稿》兵一五之二，第7017页。
④ 《宋会要辑稿》兵一五之四，第7018页。
⑤ 《建炎以来系年要录》卷九十一，绍兴五年七月，第1522页。
⑥ 《宋会要辑稿》兵一五之一，第7022页。
⑦ 《庆元条法事类》卷七十八《蛮夷门·招补归朝归明归正人》。

冒（合与招刺，疑脱。），即批上保官印纸。若有诈冒不实，重作施行。"① 庆元元年（公元1195年）六月规定了各路安抚司所需归正等官子弟的名额数目，浙西一百二十人、浙东六十人、江东四十人、江西四十人、福建七十人、湖南四十人、湖北三十人。并规定，日后如果名额不足，方可招收强壮及等、杖弓弩合格之人，发赴逐军，如无合格之人，听凭空缺。

再次，宋朝政府对归明、归朝等人授官，但因为此类人的特殊身份，宋廷对他们的权力还是有一些限制。如诸归明人任官，即不得差出，"诸归明人任官辄差出者，杖八十"。不仅如此，当诸路经略安抚、总管、钤辖州知州等官员空缺或未到任时，可由转运、提点刑狱官、提举常平官等次官兼权或分权，但是，"总管、钤辖司公事，路分主兵官应权者，不得交于归明人。"② 当归明官调任时，也必须由人护送至新任，以避免其在无人途中出现叛逃等情况。从以上规定都可以看出，宋廷对归附官员的防范。

最后，尽管宋朝政府对归附官员存在防范意识，但对他们的待遇很优厚。如果归附人任承直郎以下官、年七十以上并已罢任，如任内没有不职行为，知州仍可上报转运司，根据其身体精力情况保奏。而在任的归明使臣、校尉等，若不堪厘务不能签书公事，也由政府给官屋于本处居住。另外，"诸命官、下班祗应系归明傜人乞致仕、寻医、侍养、丁忧、迁葬及应离本处者，并指所诣，见任或所在州具奏听旨。其寻医、侍养者，各不限年，听赴选三班。"③ 即归明官请求致仕、寻医、侍养、丁忧、迁葬，所在州县上报皇帝裁决，寻医、侍养的官员不限时间，仍可赴选三班。归明官身故以后，为防止他人冒名承代，枢密院要将其料钱、文历分明等给还本家，如无后代继承，即收回上缴枢密院。④ 归明、归朝人在任身亡或军前亡殁，如有亲属后代，须由州军获军前出具证明，上报枢密院或统制司，出给养济札子，若不见州军并军前保明文字，枢密院则不予受理。⑤

四、归明归正人户籍、居住、婚姻、教育等方面的法律

第一，宋朝政府对归明归正人的户籍管理比较严格，归明归正人不得自由

---

① 《庆元条法事类》卷七十八《蛮夷门·招补归朝归明归正人》。
② 《庆元条法事类》卷七十八《蛮夷门·归明任官》。
③ 《庆元条法事类》卷七十八《蛮夷门·归明任官》。
④ 《庆元条法事类》卷七十八《蛮夷门·归明任官》。
⑤ 《庆元条法事类》卷七十八《蛮夷门·招补归朝归明归正人》。

迁徙更不能逃亡。宋朝法令规定，北界、西界或诸路蛮人归附者，官司必须询问他们的情况，户籍上必须注明丁口及居止，并由年未七十的非归明人作保人，以保证他们不能随便出入和逃亡。归明人的具体情况、逃亡或死亡以及保人的状况都有确定的"式"，须遵循书写并上报。对此，《庆元条法事类》都有明确记载：

> 诸陷蕃投归及归明人，所属籍记丁口及居止，厢耆邻人觉察出入，并须报知，不得经宿。每月厢耆具见在人数有无事故申所属。诸归明人有新收或逃、死，即时除附，仍限一日申尚书兵部。每岁首别具前一年新收及逃死数申。（命官及下班祗应别状供申一次。）
>
> 诸归明人应编配、羁管及送诸州收管者，到日具姓名以闻，仍申经略安抚或钤辖司，当职官常切检察巡守，无令出城及致走失。每旬具见管及开收事因申枢密院。遇赦者，具元犯奏。每季委转运司检举行下，次季孟月五日以前具举行次第及见管姓名申枢密院。①

如果归明人逃亡则要严重处罚。法律规定："诸归明人逃亡，杖一百，再犯，加一等，三犯或逃往缘边者，奏裁。首身者，各减三等；陷蕃投归人，递减一等。（逃往缘边而捕获者，亦奏裁。）厢耆邻人不觉，减罪人罪五等；故纵者，与同罪。"② 可见，宋朝政府通过严密的户籍登记、户口上报、邻里监督、法律约束等途径将归明归正等人的出入逃亡情况进行了严格的监控。

第二，归明人不能在京都及沿边州县来往居住，宋朝政府一般将他们安排在内地州县城内居住。

> 诸陷蕃投归及归明人，官司具奏听旨，押赴本州，取问愿居处，于州县城内居止，（陷蕃人不得住缘边。）
>
> 诸归明人，州县常切存恤照管，勿令失所，不许于在京三路并缘边、次边州往还及居止。其有官者，虽非在任，并籍记居止，无故不得出州界。③

---

① 《庆元条法事类》卷七十八《蛮夷门·归明附籍约束》。
② 《庆元条法事类》卷七十八《蛮夷门·归明附籍约束》。
③ 《庆元条法事类》卷七十八《蛮夷门·归明附籍约束》。

第三，由于宋代民族矛盾比较尖锐，因此在民族关系复杂的西北边疆地区，禁止汉族州民与边境内已归化的少数民族通婚。太宗至道元年（公元995年）八月颁布敕令：

> 禁西北缘边诸州民与内属戎人婚娶。①

同时，也对归明人做了相应规定，禁止他们与京都及缘边州县人民通婚：

> 诸陷蕃投归及归明人，……各不得与三路或缘边人共为婚姻。②

此后，哲宗元祐元年（公元1086年）三月户部申明："归明人除三路及沿边不得婚嫁，余州听与嫁娶，并邕州左右江归明人，许省地溪峒结亲。"③ 说明归化蕃人与边境地区和京师附近州民的婚姻，涉及国家安全，始终受到重视，只是后来稍有松动而已。

第四，对于归明归正人的教育、应试问题，宋朝政府的法律规定还是很宽松的。北宋时期，即在边州设置蕃学以供蕃人子弟学习。熙宁六年（公元1073年），熙河路经略司言，熙州西罗城已置蕃学，神宗即晓谕蕃官子弟入学。④ 熙宁八年（公元1075年）知河州鲜于师中也乞置蕃学，教蕃酋子弟，神宗因此赐地十顷，岁给钱千缗，增解进士为五人额。⑤

南宋播迁后，对归明士人的待遇也比较优厚。绍兴五年（公元1135年）高宗对淮北来归士民下旨："举人免文解一次。"⑥ 绍兴三十二年（公元1162年）五月更规定："士人听于所在州军入学听读，赴试官员换给外与不厘务差遣一次"⑦，从而使归正士人可以在所在州军入学学习。孝宗即位后，对归正士人也大加优恤，令"守臣将归士人许赴学破食听读，常加存恤，百姓赈济毋令失所"，同时令士人"于所在州军附今秋解试，其取人分数，与依昨流寓人例施行"⑧，更使得士人可以参加科举考试。之后，对于归正士人的应试人

---

① 《庆元条法事类》卷十二《职制门》。
② 《庆元条法事类》卷七十八《蛮夷门·归明附籍约束》。
③ 《续资治通鉴长编》卷三百七十三，元祐元年三月己卯，第9034页。
④ 《续资治通鉴长编》卷二百四十八，神宗熙宁六年十二月，第6059页。
⑤ 《续资治通鉴长编》卷二百六十一，神宗熙宁八年三月，第6357页。
⑥ 《建炎以来系年要录》卷九十一，绍兴五年七月，第1522页。
⑦ 《宋会要辑稿》兵一五之一一，第7022页。
⑧ 《宋会要辑稿》兵一五之一一，第7022页。

数又作了具体规定，乾道元年（公元1165年）七月，规定："流寓人试，凡及十五人解一名，余分或不及十五人亦解一名，今归正人虑有不及五人处，欲令豫牒本路运司，类聚附试，仍依立定人数取解"①，即每十五人中取一名，不及十五人也可取一名，不及五人处可以几地合在一起参加解试。

第五，对归明归正人的一些特殊的风俗习惯及他们中的一些特殊人群，宋朝也作了相应的法律规定。

隆兴元年（公元1163年），针对归明归正人服饰乱常、声音乱雅的情况，孝宗下诏："访闻归明归朝归正等人，往往承前不改胡服，及诸军又有效习蕃装，兼音乐杂以女真，有乱风化。诏刑部检坐条制，申严禁止。归明归朝归正等人，仍不得仍前左衽胡服，诸军委将佐，州县委守令，常切警察"②，规定归正人不得再衣胡服听胡乐，以避免影响南宋的社会风俗。

针对归明人中的某些群体，如化外奴婢归附宋朝的，皆放为宋朝良民，不再承认其与原来主人的主仆关系，"诸化外奴婢归明者，悉放为良，本主虽先归明，亦不得理认。"归明僧道仍送到州县城内寺观，只是"不得判凭行游，每月主首具有无事故申州，州岁具名号、元归年月、事因，依式具别帐申尚书礼部"③。而对于应征充军或成为小吏衙校的某些归明人，宋朝规定不能差使出城，"诸归明及陷蕃投归人充军，不在拣选之限，虽减充剩员，不得差使出城"、"诸归明人补充衙校者，不得差出城。"④

综上所言，宋朝政府对归明归正人采取安抚的政策，给以钱米和土地，以保障其生活，并对他们授予官职，对其教育、应试问题也比较宽松。但因为归明归正人的特殊身份，宋朝政府对他们的户籍管理比较严格，不得自由迁徙更不能逃亡，一般将他们安排在内地州县城内居住。在西北边疆地区，还禁止汉族州民与边境内已归化的少数民族通婚。

归明人、归正人问题仅在宋朝存在，是宋朝特殊环境的产物。而且，对归明人的规定，《宋会要》收录于兵部，可见归明人无论本身是少数民族还是曾在少数民族政权统治下，因为与民族问题有了关联，不仅自身成为特殊群体，在宋朝统治者眼里更是与军事有关，从而对其极其敏感，所以极力拉拢的同时还要小心防范。

---

① 《宋会要辑稿》兵一五之一五，第7024页。
② 《宋会要辑稿》兵一五之一二，第7022页。
③ 《庆元条法事类》卷七十八《蛮夷门·归明附籍约束》。
④ 《庆元条法事类》卷七十八《蛮夷门·归明附籍约束》。

参考文献

(一) 史料类文献：

司马迁：《史记》，中华书局，1982年。
班固：《汉书》，中华书局，1962年。
范晔：《后汉书》，中华书局，1965年。
房玄龄等：《晋书》，中华书局，1974年。
刘昫等：《旧唐书》，中华书局，1975年。
欧阳修、宋祁：《新唐书》，中华书局，1975年。
脱脱等：《宋史》，中华书局，1985年。
司马光：《资治通鉴》，中华书局，1956年。
李焘：《续资治通鉴长编》，中华书局，2004年。
黄以周等辑注：《续资治通鉴长编拾补》，中华书局，2004年。
王应麟辑：《玉海》，广陵书社，2003年。
马端临：《文献通考》，中华书局，1986年。
郑樵：《通志》，中华书局，1987年。
王钦若等：《册府元龟》，中华书局，1960年。
李昉等：《太平广记》，中华书局，1961年。
李昉等：《文苑英华》，中华书局，1966年。
祝穆：《方舆胜览》，上海古籍出版社，1986年。
杜佑：《通典》，中华书局，1984年。
王溥：《唐会要》，中华书局，1955年。
董诰：《全唐文》，中华书局，1983年。
王谠：《唐语林》，中华书局，1958年。
洪丕谟、张伯元、沈教大点校：《唐大诏令集》，学林出版社，1992年。
李林甫等：《唐六典》，中华书局，1992年。
长孙无忌等：《唐律疏议》，法律出版社，1999年。

吴翊如点校：《宋刑统》，中华书局，1984年。
徐松辑：《宋会要辑稿》，中华书局，1957年。
《宋会要辑稿补编》，全国图书馆文献微缩复制中心，1988年。
谢深甫：《庆元条法事类》，燕京大学图书馆藏，1948年。
佚名：《宋大诏令集》，中华书局，1962年。
徐梦莘：《三朝北盟会编》，上海古籍出版社，1987年。
李心传：《建炎以来系年要录》，中华书局，1956年。
《广东通志》，华文书局，1968年。
赞宁：《宋高僧传》，中华书局，1987年。
范祖禹：《唐鉴》，上海古籍出版社，1984年。
司马光：《涑水记闻》，中华书局，1989年。
苏轼：《苏东坡全集》，北京市中国书店，1986年。
苏辙：《苏辙集》，中华书局，1990年。
苏辙：《龙川略志》，中华书局，1985年。
苏辙：《龙川别志》，中华书局，1985年。
苏辙：《栾城集》，上海古籍出版社，1987年。
邵伯温《邵氏闻见录》，中华书局，1983年。
洪迈：《容斋随笔》，中华书局，2005年。
蔡绦：《铁围山丛谈》，中华书局，1983年。
赵彦卫：《云麓漫钞》，中华书局，1996年。
邵博：《邵氏闻见后录》，中华书局，1983年。
岳柯：《桯史》，中华书局，1997年。
沈括：《梦溪笔谈》，上海书店出版社，2009年。
庄绰：《鸡肋编》，中华书局，1997年。
叶梦得：《石林燕语》，中华书局，1984年。
罗大经：《鹤林玉露》，中华书局，1983年。
周密：《癸辛杂识》，中华书局，1991年。
周密：《齐东野语》，中华书局，2004年。
黎靖德编：《朱子语类》，中华书局，1986年。
杨士奇：《历代名臣奏议》，上海古籍出版社，1989年。
范仲淹：《范文正公集》，四部丛刊初编本。
范仲淹：《范文正公政府奏议》，四部丛刊初编本。
楼钥：《攻媿集》，丛书集成初编本。

陈傅良：《止斋先生文集》，四部丛刊初编本。
陈亮：《陈亮集》，中华书局，1987年。
刘克庄：《后村先生大全集》，四部丛刊初编本。
杨衒之：《洛阳伽蓝记》，上海书店出版社，2000年。
吴兢：《贞观政要》，上海古籍出版社，1978年。
封演：《封氏闻见记》，中华书局，1985年。
张鷟：《龙筋凤髓判》，中华书局，1985年。
刘肃：《大唐新语》，中华书局，1984年。
李肇：《唐国史补》，上海古籍出版社，1979年。
段成式：《酉阳杂俎》，中华书局，1981年。
周去非：《岭外代答》，中华书局，1999年。
朱彧：《萍州可谈》，中华书局，1985年。
范祖禹：《唐鉴》，上海古籍出版社，1984年。
孙光宪：《北梦琐言》，上海古籍出版社，1981年。
王谠：《唐语林》，古典文学出版社，1957年。
曾慥编《类说》，上海古籍出版社，1993年。
洪迈：《夷坚志》，中华书局，1981年。
岳珂：《桯史》，中华书局，1981年。
庄绰：《鸡肋编》，中华书局1983年。
周必大：《文忠集》，四库全书本。
赵汝适：《诸蕃志》，中华书局，1996年。
朱熹：《晦庵集》，上海古籍出版社，1987年。
余靖：《武溪集》，四库全书本。
郑侠：《西塘集》，四库全书本。
龚明之：《中吴纪闻》中华书局，1985年。
罗濬：《宝庆四明志》，台湾成文出版社，1983年。
梅应发、刘锡同：《开庆四明续志》，台湾成文出版社，1983年。
曾巩：《元丰类稿》，商务印书馆，1937年。
辛文房：《唐才子传》，中华书局，1991年。
陈元龙：《格致镜原》，江苏广陵古籍刻印社，1989年。
李攸：《宋朝事实》，中华书局，1955年。
袁褧：《枫窗小牍》，中华书局，1985年。
张方平：《乐全集》，四库全书本。

［法］索瓦杰译注：《中国印度见闻录》，中华书局，1983年。
［日］圆仁：《入唐求法巡礼行记》，上海古籍出版社，1986年。
［日］真人元开：《唐大和上东征传》，中华书局，2000年。

（二）研究著作类文献：

陈高华、吴泰：《宋元时期的海外贸易》，天津人民出版社，1981年。

向达：《唐代长安与西域文明》，河北教育出版社，2001年。

谢海平：《唐代留华外国人生活考述》，台湾商务印书馆，1978年。

柳诒徵：《中国文化史》，东方出版中心，1988年。

冯承钧：《中国南洋交通史》，商务印书馆，1998年。

张星烺：《中西交通史料汇编》，中华书局，2003年。

陈尚胜：《闭关与开放——中国封建晚期对外关系研究》，山东人民出版社，1993年。

陈尚胜：《怀夷与抑商：明代海洋力量兴衰研究》，山东人民出版社，1997年。

陈尚胜：《中韩关系史论》，齐鲁书社，1997年。

蒋非非、王小甫：《中韩关系史》（古代卷），社会科学文献出版社，1998年。

忻剑飞：《世界的中国观》，学林出版社，1991年。

祝瑞开主编：《宋明思想和中华文明》，学林出版社，1995年。

荣新江：《中古中国与外来文明》，三联书店，2001年。

黎虎：《汉唐外交制度史》，兰州大学出版社，1998年。

傅乐成：《汉唐史论集》，台北联经出版事业公司，1977年。

蔡鸿生：《唐代九姓胡与突厥文化》，中华书局，1998年。

蔡鸿生：《广州与海洋文明》，中山大学出版社，1997年。

关履权：《宋代广州的海外贸易》，广东人民出版社，1987年。

中国航海学会：《泉州港与海上丝绸之路》，中国社会科学出版社，2002年。

黄纯艳：《宋代海外贸易》，社会科学文献出版社，2003年。

瞿同祖：《中国法律与中国社会》，中华书局，2003年。

张晋藩：《中华法制文明的演进》，中国政法大学出版社，1999年。

张晋藩总主编：《中国法制通史》，法律出版社，1999年。

刘俊文：《敦煌吐鲁番唐代法制文书考释》，中华书局，1989年。

钱大群：《唐律译注》，江苏古籍出版社，1988年。

张潇剑：《国际私法论》，北京大学出版社，2004年。

楚树龙：《国际关系基本理论》，清华大学出版社，2003年。

金应忠、倪世雄：《国际关系理论比较研究》，中国社会科学出版社，2003年。

黄仁宇：《赫逊河畔谈中国历史》，三联书店，1997年。

余英时：《中国思想传统的现代诠释》，江苏人民出版社，2003年。

余英时：《士与中国文化》，上海人民出版社，2003年。

[美] 斯塔夫里阿诺斯：《全球通史》，上海社会科学院出版社，1999年。

[美] 包弼德：《斯文：唐宋思想的转型》，江苏人民出版社，2001年。

[美] 刘子键：《中国转向内在——两宋之际的文化内向》，江苏人民出版社，2002年。

[美] D. 布迪、C. 莫里斯：《中华帝国的法律》，江苏人民出版社，2003年。

[荷] 许理和：《佛教征服中国》，江苏人民出版社，2003年。

[日] 藤田丰八：《宋代市舶司及市舶条例》，商务印书馆，1936年。

[日] 桑原骘藏：《蒲寿庚考》，中华书局，2009年。

[日] 仁井田陞：《唐令拾遗》，长春出版社，1989年。

[日] 木宫泰彦：《日中文化交流史》，商务印书馆，1980年。

[韩] 金富轼：《三国史记》，乙酉文化社，1994年。

(三) 研究论文类文献：

冯承钧：《唐代华化蕃胡考》，《东方杂志》第27卷第17号，收入《西域南海史地考证论著汇辑》，中华书局，1957年。

桑原骘藏：《隋唐时代来住中国之西域人》，《内藤博士还历纪念支那学论丛》，何健民汉译《隋唐时代西域人华化考》，中华书局，1939年。

钱穆：《唐宋代文化》，载《大陆杂志》第4卷第8期。

陈垣：《火祆教入中国考》，收入《陈垣学术论文集》，中华书局，1980年。

陈垣：《摩尼教入中国考》，收入《陈垣学术论文集》，中华书局，1980年。

白寿彝：《宋时大食商人在中国的活动》，收入《中国伊斯教史存稿》，宁夏人民出版社，1984年。

张广达：《唐代的中外文化汇聚和晚晴的中西文化冲突》，收入《释中国》第一卷，上海文艺出版社，1998年。

张广达：《唐代六胡州等地的昭武九姓》，《北京大学学报》（哲学社会科学版）1986年第2期。

葛兆光：《宋代"中国"意识的凸显——关于近世民族主义思想的一个远源》，《文史哲》2004年第1期。

葛兆光：《"唐宋"抑或"宋明"——文化史和思想史研究视域变化的意义》，《历史研究》2004年第1期。

陈尚胜：《唐代的新罗侨民社区》，《历史研究》1996年第1期。

陈达生：《论蕃坊》，《海交史研究》1988年第2期。

廖大珂：《谈泉州"蕃坊"及其有关问题》，《海交史研究》1987年第2期。

廖大珂：《蕃坊与蕃长制度初探》，《南洋问题研究》1991年第4期。

邓端本：《广州蕃坊考》，《海交史研究》1984年第6期。

范邦谨：《唐代蕃坊考略》，《历史研究》1990年第4期。

邱树森：《唐宋"蕃坊"与"治外法权"》，《宁夏社会科学》2001年第5期。

刘莉：《试论唐宋时期的蕃坊》，《中央民族大学学报》（社会科学版）1999年第6期。

毛起雄：《唐代海外贸易与法律调整》，《海交史研究》1988年第2期。

胡天明：《宋代外国人来华及其在中国的法律地位》，《中州学刊》1994年第5期。

赖存理：《唐代"住唐"阿拉伯、波斯商人的待遇和生活》，《史学月刊》1988年第2期。

汤开建：《明代管理澳门仿唐宋"蕃坊"制度辩》，《西北民族学院学报》（哲学社会科学版）2001年第2期。

方亚光：《唐代外事机构论考》，《中国史研究》1996年第2期。

严耕望：《新罗留唐学生与僧徒》，《唐史研究丛稿》，（香港）1969年。

张中秋：《唐代对外贸易的法律调整述论》，《江海学刊》1996年第1期。

刘希为：《唐代新罗侨民在华社会活动的考述》，《中国史研究》1993年第3期。

喻常森：《试论朝贡制度的演变》，《南洋问题研究》2000年第1期。

陈芳明：《宋代正统论的形成背景及其内容——从史学史的观点试探宋代史学之一》，收入《宋史研究集》第八辑，台北中华丛书编审委员会1976年版。

罗祎楠：《模式及其变迁——史学史视野中的唐宋变革问题》，《中国文化研究》2003年夏之卷。

刘俊文：《唐律渊源辨》，《历史研究》1985年第6期。

吴葆棠、文川：《唐与新罗关系研究》，《烟台大学学报》（哲学社会科学版）1990年第3期。

汶江：《唐代的开放政策与海外贸易的发展》，《海交史研究》1988年第2期。

刘五书；《开封犹太人生活习俗考》，《河南大学学报》（社会科学版）1994年第1期。

黄约瑟：《"大唐商人"李延孝与九世纪中日关系》，《历史研究》1993年第4期。

程越：《粟特人在突厥与中原交往中的作用》，《新疆大学学报》（哲学社会科学版）1994年第1期。

卢苇：《宋代海外贸易和东南亚各国关系》，《海交史研究》1985年第1期。

宋岘：《古代泉州与大食商人》，《海交史研究》1988年第1期。

连心豪：《略论市舶制度在宋代海外贸易中的地位和作用》，《海交史研究》1988年第1期。

孔宝康：《我国古代市舶制度初探》，《海交史研究》1988年第1期。

陆韧：《论市舶司性质和历史作用的变化》，《海交史研究》1988年第1期。

傅宗文：《中国古代海关探源》，《海交史研究》1988年第1期。

郭宗保：《市舶制度与海关制度比较——兼谈陆地边关与海关有关的问题》，《海交史研究》1988年第1期。

关镜石：《市舶原则与关税制度》，《海交史研究》1988年第1期。

陈存广：《"舶"与"市舶"及其他——从训诂角度纵谈市舶史有关问题》，《海交史研究》1988年第1期。

朱江：《唐代扬州市舶司的机构及其职能》，《海交史研究》1988年第1期。

陈苍松：《市舶管理在海外贸易中的作用和影响》，《海交史研究》1988年第1期。

许毅明：《泉州海关的设立及其历史演变》，《海交史研究》1988年第1期。

张健：《宋元时期温州海外贸易发展初探》，《海交史研究》1988年第1期。

严仁：《唐代扬州的市舶事务与"所由"》，《海交史研究》1989年第1期。

林士民：《论宋元时期明州与高丽的友好往来》，《海交史研究》1995年第2期。

许孟光：《明州与高丽的交往以及高丽使馆》，《海交史研究》1995年第2期。

李玉昆：《宋元时期泉州的香料贸易》，《海交史研究》1998年第1期。

李庆新：《唐代市舶使若干问题的再思考》，《海交史研究》1998年第2期。

后 记

本书在我的博士毕业论文《宋朝涉外法律初探——以外国人来华、归明人归正人为中心》的基础上修改而成。

1999年我师从山东大学历史文化学院教授陈尚胜先生攻读硕士学位，从事宋代对外关系史研究，受益于先生严谨创新的治学态度和对学生的悉心教导，于是2002年毕业后接着跟从先生攻读博士学位，仍立足宋代对外关系史。先生一直重视中国传统对外关系史中研究薄弱又重要的领域，而涉外法律就是这样一个课题。满怀对法制史的崇敬心情和向新领域挑战的信心，我选择了宋代涉外法律这一跨学科的论文题目。难度在所难免，最终得以完成。

因缘际会，也是借了博士论文中法律这一线索的牵引，毕业之后到山东财政学院政法学院工作。从一个校园走入另一个校园，心境却大不相同；从学习到工作，人生开始了另一阶段。论文虽未束之高阁，但教学工作繁琐，生育女儿艰辛，只能放在心中揣摩，并无暇整理修改。

如今终于能够付梓成册，首先要感谢恩师陈先生对我一直以来的指导和关心，虽已不能围绕身旁、身处课堂细听讲授，却仍能从小聚甚或电话中聆听教诲。还要感谢中国人民大学陈祖武教授、山东大学历史文化学院谭世宝教授、晁中辰教授、胡新生教授、张熙惟教授、张金龙教授、刘玉峰教授等诸位师长对论文提出宝贵意见，对此，我将铭记终生。在论文修改过程中，也得到王巨新、谭景玉、李扬眉、陈晓莹等多位学长和同学的帮助，或提出建议，或提供资料、校对文字，深厚情谊铭记心底。张金良先生积极联络出版事宜，在此一并致谢。最后还要感谢家人对我一贯的支持和鼓励。

期望该书能对宋代涉外法律研究有所助益，由于学识有限，书中有不妥之处，衷心期盼各位专家学者批评指正。

吕英亭

2011年10月8日于济南